本书出版由山东省社会科学规划高等学校思想政治教育研究专项"高校思想政治教育的利益协调功能及实现路径研究"（批准号：17CSZJ22），山东建筑大学博士基金项目"利益变迁背景下大学生社会主义核心价值观践行研究"（批准号：XNBS1445）资助。

马克思诞辰200周年纪念文库
The 200th Anniversary Books for Karl Marx

人的利益与思想政治教育创新

巩克菊 | 著

中央编译出版社
Central Compilation & Translation Press

图书在版编目（CIP）数据

人的利益与思想政治教育创新 / 巩克菊著. —北京：
中央编译出版社，2019.1
ISBN 978-7-5117-3649-9

Ⅰ. ①人…
Ⅱ. ①巩…
Ⅲ. ①思想政治教育—研究—中国
Ⅳ. ① D64

中国版本图书馆 CIP 数据核字（2018）第 277430 号

人的利益与思想政治教育创新

出 版 人：葛海彦
责任编辑：杜永明
责任印制：刘 慧
出版发行：中央编译出版社
地　　址：北京西城区车公庄大街乙 5 号鸿儒大厦 B 座（100044）
电　　话：（010）52612345（总编室）　　　（010）52612339（编辑室）
　　　　　（010）52612316（发行部）　　　（010）52612346（馆配部）
传　　真：（010）66515838
经　　销：全国新华书店
印　　刷：三河市华东印刷有限公司
开　　本：710 毫米×1000 毫米　1/16
字　　数：256 千字
印　　张：18
版　　次：2019 年 1 月第 1 版
印　　次：2019 年 1 月第 1 次印刷
定　　价：85.00 元

网　　址：www.cctphome.com　　　邮　　箱：cctp@cctphome.com
新浪微博：@中央编译出版社　　　　微　　信：中央编译出版社（ID：cctphome）
淘宝店铺：中央编译出版社直销店（http://shop108367160.taobao.com）（010）55626985

本社常年法律顾问：北京市吴栾赵阎律师事务所律师　闫军　梁勤
凡有印装质量问题，本社负责调换，电话：（010）55626985

序 言

马克思说,"'思想'一旦离开'利益',就一定会使自己出丑"。可见利益问题是思想问题的关键,思想政治教育是培育人的思想的精神实践活动,思想政治教育离不开利益问题。

新时代我国利益问题的境遇是市场经济发展对人的利益追求高扬,改革开放40年利益格局发生调整,构建和谐社会呈现利益关系多样、价值取向多元、利益观念丰富。由此,以人的利益与思想政治教育的关系为主线,对思想政治教育进行研究与创新,既要着眼于时代发展带来的新的利益问题,又要立足于利益凸显的新境遇导致的思想政治教育学科发展内在逻辑的演变。

巩克菊博士长期从事高校思想政治理论课的教学和研究工作,1998年获得思想政治教育学士学位,2007年获得马克思主义哲学专业硕士学位,2014年获得思想政治教育专业思想政治教育人学方向博士学位,2015年至今在中共中央党校马克思主义理论博士后流动站学习,具备较为扎实的马克思主义理论功底,形成了较为明确的马克思主义理论与思想政治教育研究方向和研究领域。该书是巩克菊博士在其博士论文基础上加以修改完善而形成的一部《人的利益与思想政治教育创新》学术专著。

该书立足于马克思主义立场,以马克思主义人学为指导,综合运用人学、教育学、心理学、社会学、经济学、政治学等方面的知识,通过理论与现实相结合的方法、历史考察与逻辑分析相结合的方法、比较研究方法等,尝试以人的利益问题为切入点，以人的利益与思想政治教育的内在关联为主线，探求思想政治教育的创新与发展，这既是一个思想政治教育学科建设的理论性较强的问题，也是一个符合新时代要求的重大现实课题。

巩克菊博士选择人的利益与思想政治教育创新研究这一课题进行全面而系统的研究，具有重要的理论价值和现实贡献。

一、在研究目标上对学界的贡献表现在四个方面：一是加强思想政治教育始源性的探索，从而挖掘思想政治教育发生的利益根源，确立思想政治教育价值评判标准和价值旨归。二是从马克思主义的整个思想体系来看待和论述人的利益与思想政治教育内在关联互动关系问题，从中国共产党思想政治教育史来看待和论述人的利益与思想政治教育内在关联互动的关系问题，只有挖掘出这一脉相承的主线，才能发现和揭示出人的利益与思想政治教育的发展规律。三是从"结构—功能"论出发，在对思想政治教育利益功能的限度及其范围做出合理划定的基础上，挖掘思想政治教育利益功能的表现、独特优势和发挥机制，这将对育人的工作产生重要影响。四是从系统论视角，既研究思想政治教育系统内的功能发挥，又研究系统外与环境载体的交互作用，从而实现由精神转化为物质的作用，扩大思想政治教育研究视野。在利益主体培育、利益驱动过程和利益环境的优化中，实现思想政治教育对人的利益和谐发展与社会利益和谐发展的建构作用。

二、在研究价值上的贡献表现在理论和现实两个方面。其理论意义在于：

一是人的利益与思想政治教育本源关联的实然层面研究，为思想政治教育学科研究提供了新的生长点。人的利益是思想政治教育发生的基础和内驱力研究，这一始源性问题是思想政治教育存在论、方法论、价值论的前提性预设。近年来，随着思想政治教育实践工作的不断拓展、理论研究的深入展开，随着对思想政治教育有效性挑战的质疑，大家才认识到只有返到思想政治教育的"本源"问题，从应然层面的外部研究开始深入到内部的实然层面，这一被放逐许久的思想政治教育为何发生、如何发生的"本源"问题才逐渐进入了思想政治教育的视野。唯有真正做到"开源",才能真正保证思想政治教育的发展和创新,也才能使思想政治教育这项实践活动做到更有力量和更有效果。

二是挖掘了思想政治教育自身具有的利益功能,从而扩大了思想政治教育功能研究视野。思想政治教育从一开始产生就意味着它不仅仅作用于人的精神领域,同时,它也是对经济领域、政治领域、社会领域、生态领域会发生重要影响的实践活动,它是由精神来转化为物质的实践活动。它透过表面上解决人们的思想问题来解决生产劳动中形成的人与自然、人与人之间以及人与其内心的利益关系问题的,因此思想政治教育就具有了现实的影响力,可以主动纳入到利益协调机制中来,发挥着它自身具有的利益功能。

三是丰富了现代思想政治教育理论体系,推动思想政治教育利益维度研究的深入。第一,在思想政治教育内容的构建上,要突出面向利益主体的新型利益观,面向利益内容的新型利益观,面向利益实现层次的新型利益观教育。第二,在思想政治教育的方法论原则构建上,要遵循物质鼓励与精神鼓励相结合的利益原则,现实性与超越性相结合的利益原则,灌输与内化相结合的利益观教育方法论原则。第三,在思想政治教育的利益实现途径方面,构建了利益主体利益理性的培育、利益驱动过程的调适、利益环境的优化的思想政治教育利益实现途径。

在研究价值上其现实意义在于两个方面:一是对于发挥思想政治教育的利益功能有积极现实作用。把人的利益纳入思想政治教育,形成思想政治教育利益维度的研究,把思想政治教育的利益协调功能纳入到社会整个利益协调机制中来,有助于利益关系的和谐。第一,从个体角度看,思想政治教育在对于个人合理利益的尊重基础上,能否发挥对个人的利益意识和谋利行为的引导,实现对人的合理利益观的建构,培育人的利益理性,在对于整体的人的生成和人的全面发展方面有所助益。第二,从人际角度看,思想政治教育在于协调人的利益关系、解决人与人之间的利益冲突方面,对于利益主体际理性的培育,对于不同利益主体间达成改革共识,实现利益关系的和谐,从而助益于和谐社会的构建。二是有利于增强思想政治教育利益维度研究的时代化和实效性。把随着社会和时代发展的人的利益变化纳入到思想政治教育中来，通过构建多层面多维度"利益观"这个中介，通过对思想政治教育内在利益主体和外在利益环境的优化，有利于增强思想政治教育的亲和力与影响力，增强思想政治教育的实践发展性，能够探讨出一条从利益维度研究现代思想政治教育学科发展的新理路。

巩克菊博士选择人的利益与思想政治教育创新研究这一课题进行全面而系统的研究，全书思路独到而清晰，结构合理而严谨，论证充分而翔实，是一篇颇具学术价值的创新之作。人的利益与思想政治教育相结合既是一对重要的现实关系问题，也是一对重要的学术关系问题。该书在吸收和借鉴学界理论成果的基础上，实现的创新在于：

一、研究视角的创新。以"人的利益与思想政治教育利益内在关联关系的研究范式"来研究思想政治教育学的创新。透视学界现有的成果，学界主要从社会转型和利益多元化这样的背景对思想政治教育的影响来切入研究，讨论在物质利益凸显、利益意识觉醒、利益实现手段和来源多样化、利益实现程度差异化、利益关系日益丰富复杂化条件下，思想政治教育遇到的理论和实践难题，进而形成相关研究选题。这是基于思想政治教育遇到利益的实然挑战来研究思想政治教育与利益的关系问题，这是从"利益立场看思想政治教育"的视角。但是，没有物质利益的"纠缠"，思想政治教育研究会不会与利益主动"扯上"关系呢？思想政治教育能否主动优实现人的利益呢？简言之，思想政治教育对于尊重和维护人的利益，对人的利益意识和谋利行为所具有的价值和功能，对于协调人的利益关系方面的价值和功能能否主动自觉发挥呢？这是思想政治教育学科本身的理论自觉，也是只有立足于对人的现实利益问题的关怀才能挖掘思想政治教育的利益功能，增强实效性。从这个意义来看，思想政治教育与利益关系问题的现有研究，其目的主要在于回应现实利益的"纠缠"，而思想政治教育本身理论自觉的程度即提高到以"人的利益与思想政治教育利益内在关联关系的研究范式"来研究思想政治教育学，找到思想政治教育发生和发展的利益存在论根源，实现思想政治教育对人的利益问题的主动解答和相应担当，这一定会为思想政治教育学科找到新的生长点。

二、具体观点的创新。一是深入分析了思想政治教育发生的利益根源和内驱力。本书把人的利益与思想政治教育相结合，揭示"人的利益与思想政治教育本源层面的内在关联关系"，提出"人的利益是思想政治教育产生的根源，是思想政治教育发展的内驱力"的观点。二是提出了思想政治教育的利益协调功能的观点。在人的利益与思想政治教育的内在关联中，思想政治教育又是如何反作用于人的利益问题，以什么样的独特优势发挥着主动解决、优化人的利益问题的功能？本书主要从个人与人际两个维度入手，从利益主体与客体内容的考察，分析建构思想政治教育的利益功能。在利益功能的表现上提出了"利益导向和整合功能""利益激励和协同调控功能"，并对其限度和范围进行了分析。在利益功能的独特性方面分析了"尊重利益主体的正当利益诉求和调整利益关系中的利益矛盾"，在利益功能的发挥方面分析了"从利益认知到利益行为"和"利益认同到价值认同"的观点。这些观点的目标在于解决：确认和尊重人有利己性是思想政治教育利益维度的立足点，问题的关键还在于思想政治教育本身如何引导和规范人的求利行为，如何全面、准确地保障、规范、实现个人的利益问题，同时在不同的利益主体之间如何协调各种利益之间的矛盾，实现利益关系的和谐。三是在解决思想政治教育的利益实现途径问题上提出了新观点。第一，在利益主体方面：对现实的利益个体来说在于培育其利益理性，对于利益主体际间利益关系的协调来说，在于培育其主体际利益理性；第二，在思想政治教育过程中内在利益的动态调适方面：通过利益表达的畅通，经过利益矛盾的协调，最终达到利益共享的实现；第三，在思想政治教育外在利益环境的优化方面：从五位一体的利益布局，提出了利益正当的物质文明要求、利益公正的政治文明要求、利益发展的精神文明要求、利益管理的社会文明要求、利益可持续的生态文明要求与思想政治教育利益实现的路径。

通观全书，我们不难发现，巩克菊博士的研究态度是非常认真的，对人的利益与思想政治教育的内在关联关系的认识是十分中肯的，对思想政治教育的研究视角和提出的一些理论观点是独到和有见地的。当然，由于随着时代的发展，利益问题本身的复杂性和时代与时俱进性，思想政治教育由于利益发展带来的新问题都会层出不穷，把利益问题与思想政治教育的关系仅以一本著作全面、完整地解决和呈现所有问题是很难做到的，对这一问题的研究仍是一个不断敞开、不断动态生成的研究过程。

在学理研究方面，对于人的利益与思想政治教育内在互动关联关系的史论结合的研究，需要进一步深究，尽管该书在其博士论文研究的基础上加上最新的"全面深化改革"的时代背景，"共享经济"新经济现象，"一带一路""人类命运共同体"理念、"生态文明"观等习近平新时代中国特色社会主义思想的相关论述，但在理论研究方面，把中国共产党思想政治教育史中有关不同具体时期的利益观内容和利益问题进行专门、深化、细致研究，还有待学界同仁继续努力，以弥补这一研究的盲点。把人的利益与思想政治教育内在互动关联关系放在马克思主义整个体系中的考察，把人的利益与思想政治教育内在互动关联关系放在中国共产党思想政治教育史的考察，需要做一长篇幅的专门研究。归纳其中的规律，总结其中的经验教训，以启示当下和未来。在现实研究方面，基于利益多元化背景的实证研究是提升研究该问题信度与效度的有力保障。利益多元化背景下，利益主体、利益关系、利益客体、利益内容、利益观念等的新变化，只有在实证考察的基础上才能了解更可靠的变化了的新的现实情况，思想政治教育的实效性也只有在调查研究的基础上，针对现实情况提出的时代性任务，才能真正对症下方。在本书的研究中，虽援引了许多权威数据和实证分析，但还是欠缺第一手的调研资料和数据，在接下来的研究中，可另撰一著作，专门进行实证研究。在调研分析的精准性与时效性方面继续努力，加强定性与定量相结合的研究，提升和拓展针对这一课题的现实力和针对性。

基于社会现实利益的不断动态发展，新的经济形态和现象的不断涌现，新的利益关系不断构建；基于思想政治教育学科的时代化和科学化诉求的不断与时俱进，基于人的超越利益的不断召唤，对这一问题的研究仍是一个不断历久弥新、不断敞开和不断探索的过程。相信巩克菊博士会沿着该问题的研究之路继续深挖深究下去，不断对新时代提出的新课题做出新探索，研究出新的更高水平、更有价值的成果以飨读者。

　　本书付梓之际，作为巩克菊博士的博士生指导老师，为她自豪。再读文稿，感触颇多，写下上述文字，供读者朋友们阅读时参考，不妥之处，敬请批评指正！是为序。

万光侠

2018 年 7 月于泉城

前　言

人类产生以降，利益一直就是人类社会生活中贯穿始终的一个问题。我国构建和谐社会是在市场经济深入发展、改革开放纵深推进、社会结构转型的场域中同时齐头并进，其所展现出来的多姿多彩的利益场景、繁杂的利益意识、复杂的利益关系、交错的利益矛盾，无不引起我们对时代造就的利益问题的反思和追问。利益问题是思想问题的关键。思想政治教育作为一项以引导、规范和调适人们思想、行为的教育实践活动，利益问题也就不可避免地进入到思想政治教育的视野中。这是时代对于思想政治教育的必然要求，也是思想政治教育学科发展科学化的必然要求。

本书立足于马克思主义立场，以马克思主义人学为指导，综合运用人学、教育学、心理学、社会学、经济学、政治学等方面的知识，通过理论与现实相结合的方法、历史考察与逻辑分析相结合的方法、比较研究方法等，尝试以人的利益问题为切入点，以人的利益与思想政治教育的内在关联为主线，探求思想政治教育的创新与发展。在对人的利益与思想政治教育内在关联研究的基础上，意在揭示人的利益与思想政治教育相结合后带来的新课题，并立足于这一视角，对现代思想政治教育的内容拓展、方法论原则的构建、实现途径的创新等方面做出比较具体的探讨，从而形成思想政治教育创新与发展的理论图景的雏形。主要内容和观点包括：

第一，从哲学层面对人的利益是思想政治教育的基础进行解读。这是人的利益与思想政治教育内在关联的第一步。在对马克思主义利益的哲学蕴含、基本特征、构成类型和历史作用分析的基础上,从实然与应然、历史与逻辑相结合角度,对思想政治教育作了本源的考察:阐释了人的利益是思想政治教育产生的根源,是思想政治教育发展的内驱力;分析了思想政治教育是社会价值与个体价值的统一,指出了思想政治教育的利益价值评判标准和利益价值旨归。

第二,从系统论、"结构与功能"的视角对思想政治教育的功能进行挖掘。这是对人的利益与思想政治教育内在关联关系反作用角度的考察。在对思想政治教育利益功能是其他功能的根本论断基础上,从利益主体角度、从利益内部结构系统与外部的关系角度,分析了思想政治教育的利益功能的表现、独特作用的优势和利益功能的发挥。

第三,分析了人的利益多元化背景下现代思想政治教育面临的新课题。立足于利益多元化的背景,从对传统思想政治教育与现代思想政治教育比较研究中,透视利益多元化给新时期我国思想政治教育提供的新机遇与挑战。

第四,分析了人的利益与思想政治教育相结合,对现代思想政治教育的内容拓展。一是针对利益主体的新变化,分析了面向利益主体的新型利益观是"个体利益、群体利益与类利益"辩证统一的利益观教育。二是针对利益内容多样与层次结构的变化,分析了面向利益内容的新型利益观是实施"经济、政治、文化、社会和生态利益"辩证统一的利益观教育。三是针对利益实现条件和时间的不同,提出了面向利益实现层次的新型利益观是实施"眼前利益与长远利益"辩证统一的利益观教育。

第五,分析了人的利益与思想政治教育相结合,对现代思想政治教育的方法论原则的创新。一是在分析了物质鼓励与精神鼓励相结合的方法论原则。在对这一方法论原则进行历史经验总结的基础上,根据物质利益与精神利益的新发展,提出了与时俱进的时代要求。二是分析了现实性与超越性相结合的原则的必要性以及处理好"现实利益与超越利益"二者之间的张力和发展要求。三是运用比较方法,分析了传统思想政治教育在利益观教育上的单一灌输方法的局限性,提出了现代利益境遇下"内化与灌输相结合的利益观教育方法论原则"的新要求。

第六,分析了人的利益与思想政治教育相结合,现代思想政治教育实现和优化人的利益途径。一是从利益主体来看,个体利益理性的培育与主体际利益理性的培育是思想政治教育利益优化的重要途径。二是从动态过程来看,利益驱动过程的调适在于保证利益表达的畅通、利益矛盾的协调和利益共享的实现。三是从利益环境的优化来看,既创造一个有利于思想政治教育活动开展和人的思想提升的外部利益存在环境,又是思想政治教育反作用于利益环境,优化利益环境的目标所在。由此我们考察了社会结构中经济、政治、文化、社会、生态利益环境的优化与思想政治教育利益实现的向度,分析了思想政治教育在经济文明领域促进利益正当的途径、在政治文明领域促进利益公正的途径、在精神文明领域促进利益发展的途径、在社会文明领域促进利益管理途径、在生态文明领域促进利益可持续的途径。

目录

导论 ··· 1
一、问题的缘起 ··· 2
　(一)现实依据:利益问题在构建和谐社会中的凸显 ········· 2
　(二)理论依据:思想政治教育利益维度研究的学科诉求 ··· 3
二、研究现状综述 ··· 4
　(一)国内研究现状 ··· 5
　(二)国外研究现状 ·· 17
三、主要内容、研究方法及创新之处 ······························· 24
　(一)主要内容 ··· 24
　(二)研究方法 ··· 27
　(三)创新之处 ··· 28
四、研究意义 ·· 30
　(一)理论意义 ··· 30
　(二)现实意义 ··· 32

第一章　思想政治教育的利益基础 ··································· 33
　一、马克思主义利益的内涵和历史作用 ·························· 33

(一)马克思主义利益的哲学蕴含 …………………………………… 33
　　(二)马克思主义利益的基本特征 …………………………………… 37
　　(三)马克思主义利益类型及其历史作用 …………………………… 42
二、人的利益是思想政治教育发生的基础 ………………………………… 48
　　(一)人的利益是思想政治教育产生的根源 ………………………… 50
　　(二)人的利益是思想政治教育发展的内驱力 ……………………… 53
三、人的利益是思想政治教育价值的基础 ………………………………… 61
　　(一)人的利益是社会利益与个体利益的统一 ……………………… 61
　　(二)思想政治教育的价值是社会价值与个体价值的统一 ………… 63
　　(三)人的利益的实现是思想政治教育的价值旨归 ………………… 66

第二章　思想政治教育的利益功能 …………………………………………… 69
一、思想政治教育利益功能的内涵 ………………………………………… 69
　　(一)思想政治教育利益功能的含义 ………………………………… 70
　　(二)思想政治教育利益功能的特征 ………………………………… 71
　　(三)思想政治教育利益功能的类型 ………………………………… 73
二、思想政治教育的利益功能的表现 ……………………………………… 74
　　(一)思想政治教育的利益导向和整合功能 ………………………… 74
　　(二)思想政治教育的利益激励和协同调控功能 …………………… 86
三、思想政治教育利益功能的独特作用 …………………………………… 91
　　(一)尊重利益主体的正当利益诉求 ………………………………… 91
　　(二)调整利益关系中的利益矛盾 …………………………………… 94
四、思想政治教育利益功能的发挥 ………………………………………… 103
　　(一)形成人们合理的利益认知,引导利益行为 …………………… 103
　　(二)在利益主体之间由利益认同上升到价值认同 ………………… 105

第三章　利益多元化背景下我国思想政治教育面临的机遇和挑战 ……… 110
一、当代中国利益多元化的兴起 …………………………………………… 110

（一）利益多元化的内涵和特征分析 …………………………… 110
　　（二）利益多元化的形成 …………………………………………… 116
二、利益多元化给新时期我国思想政治教育提供了新机遇 ………… 121
　　（一）促进思想政治教育内容的转变 …………………………… 121
　　（二）促进思想政治教育范式多样化 …………………………… 122
三、利益多元化背景下新时期我国思想政治教育面临的挑战 ……… 126
　　（一）追求利益意识的增强与思想政治教育利益观取向之间的落差 … 126
　　（二）利益主体的复杂化与思想政治教育方法之间的脱节 …… 134
　　（三）利益内容的发展与思想政治教育内容之间的差距 ……… 139
　　（四）利益发展的社会问题与思想政治教育认同力的下降分析 … 145

第四章　利益多元化背景下思想政治教育的内容拓展 …………… 153
一、面向利益主体的利益观教育 ……………………………………… 153
　　（一）个体利益、群体利益和类利益的关系 …………………… 153
　　（二）"个体、群体与类利益"辩证统一的利益观教育内容 … 157
二、面向利益内容的利益观教育 ……………………………………… 166
　　（一）"经济、政治、文化、社会和生态利益"之间的关系 … 166
　　（二）"经济、政治、文化、社会和生态利益"辩证统一的利益观教育内容 … 172
三、面向利益实现层次的利益观教育 ………………………………… 174
　　（一）眼前利益与长远利益的关系 ……………………………… 174
　　（二）"眼前利益与长远利益"辩证统一的利益观教育内容 … 176

第五章　利益多元化背景下思想政治教育的方法论原则构建 …… 180
一、物质鼓励与精神鼓励相结合的原则 ……………………………… 181
　　（一）人的利益是物质利益与精神利益的统一 ………………… 181
　　（二）物质鼓励与精神鼓励相结合是思想政治教育的方法论诉求 … 183
　　（三）坚持物质鼓励与精神鼓励相结合的原则要与时俱进 …… 186
二、现实性与超越性相结合的原则 …………………………………… 192

(一)人的利益是现实利益与超越利益的统一 …………………… 192
(二)现实性与超越性相结合是思想政治教育的方法论诉求 …… 195
(三)贯彻现实性与超越性相结合的方法论原则的基本要求 …… 198

三、灌输与内化相结合的利益观教育方法论原则 ……………………… 200
(一)利益观教育上"灌输与内化"的统一 ……………………… 200
(二)现代境遇对利益观教育内化方法的新要求 ………………… 203
(三)灌输与内化相结合的利益观教育原则是思想政治教育的
方法论诉求 ……………………………………………………… 205

第六章 利益多元化背景下思想政治教育的实现途径更新 ………… 208

一、培育利益主体 …………………………………………………………… 208
(一)个体利益理性的培育 ………………………………………… 209
(二)主体际利益理性的培育 ……………………………………… 213

二、调适利益矛盾 …………………………………………………………… 217
(一)利益表达的畅通 ……………………………………………… 217
(二)利益矛盾的协调 ……………………………………………… 222
(三)利益共享的实现 ……………………………………………… 227

三、优化利益环境 …………………………………………………………… 229
(一)利益正当的物质文明要求 …………………………………… 230
(二)利益公正的政治文明要求 …………………………………… 235
(三)利益发展的精神文明要求 …………………………………… 238
(四)利益管理的社会文明要求 …………………………………… 241
(五)利益可持续发展的生态文明要求 …………………………… 244

参考文献 …………………………………………………………………… 251

后　记 ……………………………………………………………………… 264

导 论

人类产生以降，利益一直就是人类社会生活中贯穿始终、无法逃脱、无法回避的一个问题。人类作为有意识的类存在物，其生命的存在、展开，生活的单调抑或丰富，无不围绕利益这一"阿利阿德尼之线"在旋转着、创生着。马克思指出："人们奋斗所争取的一切，都同他们的利益有关。"[①] 马克思还强调，作为能动自为存在物的人类"'思想'一旦离开'利益'，就一定会使自己出丑"[②]。纵观古今中外，人类在利益的平台上所勾勒出的多姿多彩的利益场景、现实性的利益追求、超越性的利益展望、交互性的利益关系，这些都为我们理解与把握利益问题提供了巨大的张力空间，更为人类对其自身本性的觉解提供了锁钥。

我国构建和谐社会正是在市场经济深入发展，改革开放纵深推进，社会结构转型的场域中同时齐头并进，其所展现出来的繁杂的利益意识、复杂的利益关系、交错的利益矛盾，无不引起我们对时代造就的利益问题的反思和追问。学界在经济学、法学、社会学、政治学等各个学科领域展开了对利益问题的关注和研究。思想政治教育作为一项以引导、规范和调适人们思想、行为的教育实践活动，利益问题也就不可避免地进入到思想政治教育的视野中。本书正是以人的利益的新时代境遇为切入点，以人的利益与思想政治教育内在关联关系为主线，考察思想政治教育在利益凸现时代所要面临的新课

---

① 《马克思恩格斯文集》第 1 卷，人民出版社 2009 年版，第 187 页。
② 《马克思恩格斯文集》第 1 卷，人民出版社 2009 年版，第 286 页。

题，抓住机遇，迎接挑战，探求思想政治教育的创新与发展，从而促进个体自身和谐生存、社会和谐生存，这正是本书的努力所在。

一、问题的缘起

思想政治教育"是以人，尤其人的思想、精神世界为工作对象的社会实践活动"①。马克思说："'思想'一旦离开'利益'，就一定会使自己出丑"。② 可见利益问题是思想问题的关键。现如今我国利益问题的境遇是市场经济发展对人的利益张扬，改革开放利益格局调整，构建和谐社会利益关系丰富。由此，以人的利益与思想政治教育的关系为主线，对思想政治教育进行研究与创新，既要着眼于时代发展带来的新的利益问题，又要立足于利益凸显的新境遇导致的思想政治教育学科发展内在逻辑的演变。探讨人的利益与思想政治教育的创新与发展，既是解决时代现实利益问题的需要，又是思想政治教育本身理论科学发展的诉求。

（一）现实依据：利益问题在构建和谐社会中的凸显

社会主义和谐社会不是无利益矛盾、无利益差别的社会，而是在差异的基础上实现和谐的社会。现实社会中的经济、政治、文化、生态等各个领域的社会关系，终究都是通过"利益"呈现出来的。现实社会中无论是人类个体还是人类群体，其思想意识和行为表现又无不都受到"利益"的纠缠。和谐社会是在承认人的利益诉求、实现人的利益需要中不断促进人与自然、人与人、人与其内心和谐生存和发展的过程。"和谐社会的特征是：共识、包容、互动、双赢、共生，即和谐社会是有共同发展目标和价值观的社会。"③

---

① 万光侠：《现代人本思想政治教育建构的几个理论问题》，载《济南大学学报（社会科学版）》，2007 年第 6 期。
② 《马克思恩格斯文集》第 1 卷，人民出版社 2009 年版，第 286 页。
③ 张艳涛：《和谐社会的文化意蕴》，载《求实》，2005 年第 8 期。

改革开放40年来，我国社会利益关系的和谐度不断提高，当前我国社会利益关系总体是和谐的，但也存在着利益不够和谐的因素。构建社会主义和谐社会的实质就是构建和谐的社会利益关系。因此，构建社会主义和谐社会的过程就是妥善处理各种矛盾，不断消弭各种利益冲突，增加利益关系和谐的过程，在这一过程中要正视利益冲突和分化，找到化解利益矛盾的途径和方法。思想政治教育要分析利益关系并提出正确的处理利益关系的利益观和利益分析方法，培育利益主体的利益理性，在确认和证实人有利己性、尊重和肯定人的合理利益追求的前提下，引导和规范人的求利行为，促进个人的利益和谐生存；同时在不同的利益主体之间协调各种利益之间的矛盾，促进社会利益的和谐生存，从而发挥思想政治教育利益功能和价值的独特作用，以期为正确构建和谐社会的和谐利益关系助一臂之力。

（二）理论依据：思想政治教育利益维度研究的学科诉求

从思想政治教育学科自觉意识的立场看，"人的利益与思想政治教育的内在关联"问题，是关系到思想政治教育产生、存在和发展的重大问题，是思想政治教育学科发展科学化、时代化的必然要求。

1. 研究人的利益与思想政治教育的内在互动关联是对思想政治教育本源问题的时代化解读，这是思想政治教育学科的前提性问题，开源才能促进思想政治教育的发展与创新。提出人的利益是思想政治教育发生的基础，确立了思想政治教育生成的源泉和发展的内驱力，才能从实然与应然相结合的层面，挖掘思想政治教育的利益价值和利益功能。这样的研究视角就无疑不仅仅是思想政治教育学科中的方法性问题，也不是仅仅处于现实利益的挑战，思想政治教育被动应对的单向度研究问题，而是以人的利益与思想政治教育的内在互动关联的研究范式的研究，从而推动思想政治教育利益维度研究的深化。从人的利益与思想政治教育间的内在关联关系我们发现这样的道理：思想意识的产生基于现实的利益基础，而思想意识形成的目的就在于实现个体利益，调整人们之间的利益关系。因而对于思想政治教育来说，不是排除利益，而是在于如何调节和实现人的利益。思想政治教育不是在利益之外而是在利益之中。

2. 研究人的利益与思想政治教育的内在互动关联是对思想政治教育功能研究的时代化解读，思想政治教育对人的利益的反作用，这是对人的利益与思想政治教育内在关联关系反作用的考察。对思想政治教育利益功能独特优势及其利益功能的发挥研究，拓展了对思想政治教育的功能研究，是思想政治教育对于利益关系协调的主动解答。

3. 研究人的利益与思想政治教育的内在互动关联有助于思想政治教育实效性的提高，增强了新时期思想政治教育实效性研究的利益向度研究。针对思想政治教育的现实环境因利益关系局面发生变化而发生改变的现实，针对人的利益及利益关系变化的现实，从利益维度看，思想政治教育的实效性要体现在对人的利益变化、利益多元化这一时代课题解答的相应担当上。

4. 研究人的利益与思想政治教育的内在互动关联从而构建出思想政治教育创新与发展的理论图景的雏形。在现代思想政治教育的内容拓展、方法论原则的构建、实现途径的创新等方面都贯穿思想政治教育与人的利益问题的主线，从而对于思想政治教育创新与发展的理论图景做出比较具体的探讨。

从学科层面来研究界定思想政治教育与人的利益问题，这是一个关系到思想政治教育的价值定位、功能发挥、方法论原则确立、途径更新、效果提升的重大理论问题。它要从思想政治教育的发生与发展、价值和功能、教育者与教育对象、内容与方法、载体与环境诸方面来看待思想政治教育与人的利益问题；它要在思想政治教育基础理论、原则、方法和实践的基本研究中，贯穿思想政治教育与人的利益问题的主线。这是思想政治教育学科发展科学化、时代化的必然要求。

二、研究现状综述

人的利益与思想政治教育的创新研究，既是一个马克思主义人学视域下研究思想政治教育与利益内在关联的基础性理论课题，也是当前实现全面深化改革、构建和谐社会，利益问题凸显时期引导人的谋利意识和谋利行为，促进利益主体间利益关系和谐的重大社会实践问题，还是思想政治教育利益维度的价值实现、功能发挥、内容变化、途径更新等方面在学科发展、应对现实挑战，从而促进人自身、人与自然、人与人和谐发展的热点与难点问题。虽然目前学界没有直接以"人的利益与思想政治教育创新研究"为题目的研究成果，但自20世纪80年代随着市场经济和改革开放的深入发展以来，国内外学者就从哲学、经济学、法学、社会学、政治学等各个学科领域展开了对利益问题的关注和卓有成效的相关研究，利益问题也逐渐进入到思想政治教育的研究视野中，这些成为本书研究的重要学术资源。

（一）国内研究现状

对于"人的利益与思想政治教育创新研究"问题，目前从所能查到的国内资料看，还没有以之为题的专著、学位论文和期刊论文。但是对相关问题，如"利益""利益多元化""利益协调""利益多元化对思想政治教育的影响""思想政治教育的利益功能"等学界取得了丰厚的研究成果。与本书相关的研究主要涉及如下几方面：

1. 关于利益的研究

（1）从研究视角来看，学界对利益的研究主要是三种视角：

第一，从哲学领域对利益基础理论的研究。学者们或者重新挖掘利益在马克思主义历史唯物主义中的地位和作用，或者把利益与具体社会领域、专门人群相结合，或者对马克思主义利益理论进行了中国化的发展。主要代表学术著作是：王伟光著《利益论》（2001），谭培文著《马克思主义利益理论》（2002），张玉堂著《利益论——关于利益冲突与协调问题的研究》（2002），柳新元著《利益冲突与制度变迁》（2002），唐代兴著《利益与伦理》（2002），张江河著《利益与政治》（2002），刘湘顺著《马克思利益关系理论在当代中国的发展》（2010），教育部思想政治工作司对改革开放以来中国共产党加强大学生思想政治教育的重要文献做了梳理，著《加强和改进大学生思想政治教育文献选编（1978—2014）》（2015），中国人民大学马克思主义学院著《马克思主义理论与思想政治教育研究》（2016）。

第二，从经济学、社会学、法学等具体学科视角，以研究新时期我国某一领域、某一群体利益问题为主线进行专门研究。沈壮海、王培刚、王迎迎著《中国大学生思想政治教育发展报告2016》，对2016年度大学生的思想政治教育状况做了实证分析和研究；复旦大学洪远鹏课题组以经济学视角，对我国新时期经济利益与理论的实践问题进行了系统研究，完成了一套"经济利益理论和实践丛书"，包括：《经济利益关系通论》《社会利益关系演进论》《利益理论比较研究》《综合经济利益论》《开放利益论》《机会利益论》《风险利益论》《分享利益论》《创新利益论》《保险利益论》等，上述丛书已由复旦大学出版社陆续出版。另外，还有中国金融出版社、中国经济出版社、上海人民出版社等陆续出版的《共享利益论》《农民利益论》等。这个课题组的研究范围已由经济利益扩展到了政治利益、文化利益、社会利益领域。在对利益问题展开研究的过程中，洪远鹏课题组提出了以下观点：一切人类活动的中心是利益；一切社会关系的核心是利益关系；一切社会科学的核心归根结底是利益关系问题。洪远鹏课题组的研究内容比较丰富、问题具有现实性、思想具有前瞻性，对于研究者都有很大启发。同时，我们发现洪远鹏课题组却没有直接把利益问题放在马克思主义利益理论与实践的发展轨迹进行研究，没有把利益与思想结合在一起研究，更没有把利益纳入到思想政治教育的视域中来研究。

第三，从我国现实问题的视角，对当代中国利益现实问题与和谐社会的建构进行了关注。如彭劲松著的《和谐社会利益关系》（2006），郭彦森著的《变革时代的利益矛盾与社会和谐》（2008），蒋永穆著的《社会主义和谐社会的利益协调机制研究》（2011），沈壮海著的《思想政治教育的有效性研究》（2016）。概括而言，目前对于利益问题的研究主要集中于利益基础理论界定和利益发展带来的现实问题两方面的研究。

(2) 从对利益内容的研究来看,学界主要集中于两个方面:

第一,关于利益基础理论的研究。

对利益内涵的理解。目前学术界对利益有如下理解:一是认为利益就是好处。如《辞海》和《现代汉语词典》都把利益解释为好处。二是有些学者主张利益是一种价值,是有价值的东西。张江河认为利益"是主体在实现其需要的过程中通过一定的社会关系所体现出来的价值"[1]。三是有些学者主张从需要的角度界定利益。苏宏章认为"利益是指在一定的社会形式中由人的活动实现的满足主体需要的一定数量的客体对象。"[2] 郭宝平指出:"利益是需要主体以一定的社会关系为中介,以社会实践为手段,使需要主体与需要对象之间的矛盾状态得到克服,即需要的满足。"[3] 四是有些学者主张利益是一种社会关系。王伟光认为,"利益在本质上是一种社会关系。从本质上来说,利益是关系范畴"[4],提出了"所谓利益,就是一定的客观需要对象在满足主体需要时,在需要主体之间进行分配时所形成的一定性质的社会关系的形式"[5],等等。

第二,利益发展带来的现实问题研究。

随着市场经济的深入推进,国内学术界开始关注到利益的多元化和分化现象。总体来说,国内学术界对利益分化与协调问题的大规模研究相对较晚,到现在,多个学科都对这一问题进行了研究,逐渐成为国内学术界研究的热点问题。具体来说:

一是关于改革进程中利益分化与博弈。清华大学孙立平指出,我国现在正进入利益分化、利益博弈和利益冲突的时代。由于利益主体的多元化,由于贫富差距的扩大,由利益关系引发的利益矛盾和利益冲突在明显增加。他认为,通过改革,我国建立了市场经济的基本框架,但理应与市场经济相配

---

[1] 张江河:《论利益与政治》,北京大学出版社2002年版,第77页。
[2] 苏宏章:《利益论》,辽宁大学出版社1991年版,第21页。
[3] 王伟光、郭宝平:《社会利益论》,人民出版社1988年版,第68页。
[4] 王伟光:《利益论》,人民出版社2001年版,第74页。
[5] 王伟光:《利益论》,人民出版社2001年版,第74页。

套的种种利益均衡机制却没有相应地建立起来,结果就是社会利益格局的严重失衡以及由于利益格局失衡引致的各种社会矛盾的大量出现。① 二是关于利益博弈过程中利益均衡机制的建立。孙立平主张化解改革的危险、增强改革的民意和凝聚力的良方就在于建立一个良好的利益均衡机制。"他特别强调改革者一定要掌握反思改革的主动权,在反思的基础上将建立市场经济下利益均衡机制作为下一步改革的重要任务、重要内容加以促进,这样你才能够重新凝聚改革的共识,重新形成改革的动力。他指出这个利益均衡机制的核心问题就是社会中不同的群体、不同的阶层进行利益博弈时,要有一个平等的博弈权利。"② 三是利益观念的转变是导致利益不协调的催化剂。四川大学蒋永穆认为,目前我国改革和发展正处于关键阶段,社会矛盾和冲突已经从"隐性"走上"显性",从"地下"走到"地上"。分析不和谐因素产生的根源就在于利益不协调。利益不协调的主要表现是:利益主体异质化,利益需求多元化、利益获取途径多样化、利益差距扩大化、利益冲突公开化等几个方面。而其中,导致利益不协调的催化剂就在于利益观念的转变。③

第三,关于社会主义和谐社会利益协调的研究。

既然利益分化会导致社会利益格局的严重失衡,而利益格局失衡就会引致各种社会矛盾大量出现,从 20 世纪 90 年代开始学界开始研究利益协调机制的建立,从而来消解利益分化带来的利益冲突。

20 世纪 90 年代初期,中国人民大学郑杭生、清华大学李强等在研究社会运行机制时就指出社会运行的动力和激励机制,这是早期学术界关于社会利益协调机制的雏形;2004 年,党的十六届四中全会提出和谐社会后,有关和谐社会及其利益协调机制的文献如雨后春笋般涌现了出来。武汉大学向德平认为,要建立健全利益引导机制,利益约束机制,利益调节机制,利益补

---

① 赵玉洁:《当代改革进程中的利益冲突与协调问题研究》,中共中央党校 2011 年博士论文。
② 赵玉洁:《当代改革进程中的利益冲突与协调问题研究》,中共中央党校 2011 年博士论文。
③ 蒋永穆:《社会主义和谐社会利益协调机制研究》,经济科学出版社 2011 年版,第 6 页。

偿机制；中央党校李君如则从经济协调、政治协调、法律协调和道德协调角度阐释利益协调机制。清华大学孙立平则主要从分析弱势群体的利益表达机制入手，研究利益协调机制的构建，讲述了利益表达在构建社会主义和谐社会的重要性；中国人民大学李路路则指出，构建和谐社会不是构建一个没有利益矛盾和冲突的社会，而是一个能够有效协调、整合和控制利益冲突的社会，所以从协调利益机制的主体角度讲，在于建立一个自下而上的、通过谈判和契约方式，由国家作为最后协调者的利益协调机制。四川大学蒋永穆提出了与我国经济、政治、文化和社会发展"四位一体"模式相对应的"四位一体利益协调机制"①，即：政治利益协调机制、经济利益协调机制、文化利益协调机制和社会利益协调机制。

国内学术界对利益分化与协调问题研究取得明显成果，带来很大的社会反响，为后续研究提供了重要学术资源、理论支撑。在经济学、政治学、社会学等具体学科中学者们都或多或少关注到了利益引起的观念变化。都谈到了思想文化、上层建筑对利益协调的作用。但从思想政治教育学科来看，出于思想政治教育主动解决利益协调的研究还未纳入到利益协调的机制中来。

2. 关于利益与思想政治教育的研究

研究成果方面，学术专著主要有：其中以王继全著《马克思主义利益观视域中的思想政治教育》（2013）从马克思主义利益观角度，对思想政治教育做了比较深刻系统的研究。其他专著中，或者从思想政治教育的本源，或者从思想政治教育的价值，或者从思想政治教育的实效性方面都或多或少提及到了利益与思想政治教育相结合的重要性或者分析了二者的关系问题，例如：万光侠等著《思想政治教育的人学基础》（2006）、李合亮著《思想政治教育探本——关于起源及本质的研究》（2007）、项久雨著《思想政治教育价值论》（2010）、李维昌、盛美真著《增强高校思想政治教育实效性的多维透视》（2010）、赖雄麟著《马克思主义思想政治教育理论时代化研究》

---

① 蒋永穆：《社会主义和谐社会利益协调机制研究》，经济科学出版社2011年版，第6页。

(2012)。从中国知网上以"利益与思想政治教育"为题进行高级查询,相关期刊论文(1990至今)、以之为关键词和主题的硕士博士学位论文(2000年至今)总共几十篇。其中云南大学李维昌开辟了思想政治教育利益维度学科研究的新理路。概括而言,目前对利益与思想政治教育的研究主要集中在:一是对人的利益与思想政治教育基础理论的挖掘。如韩迎春、周德胜提出的"利益范畴是思想政治教育发展的核心范畴"。张兴建则提出了"利益是思想政治教育学的开端范畴"[①]的观点。二是利益发展和新变化对思想政治教育的挑战以及应对途径的研究。主要表现在:"利益多元化背景下对思想政治教育的影响"方面的研究,以及为了迎接利益挑战"思想政治教育反思和提高实效性"方面的研究。

(1) 人的利益与思想政治教育相结合,对思想政治教育基础理论拓展的研究。

第一,学界初步梳理了马克思主义经典作家关于"人的利益与思想政治教育"二者之间关系问题的有关论述。

马克思主义经典作家的论述是人的利益与思想政治教育相结合研究的基本理论依据。从所能查到的学术论文和掌握的相关著作中,主要论述有:一是立基于马克思、恩格斯关于"社会存在与社会意识二者的关系""物质基础与上层建筑二者的关系""人的思想与利益、行为与利益密切相关不可分离的思想""经济利益与其他利益之间关系的思想""利益是社会冲突和根源的思想"[②]。二是立基于中国共产党思想政治教育的演变,中国共产党的每一代领导集体在开展思想政治教育活动时,都是围绕着现实的利益发展而不断发生变化的。尽管学界没有形成系统论述,但这都可以散见于不同的文章中。赵士红分析了毛泽东的人民利益观,指出"动员群众革命积极性与关心其切身利益问题相联系"[③]的思想;王炎炯分析了邓小平的利益观,关于"革命精神与

---

① 李兴建:《利益是思想政治教育学的开端范畴》,载《思想教育研究》,2004年第1期。
② 《马克思恩格斯文集》第1卷,人民出版社2009年版。
③ 赵士红:《论毛泽东的人民利益观》,载《学习论坛》2003年第10期。

物质利益相结合、重视物质利益"①；欧阳超分析了江泽民的人民利益观是人民利益至上的利益观，"判断人们政治先进与落后的标准，而主要应该看他们的思想政治状况和现实表现""坚持把人民的根本利益作为出发点和归宿""最大多数人的利益是最紧要和最具有决定性的因素"。② 刘诚、徐纲分析了胡锦涛的人民利益观，认为思想政治教育不仅重视人的利益层次结构合理化，也要重视人与人之间利益和谐的问题，和谐社会就是利益和谐。③ 习近平在全国高校思想政治工作会议上强调做好高校思想政治工作，要因事而化、因时而进、因势而新。思想政治教育要真正对人的思想产生亲和力和针对性，必须结合人的现实需要。在关于思想政治教育与利益关系问题的理论探究中，学者们的初步梳理和论述，证明了人的利益与思想政治教育内在关联关系的研究具有深厚的学理基础。但是从马克思主义的整个思想体系，从与中国共产党思想政治教育史相结合来看，尤其是从历史唯物主义人的主体性视角来系统论述和深入分析思想政治教育与利益内在关联的著述还相对不足。

第二，越来越多的学者认可"人的利益与思想政治教育"范式研究日益成为思想政治教育学科研究中的热点问题。

一开始，把人的利益与思想政治教育放在一起，尤其是个人利益、物质利益与思想政治教育相结合，曾一度认为这是一个很有争议的话题。因为思想政治教育被认为是"纯粹的精神性的活动"，是不能与物质利益相混淆而放在一个范畴内来谈论的话题；曾被认为是"集体利益至上"，是不能也不敢言"个人利益"的话题。一开始在思想政治教育的基本范畴研究中并没有纳入利益范畴。

接下来，市场经济的深入推进，人们利益意识的增强，思想政治教育日

---

① 王炎炯：《论邓小平的利益观》，载《社会主义研究》，1995年第3期。
② 欧阳超：《论江泽民的人民利益观》，载《西南民族大学学报》，2004年第11期。
③ 刘诚、徐纲：《论胡锦涛的人民利益观》，载《中国青年政治学院那学报》，2012年第2期。

益被认为是不可忽视人的利益的教育工作。人们认识到思想政治教育是建立在物质利益基础上的工作，思想政治教育中的学科研究、学术研究开始关注这一问题。最有代表性的是罗国杰主编的《马克思主义思想政治教育理论基础》（2002）一书中，专门独立设置了"思想政治教育与物质利益"一章进行深入的论述。该专章在对马克思主义利益观解读的基础上，探讨了思想政治教育与物质利益的辩证关系，从而确立了马克思主义思想政治教育理论的利益基础，也提出了"物质利益是思想政治教育的基础"[1] 的观点。

在此之后的发展过程中，思想政治教育与利益的关系问题越来越得到学界的重视，在学术论文的探讨成果中，"从二者关系的现实情况看，人们普遍注意到在阶层分化、利益分化、利益要求凸显和贫富差距拉大的背景下，思想政治教育与利益的关系问题是思想政治教育研究中不可回避、不可割裂的重大关系问题"[2]。从二者关系的理论依据看，有从哲学基础的立场来讨论人的利益与思想政治教育的关系的，也有从马克思主义利益观来阐明思想政治教育的利益基础的，在这一方面的研究中学界几乎能达成共识。

目前对人的利益与思想政治教育研究，从一般性地探讨二者关系，到思想政治教育离不开利益的探讨，再到从利益立场探究思想政治教育的有效性问题，可以看出学界正一步步深入地研究二者的关系问题。这些研究，为今后的进一步研究奠定了重要基础。但至于利益与思想政治教育结合后，对思想政治教育价值定位、功能发挥、方法论原则的确立，实现路径的更新等方面的问题的研究目前学界还是零散的、孤立的，还需要继续系统和深化，达成共识。

第三，学界把利益原则、利益分析方法与思想政治教育相结合的研究。

在相关的学术研究中，从所能查到的资料来看，学界目前达成比较一致的共识是："思想政治工作与利益相结合的原则"。冯照祥、杜刚把思想政治

---

[1] 罗国杰主编：《马克思主义思想政治教育理论基础》，高等教育出版社2002年版，第174页。

[2] 李维昌：《思想政治教育与利益的关系问题研究综述》，载《求实》，2009年第5期。

工作中的物质利益原则当作基本准则。裴士连把思想政治教育的利益原则与思想政治教育的激励原则结合起来。刘建军、曹一建提出把"利益原则"作为思想政治教育的基本原则之一来看待。随着当前利益问题的时代性课题凸显，思想政治教育必须与利益相结合，强调要注重思想政治教育与物质利益相结合的问题。但是如何结合，结合之后发挥作用和功能的机制却是接下来学界要深入研究的问题。项修阳、黄明认为"思想政治工作运用物质利益原则就是要善于从利益动因上分析人的思想变化，把正确的思想引导同解决实际问题结合起来"[①]。李图仁提出了"思想政治工作利益法则"的概念，以强调"利益法则"对思想政治工作所具有的根源性和支配性地位。[②] 贾新高、张增效则提出了由利益认同上升到价值认同重要性和具体途径。[③] 在对思想政治教育的利益原则达成共识的基础上，学界下一步还要进行深入研究，让思想政治教育的利益原则持续发力，着力解决的是：在思想政治教育实践中，思想政治教育把解决个体的谋利意识和谋利行为方面的利益困惑，把处理不同利益主体间的利益关系、协调利益关系时应有的功能和现实的价值挖掘出来。当学界把思想政治教育的利益原则确认为思想政治教育的一个普遍、普适重要原则来看待时，需要深化的问题是如何发挥思想政治教育对人们利益意识和谋利行为的引导、如何发挥其对人们之间利益关系和利益矛盾协调及处理方面所具有的功能。可喜的是，在思想政治教育学科中已经形成运用利益原则和利益分析方法来研究思想政治教育相关问题的研究氛围，关于利益原则的定位，思想政治教育要与利益相结合过程中二者结合的基础、结合的途径和方法、发挥作用的机制必将成为思想政治教育利益维度学术视野中的重大研究课题。

---

① 项修阳、黄明：《思想政治工作中正确认识和运用物质利益原则的理论思考》，载《探索》，2000年第1期。
② 李图仁：《思想政治工作必须遵循利益法则》，载《学术论坛》，2006年第6期。
③ 贾新高、张增效：《从利益认同到价值认同》，载《西安政治学院学报》，2001年第1期。

（2）人的利益发展和新变化对思想政治教育的挑战，以及应对途径的研究。

第一，利益多元化对思想政治教育的影响问题的研究

目前，已有学者关注到利益问题及其演变对社会生活的影响，对思想政治教育提出了挑战，提出了有价值的观点。有学者对经济利益多元化给思想政治教育带来的挑战及如何应对等问题，"如经济利益多元化使思想政治教育对象复杂化、利益主体多样化、利益关系复杂化、利益价值取向多元化，因此思想政治教育要实现从指导思想到功能型、教育内容、教育方法的改变等"①。另外，学者们从利益分化、阶层分化研究对思想政治教育带来挑战的文章较多。主要是"思想意识多样化，主流意识形态受到冲击，弱势群体问题凸显，思想政治教育功能范围扩大等"②。比较有借鉴价值。其他还有一些文章提出了类似的观点，如王继全《马克思主义利益观视域中的思想政治教育》（2013）、钱亚梅《从社会阶层分化看新时期的思想政治工作》（2003）。

第二，在利益多元化背景下思想政治教育的反思与应对挑战方面的研究。

为了提高思想政治教育有效性或实效性，把人的利益纳入到思想政治教育研究视野，承认、尊重个人的合理现实利益问题得到了自然而然的讨论。关于这个问题的研究或体现在对增强思想政治教育有效性的具体路径的探讨中；或体现在对利益多元化、社会转型期、以马克思主义利益观为核心价值观的研究。这些研究，都强调了只有关注、强调受教育者的利益，才能增强思想政治教育实效性的观点。具体应对举措方面：在理念反思与转型方面的研究，程建平谈到德育应树立"德育的适应与超越""个人本位—社会本位观""实行内在的德育而不是外在的德育"等观念（2004），较有启发价值。

---

① 贾海丽：《经济利益多元化视角下思想政治教育创新研究》，河北师范大学2009年硕士论文。

② 王举民：《当代我国社会阶层分化对思想政治教育的挑战与对策》，载《辽宁教育行政学院学报》，2006年第3期。

曹玉霞提出了加强个性化观念、主体性观念、大德育观念等几个方面（2006），万光侠则从研究范式的角度提出了物本范式向人本范式转变的应对思路（2012）。在功能转型方面，叶政提出了要发挥思想政治教育的"柔性"社会管理功能，从而实现和谐社会意识形态利益整合功能拓展（2009），也有的学者直接提出了把思想政治教育的利益协调功能直接纳入到整个社会的利益协调机制中来的观点。这些研究对于解决经济利益多元化条件下思想政治教育理念反思、功能转型问题有一定借鉴意义。这些资料各有千秋，学者们立足于利益分化、利益冲突的现实，把利益多元化当作背景，对思想政治教育提出挑战，思想政治教育是回应现实利益问题的手段来思考和著述，这些研究具有重要的理论意义，尤其是具有重要的现实针对性。

（3）学界作了"人的利益与思想政治教育"的专题研究的努力

在当前学界的研究中，除了一般性的考察和梳理，学界还有一些专题性深入研究。

第一，对思想政治教育利益本源的研究。

对思想政治教育本源的探究，学界既不鲜见，成果也不丰富。实际上对这一问题的研究赖雄麟指出："探讨思想政治教育的本源问题，实际上隐含着这一问题所具有的先在性命题，即思想政治教育是自古存在的，是中外皆然的。"[1]

李合亮首次研究了思想政治教育的本源问题，他提出的"思想政治教育是利益互动的伴生物"观点。[2] 杨威在《思想政治教育发生论》专著中，谈到了思想政治教育本源的实践根源时，也强调了社会的物质生产实践活动，归根到底要通过发展成为思想政治教育实践活动，就是通过思想政治教育思想来影响观念，影响价值观念，精神状态，从而影响利益关系，来实现利益目的。[3] 赖雄麟梳理了学界对思想政治教育本源探讨的见解基础上，提出了

---

[1] 赖雄麟：《马克思主义思想政治教育理论时代化研究》，人民出版社2012年版。
[2] 李合亮：《思想政治教育探本——关于起源及本质的研究》，人民出版社2007年版。
[3] 杨威：《思想政治教育发生论》，中国社会科学出版社2009年版。

思想政治教育是人的一种生存和活动方式，源于个人发展需要的观点。①

第二，对思想政治教育利益理论基础的研究。

万光侠等著的《思想政治教育的人学基础》一书深入探讨了思想政治教育人学基础的研究。在该书中，提出了"人的需要和利益是思想政治教育存在和发展的内驱力"的观点。从本书的论证体系来看，提出了现代思想政治教育的研究必须以人的需要和利益问题为立足点。② 李维昌在研究利益与思想政治教育关系问题上著述较多，提出了许多有价值的开创性观点，为本书的研究提供了很多启发。比如他提出的思想政治教育要主动纳入到利益协调机制中来的视角；他提出的史论结合，从中国共产党的思想政治教育史的系统研究有待深化的问题；他认为思想政治教育要从学科角度实现思想政治教育利益维度的研究的开拓。本书的研究思路、研究视角受到了他的启发。③

第三，对思想政治教育价值与利益相结合的研究。

在思想政治教育的价值研究中，张耀灿在《现代思想政治教育学》中以满足人的主体需要和人类社会进步而呈现出来的一种肯定意义关系，阐述了价值是为了满足利益主体需要的关系。张澍军在《德育哲学引论中》以"一种特殊的主体与客体视域"即：一是从人德性修养的要求来看，教育者和受教者均为主体，德行修养内容则为客体，构成一对主客体关系；二是教育者和受教育者构成主客体关系。第三从"主我"与"客我"的关系上看，教育者与受教育者既作为主体，又作为客体。从主客体三层关系上，分析了需要与德育价值的意义。项久雨系统论述了思想政治教育价值问题提出了利益是思想政治教育价值生成的动力的观点。李然在其博士论文中对思想政治教育的价值实现作了系统性的设置，但由于缺乏利益的现实基础，价值实现的效

---

① 赖雄麟：《马克思主义思想政治教育理论时代化研究》，人民出版社2012年版。
② 万光侠等著：《思想政治教育的人学基础》，人民出版社2006年版，第250—284页。
③ 李维昌：《思想政治教育与利益的关系问题研究综述》，载《求实》，2009年第5期。李维昌：《论思想政治教育起源的利益维度》，载《学术论坛》，2009年第7期。李维昌、盛美真：《增强高校思想政治教育实效性的多维透视》，云南人民出版社2010年版。李维昌、盛美真：《论利益多元化背景下思想政治教育的主导性建设》，载《求实》，2011年第8期。李维昌：《思想政治教育利益论的学科厘定》，载《求实》，2013年第12期。

力显得有些单薄。所以，从人对利益维度研究思想政治教育价值的逻辑起点、评判尺度和利益价值实现的问题还有待继续深化。①

(二) 国外研究现状

从所掌握的资料看，国外与此相关的是关于利益分化对价值观的影响，价值观教育，功利主义的研究，社会利益变化对学校德育影响及对策研究较多。与此相关的代表性著作：杜威的《确定性的寻求——关于知行关系的研究》(2004)、尤尔根·哈贝马斯的《包容他者》(2002)、柯尔伯格《道德教育的哲学》(2000)、斯玛特的《功利主义——赞成与反对》(1992) 等。在外文原版资料方面，笔者在"Kluwer Online Journals"（电子期刊全文数据库）、"Academic Search Elite"（学术期刊全文库）、读秀学术搜索（外文文献）以"interests（values）education""values change and interests change"等关键词进行模糊搜索，外文文献与本书直接相关的也不多。对相关问题进行总结，研究状况如下：

1. 利益冲突背景下西方德育改革研究。随着经济社会的发展，利益冲突与利益分化凸显，西方价值观念也随之纷杂林立，打破了长期以来西方价值一元的宗教化特征。自20世纪60年代以来，利益分化背景下的德育工作如何展开？德育如何在社会发展及整体性个人的生成方面起引领、引导作用？西方德育开展了不同的应对之路。本书选择了那些在理论上具有深邃独特见解，同时又对道德教育实践产生了广泛影响，而且能够在不同的应对路径中具有代表性的道德教育理论进行了分析研究。

(1) 对"谁人之道德？""何种价值"的研究。这是一个在利益多元带来的价值多元的社会里进行思想政治教育要解决的具有前提性的关键问题。

---

① 张耀灿等：《现代思想政治教育学》，人民出版社2006年版。张澍军：《德育哲学引论》，中国社会科学出版社2008年版。项久雨：《利益逻辑与思想政治教育价值的生成》，载《思想政治教育》，2008年第3期。项久雨：《思想政治教育价值论》，中国社会科学出版社2010年版。李然：《思想政治教育价值实现问题研究》，中国矿业大学2012年硕士论文。

可以说对这个问题的不同理解就会导致不同的利益观、价值观和道德观。正如学者约翰·威尔逊（John Wilson）所说："如果我们要严肃地谈论道德教育，就需要了解：1. 我们应将怎样的一种领域置于'道德的'或'道德'的标题之下；2. 在该领域内，成功或进展良好的标准是什么，怎样的品质或素养可以算作是在道德上受过教育的。"① 科尔伯格的道德认知发展模式主张，"道德在本质上表达了对每一种文化都是有效的一套判断和决策的理性原则，它体现了人类的利益和公正原则"②，并在此基础上建构道德教育理论。可见，一种思想政治教育的理论，其对于思想政治教育内涵的界定，又总是内在地决定这种思想政治教育理论的其他部分的内容，如思想政治教育的目的、内容、方法等。

（2）西方 20 世纪 60 年代后为应对利益多元给德育带来挑战的不同解决路径研究。主要有三条不同的解决路径：

第一，选择价值中立的相对主义的路径。这种应对路径主张，不进行任何道德价值观教育，不对不同的价值观进行评判，只是帮助青少年澄清和选择自己的价值观。持这种应对路径的学者以价值澄清学派的理论为代表。③ 这种中立原则无法解决儿童在一个价值观多元社会中得到的生存问题，它既不能克服那种唯我正确的道德专制，走向狭隘的排他；又导致走向没有是非善恶的道德虚无主义，所以会陷入道德虚无主义的困境，只能加剧价值冲突和混乱。

第二，普遍主义应对路径。这种应对路径主张，以寻求普遍正义的道德认知发展学派为代表，科尔伯格的道德认知发展模式对西方道德教育理论产生了重大影响。他主张预先假设的道德理论，权威在他看来非常重要；教育的方法主要采用伦理关怀的非灌输的方法来传递民主社会的主要道德价值。在教育内容上，主张价值的多元性和少数基本原则的普遍性。这对于解决利

---

① 约翰·威尔逊：《道德教育新论》，蒋一之译，浙江教育出版社 2000 年版，第 68 页。
② 科尔伯格：《道德教育的哲学》，魏贤超等译，浙江教育出版社 2000 年版，第 3 页。
③ 路易斯·拉思斯：《价值与教学》，谭松贤译，浙江教育出版社 2003 年版。

益主体间道德的冲突所进行的协商对话模式无疑对我们开展思想政治教育具有积极借鉴意义。在 20 世纪 90 年代是以人类共享核心美德教育的品格教育为代表①，这种应对路径是在 20 世纪 80 年代以后，由于极端个人主义、享乐主义盛行，以此作为对于价值观多元的文明社会道德危机的回应，品格教育的内容是学校有传授至关重要的核心价值观的义务，良好的品格有助于维护社会稳定和繁荣。利科纳认为，良好的品格应该包括认知因素、情感因素和行为因素，而通过道德社群的构建才能形成良好的品格。② 这种理论构建的风险在于如何保证普适价值观和社群的正当合理性。

第三，超越普遍主义与相对主义的二元对立的应对路径，以追求关怀与爱为宗旨的关怀伦理模式为代表。③ 这种应对路径，试图建构一种既能克服相对主义又能克服普遍主义的建立在人的关系性存在的道德教育学说。内尔·诺丁斯认为关怀关系首要的就是关心被关怀者的需要，关怀是一种平等互惠的关系。通过榜样或对话来完成和实现关怀关系，但缺乏社会关系，仅从自然需要产生的关怀是令人茫然的。

（3）关于义利观和功利主义思想的研究。

第一，在道德利益起源的研究方面，无论是中国还是西方的功利主义思想家们都肯定了功利具有的合理性。在中国，墨子将利人与利他相结合，认为利人才能利天下。在西方，功利主义的集大成者边沁从个人利益出发，主张私人利益才是公共利益的前提和基础。边沁的理论是在资本主义兴起时期，受到市场经济发展的影响，必须重视个体，从尊重个人利益为基本点，认为个人利益是道德的基础。

第二，传统功利主义思想的内容构成及取向模式的研究方面，一是侧重

---

① Thomas Liekona, *Education for Character: How Our Schools Can Teach Respect and Responsibility*. NewYork: Bantarn, 1991.

② ［美］托马斯·利科纳：《培养品格——让孩子呈现最好的一面》，施李华译，中国社会科学出版社 2005 年版。

③ ［美］内尔·诺丁斯：《学会关心——教育的另一种模式》，于天龙译，教育科学出版社 2003 年版。

于精神与物质关系的取向模式的功利主义思想家，有主张精神与物质并重型；有主张重精神轻物质型；有主张重物质轻精神型。二是侧重于利己与利他关系的取向模式的思想家，有主张利他主导型；有主张利己主导型；有主张利己利他并重型。在西方，斯宾塞调和功利主义，认为人没有生命一切皆无，人之利己是首要的；爱尔维修以公共利益是个人利益的集合为由，建议人们为了自己的个人利益要服从公共利益；边沁把功利原则建立在苦乐原理的基础上，提出了行为的公正应当包括利己和利他，人不能离开种族单独存在，维护他人利益是必然的。

第三，20世纪以后，新功利主义的研究方面，元伦理学理论以逻辑语言分析为基本方法，从而取代了规范伦理学，新功利主义取代了近代传统功利主义。新功利主义也分为了两派：行为功利主义和准则功利主义。"行为功利主义代表人物斯马特主张行为的道德价值必须根据其最后的实际效果来评价，道德判断应该是以具体境况下的个人行为之经验效果为标准。准则功利主义代表人物布兰特认为，人类行为是具有某种共同特性和共同规定的行为，其道德判断不应以某一特殊行为的功利结果为标准，而应以相关准则的功利效果为标准。"① 之后，罗尔斯从西方伦理学传统中重新寻找理论新的生长点，不再拘泥于分析伦理学、实用或功利伦理的框架，他指出："功利主义在某种意义上并不把人看作目的本身……如果各方接受功利标准，他们就缺少对他们自尊的支持，这种支持是由他人的公开承诺——同意把不平等安排适合于每个人的利益并为所有人保证一种平等的自由——所提供的。在一个公共的功利主义社会里，人们将发现较难信任自己的价值。"②

在功利主义的发展历程中，西方功利主义一直保持着个体和整体二元并立的特色，都体现了"个体价值"的功利理念。西方功利主义是一种建立在生产资料私有制基础上的个体与国家并立的二重本位思维。"功利主义作为

---

① 高璐佳：《功利主义研究综述》，载《甘肃高师学报》，2008年第3期。
② [美]罗尔斯：《正义论》，何怀宏、何包钢、廖申白译，中国社会科学出版社1988年版，第151页。

目的论的典型代表在倡导国家主义时,注重了个性的自由和个人利益。功利主义自诞生以来,就一直关注着人类的快乐、幸福和其他现世的利益,这是符合人性的,无可厚非。"① 但是,在资本主义市场经济的发展历程中,由开始的注重私利出发,到过于注重计较功利,最终导致了利己主义和拜金主义的盛行。有学者也指出,如果只是要求人们遵守基本行为规范,忽略了德性的培育,不去追寻美德的后果就是"对人的尊重就只是用功效计算,而不把人当作目的本身"。其实,就是每一个利益个体生存的社会秩序也要求对人有德性的培育,一个社会得以良好运行的内在基础,必须注重人们的德性建设,只有这样才能有社会得以健康运行的良俗公序。

(4) 利益多元带来的道德生存的困惑与道德冲突的研究。

利益多元、利益分化导致人的思想观念发生深刻的变化,也带来了个体身上发生的道德困惑和人与人之间发生的道德冲突。那么在这种境遇中,人们能否和谐生存呢?人们应该如何应对道德困惑和道德冲突呢?个体和社会应该具备哪些道德能力?一种合理的道德教育理论应如何应对这种境遇呢?

第一,关于道德生存的困惑与自我认同的研究。查尔斯·泰勒(Charles Taylor)指出,现代市场经济的发展,"在现代文化与价值观多元的社会中,由于不再委质于一种类似于基督教的神圣的结构和与此相关的一套道德学说或意识形态,人们由此获得了自由。但是,与此同时,人们也失去了在一种与他人共享的意义的或道德的视野之中的自我认同"②,这就使人陷入了道德上的困惑。这种困惑往往表现在道德评价和道德目标上的困惑,并且道德困惑是在个体身上发生的。

吉登斯也认为,晚期现代性的背景下,自我认同出现了问题。他指出,"重占有"的自我观会使人遗忘自己本身的存在,使人的生存充满空虚感和迷茫感。吉登斯说:"在晚期现代性的背景下,个人的无意义感,即那种觉

---

① 高璐佳:《功利主义研究综述》,载《甘肃高师学报》,2008 年第 3 期。
② 邹宏秋:《以社会主义核心价值体系引领价值认同》,载《学校党建与思想教育》,2009 年第 5 期。

得生活没有提供任何价值的东西的感受，成为根本性的心理问题。"① 思想政治教育就在于向人的内心深处用力，帮助人们构建合理的自我认同。

第二，关于认同危机与价值共识的有关研究。在价值多元、认同出现重重危机背景下，通过各种路径达成价值共识的重要性已逐渐成为学者们的共识，但至于达成的路径选择各种各样，目前仍在探索之中。

国外对价值共识的研究最早始于从 20 世纪 30 年代，美国心理学家阜农和奥尔波特采用了德国哲学家、心理学家斯普兰格的分类方法，对价值观率先进行开创性研究，制定了"价值观研究量表"，将人分为六种。国外研究者对价值观的理解逐渐形成基本共识，是在 20 世纪 50 年代，这时对价值观主要理解为：以个人为中心的，主要是区别什么是值得的和什么是想要的。

20 世纪六七十年代价值澄清学派达到了顶峰。但由于缺少共同的价值观的指导，价值澄清学派最终导致了道德价值的混乱和"中空"而受到批评。20 世纪 70 年代，罗克奇开始了从维度而不仅仅是从内容上对价值观的分析和测量，推动了价值观研究走向深入。"20 世纪 80 年代以来，品格教育学派认为社会上的多元价值观可以共同存在，在多元价值观里要有一定的核心价值观引导人们工作和生活……品格教育就是要把正确的核心价值观作为品格形成和社会进步的基础，用核心价值观来指引学生树立积极的价值观，使其在品格道德上得到发展。"② 20 世纪 90 年代以后，强调共同的核心价值观作为多元价值观统领的品格教育成为美国道德教育的主流。

综观国内外研究状况，我们不难看出，对思想政治教育基础理论和实践的探究中，学者们不同程度地涉及了对人的利益与思想政治教育问题的研究。在一些学者们的专门研究中，也做了一些意义和影响比较大的深度探索。在肯定成果的同时，我们也要看到目前研究中存在的薄弱点，学术探究

---

① ［英］安东尼·吉登斯：《现代性与自我认同》，方文、赵旭东、王铭铭译，生活·读书·新知三联出版社 1998 年版，第 9 页。

② 刘亚男：《多元化背景下青少年社会主义核心价值观教育研究》，沈阳师范大学 2011 年硕士论文。

还需要进一步完善和深化，具体来说：

一是在研究范式上，学者们都发现利益问题已经成为思想政治教育研究不可回避的问题。学术界主要从社会转型和利益分化这样的背景对思想政治教育的影响来切入研究，讨论思想政治教育遇到的理论和实践难题，进而形成相关研究选题。从这个意义来看，思想政治教育与利益问题的现有研究，更多是在回应现实利益的"纠缠"，而思想政治教育学科本身的理论自觉程度还不够，更没有提高到以"人的利益与思想政治教育关系问题的研究范式"来研究思想政治教育。或者反过来说，由于主动解决利益问题的思想政治教育研究还不够系统，思想政治教育自身具有的利益价值、利益功能的独立成果还相对薄弱。

二是在具体观点方面：一是加强思想政治教育始源性的探索，从而挖掘思想政治教育发生的根源，确立思想政治教育价值评判标准和价值旨归；二是"学界提出了一些具体观点。比如利益是思想政治教育的理论基础、利益与思想政治教育起源、利益与思想政治教育价值、利益原则与思想政治工作、利益与思想政治教育实效性"[①]。但是学界还没有从马克思主义的整个思想体系，更还没有从中国共产党思想政治教育史来看待和论述人的利益与思想政治教育内在关联互动的关系问题，只有挖掘出这一脉相承的主线，才能发现和揭示出人的利益与思想政治教育的发展规律。三是从"结构—功能"论出发，在对思想政治教育利益功能的限度及其范围做出合理划定的基础上，挖掘思想政治教育利益功能的表现、独特优势和发挥机制，这将对育人的工作产生重要影响。四是从系统论视角，既研究思想政治教育系统内的功能发挥，又研究系统外与环境载体的交互作用，从而实现由精神转化为物质的作用，扩大思想政治教育研究视野。在利益主体培育、利益驱动过程和利益环境的优化中，实现思想政治教育对人的利益和谐生存、社会利益和谐发展的建构作用。

---

① 李维昌：《思想政治教育与利益的关系问题研究综述》，载《求实》，2009年第5期。

三、主要内容、研究方法及创新之处

（一）主要内容

本书以马克思主义为指导，从马克思主义人学与思想政治教育相结合的维度出发，综合运用人学、政治学、教育学、心理学、社会学、经济学等方面的知识，通过文献研究与现实相结合的方法、历史考察与逻辑分析相结合的方法、比较研究法，多学科综合方法等，尝试以人的利益问题为切入点，以人的利益与思想政治教育的内在互动关联关系为主线，进行思想政治教育的创新研究，意在揭示人的利益与思想政治教育相结合后带来的新课题，并从这一视角来考察，对现代思想政治教育的内容、方法论原则、实现途径等方面做出比较具体的创新探讨，勾勒出思想政治教育利益维度研究的理论图景的雏形。全文共分三大部分，分别是理论基础部分、现实考察部分、理论构建部分。

第一部分：主要包括导论、第一章、第二章。分别对本书选题、写作的基础性和前提性问题做出交代，对人的利益与思想政治教育内在关联做出历史与逻辑的分析。对人的利益与思想政治教育的关系做出合理的建构，解答了人的利益是思想政治教育的实然生成和应然价值的基础，分析了思想政治教育反过来具有的优化人的利益的功能，论证了思想政治教育对人的利益实现的独特反作用。

第二部分：第三章。在分析基本理论的基础上，以人的利益与思想政治教育的关系为主线和脉络，考察我国社会利益的动态发展，针对利益变化的现实，探讨新时期利益多元化背景下，利益分化、利益冲突、利益关系复杂、利益观念复杂等条件下，思想政治教育所面临机遇和挑战，分析新时期思想政治教育面临的症状及产生的症因所在。

第三部分：第四章、第五章、第六章。结合人的利益问题凸显的现实给思想政治教育带来的新课题，以及思想政治教育优化人的利益问题的分析基础上，探讨人的利益与思想政治教育相结合后，思想政治教育的新理论体系建构，探讨思想政治教育实现人的利益问题的解决之路。主要涉及思想政治教育的内容创新、方法论原则的构建、实现途径的更新等问题。

具体的六章内容分工如下：

导论，主要从现实依据和理论依据，分析这一选题的选题缘由，对国内外相关研究成果进行综述，查找和分析了当前对该问题研究的不足和薄弱之处，并对本书研究的主要内容、方法、创新之处、研究意义进行交代。

第一章，从马克思主义人学层面对人的利益是思想政治教育的基础进行解读。首先，揭示了马克思主义利益的哲学蕴含，在此基础上，对马克思主义利益的基本特征、类型和历史作用进行了理论上的分析。其次，运用历史与逻辑的分析，对思想政治教育作了本源的考察，阐释了人的利益是思想政治教育产生的根源，人的利益是思想政治教育发展的内驱力。再次，从应然的角度，对思想政治教育的社会价值与个体价值的统一性做出了分析，分析了人的利益的实现是思想政治教育价值研究的内在尺度，是思想政治教育的价值旨归。

第二章，对人的利益与思想政治教育内在关联问题的另一个方面，即思想政治教育对人的利益的反作用，从系统论、"结构与功能"的视角对思想政治教育的功能进行挖掘。首先从思想政治教育利益功能的含义、特征和类型进行了分析。其次，从利益主体角度，从思想政治教育内部结构与外部系统关系角度分析了思想政治教育的利益功能的表现：从利益主体来看，思想政治教育具有对利益个体利益导向功能，对利益主体际利益关系的整合功能；从思想政治教育内部结构来看思想政治教育具有利益激励功能，从思想政治教育与外部系统的作用来看，思想政治教育具有利益协同调控功能。再次从利益个体和利益主体际关系的角度，从利益主客体关系角度，对思想政治教育利益功能的独特作用和利益功能的发挥进行了分析，发现其利益功能的独特优势和作用机制。意在挖掘思想政治教育的主动利益优化和实现能力，从而对现实利益问题主动担当。

第三章，分析了人的利益多元化背景下现代思想政治教育面临的新课题。首先分析了当代中国利益多元化兴起的背景、特征及原因。其次立足于利益多元化背景下导致的利益主体、利益内容、利益观念、利益关系等的新变化，透视利益多元化给新时期我国思想政治教育提供的新机遇与挑战。

第四章，分析了人的利益与思想政治教育相结合，对现代思想政治教育的内容拓展。一是针对利益主体的新变化，分析了面向利益主体的新型利益观是"个体利益、群体利益与类利益"辩证统一的利益观教育。二是针对利益内容多样与层次结构的变化，分析了面向利益内容的新型利益观是实施"经济、政治、文化、社会和生态利益"辩证统一的利益观教育。三是针对利益现条件和时间的不同，提出了面向利益实现层次的新型利益观是实施"眼前利益与长远利益"辩证统一的利益观教育。

第五章，分析了人的利益与思想政治教育相结合，对现代思想政治教育的方法论原则的创新。一是在分析了物质鼓励与精神鼓励相结合是思想政治教育的方法论诉求基础上，总结历史经验，同时根据物质利益与精神利益的新发展，提出了与时俱进的时代要求。二是分析了现实性与超越性相结合的原则的必要性以及处理好二者之间的张力和发展要求。三是运用比较方法，分析了传统思想政治教育在利益观教育上的单一灌输方法的局限性，提出了现代利益境遇下内化与灌输相结合的利益观教育方法论原则的新要求。

第六章，分析了人的利益与思想政治教育相结合，现代思想政治教育实现和优化人的利益途径。一是从利益主体来看，在于个体利益理性的培育与主体际利益理性的培育途径创新。二是从利益驱动过程的调适来看，就在于从最初的利益表达的畅通，经过利益矛盾的协调，最终达到利益共享的实现途径创新。三是从利益环境的优化来看，就在于思想政治教育在物质文明领域促进利益正当实现、在政治文明领域促进利益公正的实现、在精神文明领域促进利益发展实现、在社会文明领域促进利益管理的实现、在生态文明领域促进利益可持续实现的途径创新。

(二) 研究方法

1. 理论与现实相结合的方法

本书立足于全面深化改革的历史方位，构建利益和谐的时代需要出发，从利益问题在市场经济、改革开放进程中凸显的角度考察思想政治教育，是对理论与现实相结合研究方法的运用。本书立足于马克思主义人学，把人的利益与思想政治教育结合起来进行研究，综合把握学界对该问题及与之相关问题研究梳理的基础上，借鉴前人的研究成果；同时，本研究并不是从理论到理论的推演，而是立足于利益问题的发展和思想政治教育发展的现实，通过结合社会利益现实状况，对思想政治教育遇到的机遇和挑战进行"经验性"考察，然后由现实层面上升到理论高度，做到"理论"与"现实"的契合并形成二者之间的合理张力。

2. 历史与逻辑相结合的方法

利益与思想的"纠缠"是人类历史贯穿始终的问题，目前学界对于"人的利益与思想政治教育"的研究主要在于：一种是基于思想政治教育遇到现实物质利益挑战的事实，着眼于思想政治教育实效性的提高的实然性研究。一种是基于利益与思想政治教育关系的理论基础必然性、必要性的应然性理论或逻辑关系的研究，而没有采取逻辑与历史相统一的思路来研究。[①] 本书把人的利益与思想政治教育的内在关联关系置于人类历史、马克思主义发展史、中国共产党思想政治教育史中进行考察，对思想政治教育发生进行了利益根源的探究与总结。同时在对人的利益历史发展以及传统与现代思想政治教育发展轨迹考察的基础上，运用逻辑分析方法，抓住"利益与思想"这一逻辑主线发展的脉络，围绕着对个体的人的利益问题和主体际人的利益关系问题展开研究，力图揭示在利益凸显的历史时期思想政治教育应当具有的创新维度和学科发展规律。

---

① 李维昌：《思想政治教育与利益的关系问题研究综述》，载《求实》，2009年第5期。

3. 比较研究的方法

一是传统与现代比较。利益是历史的、动态的，思想政治教育在不同的历史时期其样态也是不一样的，通过对传统思想政治教育与现代思想政治教育在内容、方法、途径、环境等的比较研究中才能做到现代思想政治教育的扬长避短、继承与创新的统一。二是古今比较，通过分别简要考察国内外思想政治教育发展史，更加明确思想政治教育在当代应有的时代背景和学术视野，即人的利益问题凸显。三是中西比较，通过对当前国内外对于市场经济、全球化、利益多元背景下道德教育、思想政治教育相关问题研究成果的分析与把握，为本书的研究提供了丰富的学术资源，开拓了研究思路。其中，在比较研究方法中总是会从历时性与共时性相结合的纵横时空坐标来进行比较。

（三）创新之处

本书以人的利益问题为切入点，以人的利益与思想政治教育的内在关联为主线，探求思想政治教育的创新。人的利益与思想政治教育相结合既是一对重要的现实关系问题，也是一对重要的学术关系问题。本书在吸收和借鉴学界理论成果的基础上，力图在以下方面实现创新。

1. 研究视角上的创新

透视现有的成果，学界主要从社会转型和利益多元化这样的背景对思想政治教育的影响来切入研究，讨论在物质利益凸显、利益意识觉醒、利益实现手段和来源多样化、利益实现程度差异化、利益关系日益丰富复杂化条件下，思想政治教育遇到的理论和实践难题，进而形成相关研究选题。这是基于思想政治教育遇到利益的实然挑战来研究思想政治教育与利益的关系问题，这是从"利益立场看思想政治教育"的视角。但是，没有物质利益的"纠缠"，思想政治教育研究会不会与利益主动"扯上"关系呢？思想政治教育能否主动优化实现人的利益呢？简言之，思想政治教育对于尊重和维护人的利益，对人的利益意识和谋利行为所具有的价值和功能，对于协调人的利益关系方面的价值和功能能否主动自觉发挥呢？这是思想政治教育学科本身的理论自觉。也是只有立足于对人的现实利益问题的关怀才能挖掘思想政治教育的利益功能，增强实效性。从这个意义来看，思想政治教育与利益关系问题的现有研究，其目的主要在于回应现实利益的"纠缠"，而思想政治教育本身理论自觉的程度即提高到以"人的利益与思想政治教育利益内在关联关系的研究范式"来研究思想政治教育学，实现思想政治教育对人的利益问题的主动解答和相应担当，这一定会为思想政治教育学科找到新的生长点。从目前所掌握的资料看，学界还没有形成对该问题专门研究的专著和硕士、博士研究生论文，本书愿意在这些方面做出努力尝试。

2. 具体观点的创新

（1）深入分析了思想政治教育发生的利益根源和内驱力。本书把人的利益与思想政治教育相结合，把马克思主义的利益理论与中国共产党的思想政治教育的历史发展脉络相结合，揭示"人的利益与思想政治教育本源层面的内在关联关系"，提出"人的利益是思想政治教育产生的根源，是促进思想政治教育发展的内驱力"的观点。

（2）在人的利益与思想政治教育的内在关联中，思想政治教育又是如何反作用于人的利益问题，以什么样的独特优势发挥着主动解决、优化人的利益问题的功能？本书主要从个人与人际两个维度入手，从利益主体与客体内容的考察，分析建构思想政治教育的利益功能。在利益功能的表现上提出了"利益导向和整合功能""利益激励和协同调控功能"，并对其限度和范围进行了分析。在利益功能的独特性方面分析了"尊重利益主体的正当利益诉求和调整利益关系中的利益矛盾"，在利益功能的发挥方面分析了"从利益认知到利益行为"和"利益认同到价值认同"的观点。这些观点的目标在于解决：确认和尊重人有利己性是思想政治教育利益维度的立足点，问题的关键还在于思想政治教育本身如何引导和规范人的求利行为，如何全面、准确地保障、规范、实现个人的利益问题，同时在不同的利益主体之间如何协调各种利益之间的矛盾，实现利益关系的和谐。

(3) 在解决好思想政治教育的利益实现途径问题上。一是在利益主体方面：对现实的利益个体来说在于培育其利益理性，对于利益主体际间利益关系的协调来说，在于培育其主体际利益理性；二是对思想政治教育过程中内在的利益驱动的动态调适：通过利益表达的畅通，经过利益矛盾的协调，最终达到利益共享的实现；三是思想政治教育外在的利益环境的优化。从五位一体的利益布局，提出了利益正当的经济文明要求与思想政治教育的实现，利益公正的政治文明要求与思想政治教育的实现，利益发展的精神文明要求与思想政治教育的实现，利益管理的社会文明要求与思想政治教育的实现，利益可持续的生态文明要求与思想政治教育的实现的路径。

四、研究意义

本书立足于人的利益与思想政治教育的内在关联关系，探求思想政治教育的创新与发展，既是一个思想政治教育学科建设的理论性较强的问题，也是一个符合时代要求的重大现实课题。

（一）理论意义

以"人的利益与思想政治教育内在关联"为主线推进思想政治教育创新的研究，有利于深化和拓展思想政治教育学科的科学化和时代化进步，对于完善现代思想政治教育理论体系，提高现代思想政治教育实然与应然的理论自觉具有重大理论意义。

1. 人的利益与思想政治教育本源关联的实然层面研究，为思想政治教育学科研究提供了新的生长点。人的利益是思想政治教育的发生的基础和内驱力研究，这一始源性问题是思想政治教育存在论、方法论、价值论的前提性预设。近年来，随着思想政治教育实践工作的不断拓展、理论研究的深入展开，随着对思想政治教育有效性挑战的质疑，随着中国共产党历代领导集体对思想政治教育工作的重视，大家才认识到只有返回到思想政治教育的"本元"问题,从应然层面的外部研究开始深入到内部的实然层面,这一被放逐许久的思想政治教育为何发生、如何发生的"本元"问题才逐渐进入了思想政治教育的视野。唯有真正做到"开源",才能真正保证思想政治教育的发展和创新,也才能使思想政治教育这项实践活动做到更有力量和更有效果。

2. 这一问题的研究有利于优化思想政治教育的价值。它涉及思想政治教育存在的合理性的定位问题。思想政治教育的价值就是思想政治教育对于人、对于社会的有用性。那么又是什么决定思想政治教育有用?怎样判断它的有用性?又怎样实现它的最大的有用呢?从思想政治教育利益维度的考察,有助于确定思想政治教育的价值的评判标准和价值旨归,从而深化思想政治教育的价值研究。

3. 这一问题的研究有利于挖掘思想政治教育自身具有的利益功能,从而扩大思想政治教育功能研究视野。思想政治教育从一开始产生就意味着它不仅仅作用于人的精神领域,而且它也是对经济领域、政治领域、社会领域、生态领域会发生重要影响的实践活动,它是由精神来转化为物质的实践活动。它透过表面上解决人们的思想问题来解决生产劳动中形成的人与自然、人与人之间,以及人与其内心的利益关系问题的,因此思想政治教育就具有了现实的影响力,可以主动纳入到利益协调机制中来,发挥着它自身具有的利益功能。

4. 这一问题的研究有利于丰富现代思想政治教育理论体系,推动思想政治教育利益维度研究的深入。第一,在思想政治教育内容的构建上,要突出面向利益主体的新型利益观、面向利益内容的新型利益观,面向利益实现层次的新型利益观教育。第二,在思想政治教育的方法论原则构建上,要遵循物质鼓励与精神鼓励相结合的利益原则、现实性与超越性相结合的利益原则、灌输与内化相结合的利益观教育方法论原则。第三,在思想政治教育的利益实现途径方面,构建了利益主体利益理性的培育、利益驱动过程的调适、利益环境的优化的思想政治教育利益实现途径。

(二) 现实意义

本书的旨趣就在于努力把握基本理论问题的基础上，解决一些现实问题，引发一些思考，得出一些有益的启示。

1. 研究这一课题，把人的利益纳入思想政治教育，形成思想政治教育利益维度的研究，对于发挥思想政治教育的利益功能发挥有积极现实意义。一是从个体角度看，思想政治教育在对于个人合理利益的尊重基础上，能否发挥对个人的利益意识和谋利行为的引导，实现对人的合理利益观的建构，培育人的利益理性，在对于整体的人的生成和人的全面发展方面有所助益。二是从人际角度看，思想政治教育在于协调人的利益关系、解决人与人之间的利益冲突方面，对于利益主体际理性的培育，对于不同利益主体间达成改革共识，实现利益关系的和谐，从而助益于和谐社会的构建。

2. 研究这一课题，有利于增强思想政治教育的针对性和现实影响力，对于增强思想政治教育的实践性，探讨出一条新的现代思想政治教育学科发展的新理路，对于增强思想政治教育利益维度研究的科学化与时代化方面具有现实价值。对于思想政治教育学科而言，如何应对利益多元化对其提出的机遇与挑战，是思想政治教育无法回避的时代性课题。因此，对这一课题的研究既是解决对人的利益问题凸显时代，思想政治教育关注现实的需要，也是从思想政治教育自身探讨思想政治教育利益维度学科发展的理论诉求。

第一章　思想政治教育的利益基础

利益问题是贯穿在社会各个领域中最核心的问题，是探究社会现实问题最深刻的根源，它是正确把握和理解重大社会事件形成和发展的一把锁匙。利益是思想政治教育发生和发展的基础，也是思想政治教育价值的基础。而要科学系统地深入阐述人的利益是思想政治教育基础，首先就必须分析马克思主义的利益概念及其历史作用。

一、马克思主义利益的内涵和历史作用

（一）马克思主义利益的哲学蕴含

从词源学角度考察，由"禾"和"立刀"两部分组成的"利"字，从中国汉字字体结构和寓意上看，寓意是用镰刀割禾谷，收获禾谷，满足生活需要。今天，在辞海和现代汉语词典中都把利益解释为"好处"。在英文中利益即"Interest"，这个单词除了利益之外，还有权利、股利的含义。马克思在他的德文著作中采用的是德文"Interessen"。无论是英文的"Interest"，还是德文的"Interessen"，均由拉丁文"Interesse"演化而来。"Inter"表示某种存在的时间和空间，或者表示某种东西与别的东西相比较、相关联。与"esse"合为一词，其原始含义是指某一种行为主体的活动总是指向与自己相关的东西。英文、法文、德文中的"利益"一词均源于拉丁文"Interesse"，

都保留了拉丁文的含义。

从利益含义的发展演变来考察，在中国哲学史上旷日持久的"义利之争"深刻诠释着贯穿于中国古代社会发展的全过程，反映着古人对利益的特殊钟爱。从对利益理解的一般意义来分析，中国古代都把"利"与人的"生"联系在一起，认为利益主要就是满足人的需要，尤其是人的物质生存需要，还很少关注到政治利益、精神文化利益。

从对利益认识的深入发展来看，在西方，古希腊罗马时期的许多思想家开始把利益和情欲要求放到历史动力的位置，这是人类认识自己历史的伟大开端。古代柏拉图《理想国》论"公道"，"实则所谓公道者。只为政府利益耳。然政府无权者。公道既为政府之利益。即强者之利益乎"①。公道即是强者的利益，道出了利益的重要性。文艺复兴运动的思想家们的历史眼光由神转向人，颂扬人的力量，以人为尺度来评价历史，用人性来衡量社会，建立了资产阶级人道主义历史观。17世纪斯宾诺莎把人的自私需要看作社会冲突的原因。霍布斯则把一己的私利看作历史动乱变迁的杠杆，用人的生理需要来解释人间动乱的根源。第一个明确认识到利益的社会历史作用的是维柯。他认为："贵族政体把财富都归贵族阶层内部独占，因为财富可加强贵族阶层的权力。"而宗教和法律无非是"贵族保护自己的经济私利和统治平民的武器"②。真正把利益问题提到社会首要位置的是18世纪的爱尔维修。"利益支配着我们的一切判断。"③ 他断言，人们"意见惊人地分歧的原因"是由于他们的利益各异。④ 英国功利主义者边沁建立了资产阶级功利主义的思想体系。他提倡个人利益第一，真实存在的还是个人利益。实际上，从18世纪以来，资产阶级思想家们在对利益的认识上有了比较深刻的宽领域研究，也做出了相对系统的利益阐述，纵观他们对利益理论的阐述，可以看出

---

① [古希腊] 柏拉图：《理想国》，吴献书译，商务印书馆1957年版，第25页。
② [意大利] Arshi Pipa：《维柯体系中的经济》，见 Giorgo Taghicozzo 编：《维柯：过去与现在（下卷）》，人文出版社1981英文版，第148页。
③ 北京大学哲学系编译：《十八世纪法国哲学》，商务印书馆1963年版，第537页。
④ 北京大学哲学系编译：《十八世纪法国哲学》，商务印书馆1963年版，第460页。

其中一脉相承的主线就是承认人的物质情欲为前提，为其正当性做出合理辩护，尤其是发现了人的物质情欲在促进个人发展、推动历史发展方面的作用，资产阶级思想家们用人性抗击了神性，沉重打击了神学历史观，也有力回击了唯心史观。但是该利益理论也有其局限性，就在于仅限于从一己私利出发，妄图美化资产阶级的唯利是图、掩盖资产阶级无限制追逐利益的本性。

就学术研究现状来看，对于利益概念的理解依然纷繁复杂和意见不一。当代学者们的研究大体有四种：

一是主观需要说。这种观点认为利益就是主观需要的满足。凌厚锋强调"利益即某种客体（物质的和精神的东西）能够满足主体（个人、集体和社会）的某种需要"[①]。赵奎礼认为"利益，就是指人们对周围世界一定对象的需要"[②]。"主观需要说"就人的利益离不开需要与欲望这点看，有一定的合理性，需要与欲望是利益的出发点和自然前提，利益离不开人的需要与欲望。但是利益与需要还是有很大区别的。需要不等同于利益本身，它是构成利益的要素。需要反映了人与客观需求对象关系，利益是因对需求对象的依赖，而引发的人与人之间的相互关系，由此可见，利益必然经过的是人与人之间的社会关系。当人的需要与需要对象之间，需要主体之间存有矛盾时，并且只有这种矛盾，演化为人与人之间的矛盾关系时，需要才真正转化为利益。

二是客体对象说。这种观点认为利益是纯客观的，主体需要的对象。苏宏章认为"利益就是指一定的社会形式中由人的活动实现的满足主体需要的一定数量的客体对象"[③]。颜运秋认为："对主体的生存和发展具有一定意义的各种资源、条件机制等有益事物的统称"[④]。"客体对象说"是把利益看成

---

① 凌厚锋、蔡彦士：《论利益格局的变化与调适》，福建教育出版社1996年版，第23页。
② 赵奎礼：《利益学概论》，辽宁教育出版社1992年版，第21页。
③ 苏宏章：《利益论》，辽宁大学出版社1991年版，第21页。
④ 颜运秋：《公益诉讼理念研究》，中国检察出版社2002年版，第3页。

纯客观的东西。能满足主体需要的对象的确是构成利益的要素之一。该观点的不合理之处在于抹杀了主体在利益中的作用，并对客体对象本身做出利益大小的判断。

三是主客体统一说。这种观点认为利益是主观与客观相统一的东西。利益的内容是客观的，表现形式是主观的。米尼·拉普京认为："经济利益是已被认清的满足需要的必然性，这种需要是客观的，这种必要性是生产力和生产关系决定的。"① 张成兴把利益视为"社会制度赋予一定的主体对一定对象的占有关系"②。总起来说，持这种观点的人忽视了对利益的社会关系分析尤其是主体间利益关系的分析。利益虽然有满足人的需要的客观属性，但是，判断利益得失，不能仅仅以实际占有的物多少来衡量，利益更重要的应是人际间的比较，在于与社会利益和他人利益或利益关系的比较上。

四是社会关系说。这种观点认为利益体现的是人与人之间的关系。李淮春主张，"利益在本质上属社会关系范畴，社会主体维持自身的生存和发展，只有通过对社会劳动产品的占有和享有才能实现，社会主体与社会劳动产品的这种对立统一关系就是利益"③。洪远朋谈到，"经济利益是人们在生产、流通、分配、消费过程中的利益"④。王伟光认为，"利益就是一定的客观需要的对象在满足主体需要时，在需要主体之间进行分配时所形成的一定性质的社会关系的形式"⑤。刘湘顺指出，"利益是人在社会关系中由于人的需要而产生的一种人与人的关系"⑥。该观点认为利益是社会关系的表现。利益是由主体的需要和客体的属性两者之间的对立统一关系构成的，只有在主体的需要与客体满足主体需要的特定现实关系中，才谈得上有无利益问题。故利

---

① ［苏］米尼·拉普京：《列宁的刺激原则》，莫斯科苏维埃俄罗斯出版社1997（俄文增订第2版），第13页。
② 张成兴：《试论利益概念》，载《青海社会科学》，2000年第4期。
③ 李淮春：《马克思主义哲学全书》，中国人民大学出版社1996年版，第376页。
④ 洪远朋等著：《经济利益关系通论》，复旦大学出版社1999年版，第2页。
⑤ 王伟光：《利益论》，人民出版社2001年版，第74页。
⑥ 刘湘顺：《马克思利益关系理论在当代中国的发展》，中国社会科学出版社2011年版，第5页。

益属于关系范畴，而非主体或客体范畴，这个关系尤指社会关系。我们认为这个观点对利益的内涵说明得比较科学、合理。

从以上对词源学、思想史以及学术研究现状三方面的简短考察分析可以看出，这些关于利益的阐述反映了人类对于利益概念认识的深化和发展过程，都很有道理。利益就是以满足人的需要为基础，以一定的社会活动为中介，反映了人与人之间社会关系的范畴。

（二）马克思主义利益的基本特征

马克思恩格斯有许多关于利益的表述，他们认为，"人们首先必须吃、喝、住、穿，然后才能从事政治、科学、艺术、宗教等等"①。"人们为之奋斗的一切，都同他们的利益有关。"②"'思想'一旦离开'利益'，就一定会使自己出丑。"③"正确理解的利益是全部道德的原则。"④"每一既定社会的经济关系首先表现为利益。"⑤ 阶级之间的斗争"首先是为了经济利益而进行的，政治权力不过是用来实现经济利益的手段"⑥。列宁也指出："只要人们还没有学会透过任何有关道德、宗教、政治和社会的言论、声明、诺言，揭示出这些或那些阶级的利益，那他们始终是而且会永远是政治上受人欺骗和自己欺骗自己的愚蠢的牺牲品。"⑦"只有那些立足于已被认识的一定阶级的实际利益的战士，才是强而有力的；凡是把这些在现代社会中已经起着主要作用的阶级利益蒙蔽起来，都只会削弱战士的力量。"⑧ 透过马克思主义经典作家对利益的描述，马克思主义利益概念的基本特征表现为：

---

① 《马克思恩格斯文集》第3卷，人民出版社2009年版，第601页。
② 《马克思恩格斯文集》第1卷，人民出版社2009年版，第187页。
③ 《马克思恩格斯文集》第1卷，人民出版社2009年版，第286页。
④ 《马克思恩格斯文集》第1卷，人民出版社2009年版，第335页。
⑤ 《马克思恩格斯文集》第3卷，人民出版社2009年版，第320页。
⑥ 《马克思恩格斯文集》第4卷，人民出版社2009年版，第305页。
⑦ 《列宁专题文集 论马克思主义》，人民出版社2009年版，第71页。
⑧ 《列宁专题文集 论无产阶级政党》，人民出版社2009年版，第32页。

1. 利益的主体是人

利益的主体是人，解决的是利益属于谁的问题。这是理解利益概念的关键。利益是一个属人概念，是对主体需要的具体描述，表征的是客观事物与人的需要之间的肯定性关系。没有人就无所谓利益。利益离不开主体人的因素，动植物就不能说有无利益，自然界的物质更谈不上有无利益。可以说桌子的价值，而不能说桌子的利益。

利益的属人性特征是由利益具有社会属性的根本性质决定的。利益的存在形式和外在表现样态千变万化，但从其内在本质来看，利益的社会属性是解开各种利益现象之谜的关键。利益社会属性的形成是这样的："随着需要的多样化和满足需要的劳动的分化进展，每一个现实的个人的需要都要由他人的劳动来满足，而每一个现实的个人的劳动也是适合于他人的需要。需要和满足需要的劳动在不同的人和不同的人群之间分开了。因此，满足需要必须借助社会过程才能完成。在这种情况下，需要的满足要通过种种社会规律的中介而不取决于自然本质上一致的主、客体双方了。也就是说，由于社会规律的作用，需要有可能得到满足，也有可能得不到满足；有时满足的程度较高，有时则满足程度较低；对有些人满足程度较大，对有些人则满足程度较小。"① "需要是直接的利益，而利益是间接的需要。如果说，占有一定的有用物品以适应需要是人的利益的自然的质的规定性的话，那么，由于这种利益的实现必须借助一定的社会交换活动，占有这种社会联系就成为利益的确定不移的属性。利益在社会属性上是人与人的关系，是占有这种关系的需要。"②

2. 利益的前提是需要

利益离不开需要，需要构成利益的事实。利益的自然属性是指利益在其直接的、外在形态中表现出来的规定性。简言之，就是人对直接的物质对象的需要，物品的需要。利益主体对利益客体首先就是对自然客体的需求，是

---

① 张晓明：《论利益概念》，载《哲学动态》，1995 年第 4 期。
② 张晓明：《论利益概念》，载《哲学动态》，1995 年第 4 期。

对直接的、具体的自然物品的需求。因此，利益主体就必须直接通过自己的生产劳动，来满足以直接的物质产品为内容的需要，正是对生活的物质产品的需要，才产生了利益需要的事实。

仅有需要是不能构成利益，需要是利益实现的一个必要条件，而非充分条件。这就像动物直接以自然对象满足自己的生存需要不能构成它们的利益一样，人类正是在需要和满足需要的过程中，需要、满足需要的活动和物品上发展起来，逐步形成了所谓需要的体系和有用劳动及其物品的体系，人于是从主、客体两个方面完善了自己作为自然存在物的属性。利益是一种社会性的需求，或以社会关系为中介的需求，是在社会活动过程中完成的需求。只有主体的需要或客体的存在都不能完整地理解利益。利益范畴一定要包括人与物的关系和人与人的关系，只有人与物的关系是需要。人们在满足需要之时，必须借助一定的社会关系，并通过社会关系最终发挥作用和实现的，正是在一定的社会过程中引起了人们之间需求的差别，人们才开始谋虑其需要的满足，人所谋虑的就是对社会关系的控制和调节，这才是利益的真实本质。

3. 利益的本质是社会关系

需要是利益的前提条件，而只有通过社会关系需要才转化为利益。所谓社会关系就是人们在生产和生活过程中形成的人与人之间的关系。简单来说，高清海认为社会关系就是指许多人的合作。在社会关系中人之所以需要合作就是因为人在社会中心存在不同的分工，就有了人们之间要么要以适当的活动方式与他人进行交换满足自己的需要；要么与他人的活动进行联系，彼此合作满足自己的需要。这就是人的需要及其实现需要的活动的关系在社会关系中的反映，这样也就使人们实现需要的关系转化为人们之间的利害关系。需要反映在人与人之间的关系中就成了利益、利益关系。

从主体需要的同类性和差异性来看，主体需要的同类性就是各个主体或者某些群体具有共同指向的需要。所谓主体需要的差异性是指各个主体或某些群体之间存在着不同指向的需要。主体之间需要的差异性也导致主体活动的不一致,当社会的总财富不能满足每一主体的需要时,便产生各种利害关系的妥协、摩擦或冲突,这样通过主体的活动,在社会关系中就转化为利益关系,或者是转化为不同的利益了。

从社会关系内容来看,社会关系尽管丰富多样,但最基础的、起决定作用的社会关系是生产关系。在生产关系中包括生产资料所有制关系;人们在生产中的地位和相互关系;分配关系。在所有制关系中,由于不同主体占有的生产资料多寡不同,就决定了不同主体能否实现其需要的程度,实现的多少。生产资料的所有制关系就转化为人们之间的利益关系。由于各个主体在生产中的地位不同,就有了支配与服从、决定与非决定的关系,这就关系到了人的地位平等问题,这种地位平等问题直接关系到需要的实现程度和多少,就转化为人与人之间的利害关系,实质在于能否获得利益的问题。在分配关系中,有的人凭借占有生产资料和获得支配地位,来强取豪夺丰厚的社会物质和精神财富,有的人进行了艰苦卓绝的努力却还难以度日,这样不同主体之间不平等分配关系就变成了以是否能获取利益为本质的利害关系了。

利益是一个典型的关系范畴,马克思说过:"凡是有某种关系存在的地方,这种关系都是为我而存在的"[①],"利益本身是社会所决定的利益,而且只有在社会所创造的条件下并且使用社会所提供的手段才能达到"[②]。因此,利益主要是相对于人和人之间的社会关系而言的。利益是在客体资源匮乏的情况下,与主体需求形成矛盾,才导致了主体与主体间、主体与客体间的相互关系。除了利益主体因客观需要形成的利益主客体关系外,利益反映更多的是人与人的关系,而这其中人与人的关系又表现在:"互主体性和间主体性关系。互主体性关系是一种主体和主体彼此之间直接互相设定为主体和客体的关系,二者的地位总是相对的、随条件而互换的。而间主体性关系是主体和主体之间以固定的客体对象物作为中介而产生的关系。某一主体通过自身的实践活动和自然环境发生的特定主体和客体关系,必然会对其他主体和

---

① 《马克思恩格斯选集》第1卷,人民出版社1995年版,第81页。
② 《马克思恩格斯选集》第1卷,人民出版社1995年版,第81页。

自然环境发生的主体和客体关系产生作用和影响，从而主体和主体之间通过客体中介在两种不同的关系基础上产生新的关系，即主体和主体彼此之间的关系。"①

应该说，每一种利益关系都是它相对应的社会关系的反映，有多少种社会关系就会有多少种利益关系，社会关系是利益的本质。

4. 利益的样态是具体的历史的

所谓利益的历史性，是指利益总是一定历史阶段中的利益，在不同的历史阶段，就会有不同的利益，正是在这个意义上，利益也是具体的，而不是抽象的。在原始社会，生产力水平极其低下，社会产品贫乏，人们的需要比较简单，社会的物质利益和精神利益无论从质量还是从数量上都处于一种原始的低下水平。随着生产力水平的提高，分工、剩余产品、私有制的出现，人类社会历经了奴隶社会、封建社会的发展，人的利益，从数量到质量、从内容到形式都发生了大幅度提升和变化。进入资本主义社会后，"资产阶级在它的不到一百年的阶级统治中所创造的生产力，比过去一切世代创造的全部生产力还要多，还要大"②。人们利益诉求高度张扬，人与人之间的利益关系飞速发展。如今，不仅人类利益的形式更为多样化，内容也更为丰富多彩。而且不同领域的具体利益在人类社会中随着历史的发展，其地位和作用也在发生着改变。从前曾经是决定人们生活的根本利益，在利益时代的流转中却渐渐消失；以前人类社会生活中并不起眼，甚至微不足道的一些利益，在当今社会生活中却日益发威，并且一些已构成根本利益，制约着其他利益的发生和成长。可以说，在人类社会的历史发展的长河中，人类总是围绕着利益旋转着，可能利益的内容和形式在发生着变化，但其人类对利益本身孜孜不倦的追求却一刻也没停歇过，利益总是在不断演化中发展着，正是这样，它也推动着人类社会不断进步和前行。

---

① 董立刚：《利益概念研究述评》，载《福建商业高等专科学校学报》，2009 年第 5 期。
② 《马克思恩格斯文集》第 2 卷，人民出版社 2009 年版，第 36 页。

(三) 马克思主义利益类型及其历史作用

从利益的内在结构上来说利益是由主体、客体和中介（包括利益实现的方式和途径）要素构成，但从利益构成的系统来看，利益又是多层次的，由于人们的社会地位和活动方式有别，形成利益需要的层次和类别就存在着差异。

1. 马克思主义利益类型

根据不同的分类标准，可以将利益分为不同的层次和类别。利益是多层次的，根据马克思主义的研究，可以从如下几个方面考察利益类型。

从利益归属关系即主体差别来看，可分为个人利益、群体利益（类利益）。个人利益即私人利益。它是个人在一定的社会关系中一切需求的综合。如物质的、精神的、政治的利益等。个人利益一方面与他人利益相区别，另一方面并不是孤立的个人意志的恣意妄为，总是会受到社会利益的规制。群体利益是由一定的社会成员集合成一定的社会共同体的利益。群体利益随着群体大小、群体内部关系、群体之间关系的复杂性和多样性而表现多样。如企业利益、集团利益、地区利益、阶层利益、阶级利益、民族利益、国家利益、人类利益等。按照利益客体可以分为经济利益和非经济利益。经济利益就是在一定的社会关系中实现主体经济需要的利益。由于社会经济的不断发展，经济利益的表现形式也会不断丰富和变化。如人们的物质利益、价值利益、财产利益等都成为经济利益的重要类别。非经济利益是指除经济利益或依靠经济活动实现的利益以外的利益都统称为非经济利益。它也是随着社会关系的丰富而不断发展变化的，如政治利益、文化利益、生态环境利益、社会利益等。利益的客体既具有客观性又具有时代性，随着时代的发展利益客体内容日益丰富和多样化。

按照经济活动的过程来分，利益分为生产利益、分配利益、交换利益和消费利益。生产利益就是主体在生产环节以一定的资源配置方式所获得的利益。所谓资源就是包括人、财、物、信息、管理、技术等的力量。分配利益就是主体对社会生产的物质和精神产品通过一定的分配方式获得的利益。交换利益就是主体之间对社会资源在交换过程中所获得的利益。消费利益就是主体对社会生产的物质和精神产品在消费环节中所获取或所应获取的利益。按主体分又可分为社会消费利益和个体消费利益。如消费的质量和数量、消费的结构和方式，消费品的售后服务等都是消费利益。消费利益的实现与否，消费质量的高低、消费结构是否合理都对社会发展有利害关系。

按照主体追求利益的目的和层次来看，利益分为生存利益和发展利益。（也有学者把它划分成生物性利益和社会性利益）生存利益是指主体为了维持生命需要获得或应获取的利益。包括衣、食、住、行、健康等的生存条件和安全、和平、精神愉悦等的生存环境。发展利益就是主体在实现生存利益基础上为使其物质和精神不断得到改善和完善而追求的更高目标的利益。它不仅表现在量也表现在生存的质。对中国社会发展来说不仅是温饱为主的安居乐业的利益需求价值，更是全面小康、和谐社会的利益需求目标；对待个体来说，不仅是活着，而是有尊严地活着，是全面发展地活着。

按照主体获取利益的途径可以分为直接利益和间接利益。直接利益是指主体在一定的社会关系中通过自己的亲自活动直接获取的利益或者主体与需要对象直接发生利害关系的利益。间接利益就是主体为实现其直接利益而产生的其他利益或者是从其他主体获得的利益，由于社会分工的日益精密所致。当然有时直接利益和间接利益是相对而言的，随着时间、空间、需要的变化，二者会发生变化，在此时此地是直接利益，在彼时彼处又会称为间接利益。但无论如何，直接利益和间接利益总是体现出了两对关系：一是不同利益主体之间的利益关系；二是主体本身诸多利益之间的利益关系。

从主体利益实现的标准来看，根据不同的利益实现标准，也会划分出不同的利益类型。若从利益实现的时间来划分，可以划分为长远利益、眼前利益；按照利益实现的重要程度来划分，可划分出根本利益、暂时利益；按照利益实现与否来划分，可划分为将来利益、既得利益；按照实现利益目标的层次来看，利益目标不是单一的，而是一个目标体系，在实际中具有一定的层次性。具体可分为超越利益目标和现实利益目标。按照利益实现的区域和范围又可分为局部利益和整体利益。

上述对于利益体系中对利益分类和各类利益的分析中发现：一是不管任何类别的利益都与主体有关；二是不管是哪种利益都要形成利益关系。尽管如此，每一种理论的论述都会根据理论的需要而在选择不同类别的利益研究上会有不同的侧重点，选取各自不同的角度。

2. 马克思主义的利益的历史作用

（1）利益是人类一切社会活动的基本动因

马克思和恩格斯指出："我们首先应当确定一切人类生存的第一个前提，也就是一切历史的第一个前提，这个前提是：人们为了能够'创造历史'，必须能够生活。但是为了生活，首先就需要吃喝住穿以及其他一些东西。因此第一个历史活动就是生产满足这些需要的资料，即生产物质生活本身。"[①]衣食住行等物质生活资料构成人类最基本的物质利益。为获取最基本的物质利益而进行的生产劳动，构成人类一切社会活动的基础和起点。历史唯物主义认为，现实的人的利益，以及为满足这种利益而进行的"劳动"是社会历史发展的动力，社会历史是在人类不断获取自身利益的生产劳动基础上展开的。同时，人类在满足生存需要的基础上所展开的所有劳动与社会活动，也都不外乎是为了实现人类生存与发展更进一步的利益。一部人类社会历史就是一部人类不断获取自身利益而向前推进的历史。

利益是人类一切社会活动的基本动因。一定的物质利益所激发出来的欲望是历史变革不可缺少的动力。"人们为之奋斗的一切，都同他们的利益有关"[②]。正是利益主体有吃、穿、住等各种需要，才驱使他们去劳动。如果人类没有生存、发展和享受的需要，客观世界上的物质和精神对象对他们就毫无利益可言，当然也就构不成他们利益的动力。人类与其他动物一样都是从周围的物质世界去寻找自己的消费资料的，人类与一般动物不同，人类自从

---

① 《马克思恩格斯文集》第1卷，人民出版社2009年版，第531页。
② 《马克思恩格斯全集》第1卷，人民出版社1995年版，第187页。

在自然上打上了自己的印记,利用自然的工具进行生产和改造周围环境的那一天起,其需要就实现了质的飞跃,它还随着生产力的发展而发展,具有无限的发展性和丰富性。正如恩格斯所说:"鄙俗的贪欲是文明时代从它存在的第一日起直至今日的起推动作用的灵魂;财富,财富,第三还是财富——不是社会的财富,而是这个微不足道的单个的个人的财富,这就是文明时代唯一的、具有决定意义的目的。"①

可见,利益是人类社会发展的最终动力。要解开社会历史发展之谜,就必须研究历史主体的思想动机。恩格斯指出,人们从事社会活动的直接动机是多种多样的,只有寻找到历史主体的最终思想动机,即"动机的动机",才能解答历史发展的最终动力问题。马克思主义揭示了人们从事社会活动各种直接动机的背后,隐藏着的最后动因,就是利益。"历史不过是追求着自己目的的人的活动而已。"② 利益构成人类一切活动的出发点与归宿。离开了马克思主义的利益思想和利益分析方法,就无法从最终意义上解释历史发展的最终动因,无法解释生产力为什么永恒发展,无法解释社会基本矛盾为什么不断地解决又会不断地产生,无法解释为什么要变革生产方式,无法解释阶级斗争的真正目的,无法解释人为什么要劳动,无法解释为什么说是人民群众要创造历史。就像恩格斯所分析的那样:"一切社会变迁和政治变革的终极原因,不应当到人们的头脑中,到人们对永恒的真理和正义的日益增进的认识中去寻找,而应当到生产方式和交换方式的变更中去寻找;不应当到有关时代的哲学中去寻找,而应当到有关时代的经济中去寻找。"③

(2) 利益是人类思想意识的基础

"'思想'一旦离开'利益',就一定会使自己出丑。"④ "每一既定社会的经济关系首先表现为利益。"⑤ 经济关系只有通过利益关系才能影响到政治

---

① 《马克思恩格斯文集》第4卷,人民出版社2009年版,第196页。
② 《马克思恩格斯文集》第1卷,人民出版社2009年版,第295页。
③ 《马克思恩格斯文集》第3卷,人民出版社2009年版,第547页。
④ 《马克思恩格斯文集》第1卷,人民出版社2009年版,第286页。
⑤ 《马克思恩格斯文集》第3卷,人民出版社2009年版,第320页。

的上层建筑,"政治权力不过是用来实现经济利益的手段"①。利益也是社会存在基础,毫无疑问,利益是马克思主义社会哲学用来说明人类思想意识的基础,同时也是人类社会存在的基础的概念。

第一,精神生活根源于物质生活。

"物质生活的生产方式制约着整个社会生活、政治生活和精神生活的过程。不是人们的意识决定人们的存在,相反,是人们的社会存在决定人们的意识。"② 人们生活中的任何思想意识从根本上来说都根源于人们的经济生活过程,对思想意识的考察不能脱离经济基础。

脱离了经济生活过程来考察人的思想意识只能导致思想理论的失败和虚妄。"以往的历史都是阶级斗争的历史;这些互相斗争的社会阶级在任何时候都是生产关系和交换关系的产物,一句话,都是自己时代的经济关系的产物;因而每一时代的社会经济结构形成现实基础,每一个历史时期的由法的设施和政治设施以及宗教的、哲学的和其他的观念形式所构成的全部上层建筑,归根到底都应由这个基础来说明。"③ 作为上层建筑的思想政治教育现象和活动形态,只有通过人们的经济活动和经济利益的基础才能得到合理的解释,经济利益是生发思想政治教育的根基,因此,任何思想政治教育问题的解决必须关切到思想背后的利益问题,否则就难以奏效。

第二,精神生活随物质生活变化而变化。

人们的物质生活不是固定不变的,随着生产的发展,物质生活就会不断发生变化,当人们的物质生活发生变化的时候,人们的生活方式、思想观念等精神生活也会发生相应的变化,这是由社会生活的内在矛盾决定的。"社会的物质生产力发展到一定阶段,便同它们一直在其中运动的现存生产关系或财产关系(这只是生产关系的法律用语)发生矛盾。于是这些关系便由生产力的发展形式变成生产力的桎梏。那时社会革命的时代就到来了。随着经

---

① 《马克思恩格斯文集》第4卷,人民出版社2009年版,第305页。
② 《列宁专题文集-论马克思主义》,人民出版社2009年版,第13页。
③ 《马克思恩格斯文集》第9卷,人民出版社2009年版,第29页。

济基础的变更,全部庞大的上层建筑也或慢或快地发生变革。"① 由于人们的思想意识是一定社会经济状况的产物,由于人们社会经济状况不同,思想意识就有不同的内容。

判断人们思想问题的依据不是在精神生活中,而是要找到产生思想问题的现实根源,只有通过对现存社会矛盾实际问题都解决,才能达到改造思想意识的目的。"意识必须从物质生活的矛盾中,从社会生产力和生产关系之间的现存冲突中去解释。"② 一个时代的思想意识问题,不能从道德、文化等精神生活里得到解释,它们只是时代的回声,而应当到它们赖以产生的基础里去寻求答案。

第三,不同阶级的思想意识是与不同阶级的地位相联系的。

占统治地位的思想总是统治阶级的思想。而统治阶级的思想总是为统治阶级的利益服务和辩护的。被统治阶级的思想也是为被统治阶级的生存和利益主张的。在人类处于阶级社会历史阶段上,思想意识也总有阶级性的特点。

由此可见思想政治教育从来就不仅仅是个理论问题,只有我们弄清楚它的来源时,我们才能对它做出说明,而我们能够对它做出合理解释和说明的时候,思想政治教育就不只是理论问题,而是有着现实物质利益基础的问题,人的思想意识与利益之间的关系道出了这样的道理:思想意识的产生基于现实的利益基础,而思想意识形成的目的就在于调整人们之间的利益关系。因而对于思想政治教育来说,不是排除利益,而是在于如何调节利益。人们不是牺牲利益而去维护思想政治教育,而是在利益调整中体现思想政治教育的功能,思想政治教育不是在利益之外而是在利益之中,只有在承认人们之间利益关系的前提下,我们才能对思想政治教育做出恰如其分的评价。

(3) 利益是一切社会冲突的根源

马克思在考察了资本主义社会的种种矛盾包括资产家和工人之间的矛

---

① 《马克思恩格斯文集》第2卷,人民出版社2009年版,第591页。
② 《列宁专题文集-论马克思主义》,人民出版社2009年版,第14页。

盾、工人与工人之间的矛盾、不同资本家之间以及资本家集团之间的矛盾后，阐述了这些矛盾的最终根源都是围绕着利益而展开的，都是利益之争。资本家与工人之间利益之争就是剩余价值所代表的利益。工人与工人之间竞争冲突的重要原因则是争夺工资及劳动力价值这种利益之争。不同形式的资本家或资本家所有者剥削集团则是为了追逐利润、瓜分剩余价值利益而展开的难以想象的争夺。可以说在资本主义社会里，所有的阶级对立和阶级差别，最终根源都是因利益之争而引起冲突。

我国当前社会冲突从性质上来说大都属于在人民范围内发生的、根本利益一致基础上的、非对抗性的人民内部矛盾。"当今我国社会所呈现出来的社会矛盾，种类繁多，相当数量是秩序失范中的矛盾。表现为在体制转轨、产业升级、社会转型这样的过渡阶段中人们之间的利益失衡、心理失重和社会失范，大多都是根本利益一直基础上非对抗性质的矛盾。"① 但是我国当前的社会冲突主要还是利益矛盾。从经济利益、政治利益、文化利益、社会利益、生态利益等的分析，还是利益主体不同角度的探讨，都可以看到利益成为我国当今社会矛盾产生、发展的总根源。利益矛盾成为社会矛盾的主导性矛盾，成为社会矛盾的主要表现形式。而马克思恩格斯社会冲突根源论也揭示了其根源为利益矛盾。只不过所揭示的是资本主义大背景下社会冲突发生的根源。虽然这与当今时代相差久远，可是马克思却道出了各个时代社会冲突发生的本质——利益。他的社会冲突根源论时时刻刻给我们警示：一定要处理好利益矛盾，整合好利益关系，这样才能安民心、顺民意。

二、人的利益是思想政治教育发生的基础

思想政治教育的发生问题即思想政治教育为什么会产生、存在和发展，思想政治教育如何产生、存在和发展的问题。这是思想政治教育的始源性、

---

① 靳江好、王到强：《和谐社会建设与社会矛盾调节机制研究》，人民出版社2008年版，第111页。

根基性问题,是对思想政治教育的根源性理论探究,它是思想政治教育存在论、方法论、价值论的前提性预设。这一问题最早由郑永廷提出来,但在思想政治教育学界并没有展开深入研究,学界往往是理所当然地把思想政治教育作为一项实然与应然的实践活动来研究,而作为本体维度的思想政治教育理论研究却被放逐在思想政治教育的研究视域之外。近年来,随着对思想政治教育有效性挑战的质疑,大家才认识到只有返到思想政治教育的"本源"问题,从应然层面的外部研究开始深入到内部的实然层面,这一被放逐许久的思想政治教育为何发生。如何发生的"本源"问题才逐渐进入了思想政治教育的视野。唯有真正做到"开源",才能真正保证思想政治教育的发展和创新,也才能使思想政治教育这项实践活动做到更有力量和更有效果。所谓思想政治教育的发生就是把发生学意义上"发生"与思想政治教育相结合的研究,用杨威的观点就是指"思想政治教育作为一种客观历史实践活动或者社会现象从不存在到存在、从萌芽到形成、从低级到高级的转变过程,它包含着思想政治教育的产生过程,也包含着思想政治教育的发展过程。"①

2007年李合亮就在《思想政治教育探本——关于其源起及本质的研究》中从社会学、教育学、政治学角度分析了思想政治教育的源起,所引述文献也主要来源于教育学。② 杨威分析了思想政治教育发生的实践根源、认识根源和价值根源。③ 两者的研究无疑是对思想政治教育本源问题的研究掀起了一道幕帘。但这些研究也存在两点不足:一是都从客观外在角度切入。二是都采取宏大叙事的方法,从政治、经济、社会角度来叙事,相对轻视了现实的人的利益的内在尺度。检视和反思传统思想政治教育不足就在于"人的缺失",现代思想政治教育实现人的回归是时代主题历史性转换的需要,因此,充分重视"思想政治教育与人的利益的内在关联",从人学、从人内在的尺

---

① 杨威:《思想政治教育发生论》,中国社会科学出版社2009年版,第7页。
② 李合亮:《思想政治教育探本——关于其源起及本质的研究》,人民出版社2007年版,第59—66页。
③ 杨威:《思想政治教育发生论》,中国社会科学出版社2009年版,第105—156页。

度予以探析思想政治教育发生的根源就应运而生。从人学角度来看,"思想政治教育作为人的一种精神生产实践活动"① 之所以得以产生和发展,就在于人的利益使然。思想政治教育的社会实践活动就在调节人与社会的利益关系和调节人自身利益中所创生出来;是人自身生存、发展和完善的产物;它为人的利益发展所推动而不断更新,从而获得更高的形态。

(一) 人的利益是思想政治教育产生的根源

思想政治教育产生的根源就是解决思想政治教育为什么能必然产生,就是进一步廓清思想政治教育产生的条件和动因问题。遵循历史与逻辑相结合的思路,通过分析思想政治教育产生的历史轨迹,探寻思想政治教育发生学的利益根源;研究其内在逻辑演进的力量分析,从而完成对思想政治教育产生根源问题的利益探索。

1. 从人类产生的历史过程来考察,思想政治教育产生于人的利益中

思想政治教育原始产生是由人与人之间的利益使然。按人类学从人类产生源头来考察思想政治教育的产生,我们发现:调节氏族成员之间,氏族与氏族之间的利益关系,维系氏族成员之间精神共识和文化传承的内在需要是思想政治教育得以产生的必然性、必要性根据。"中国古代在远古时就设有典礼的专职人员,《说文》示部云'礼,履也,所以事神致福也。'因此,学习各种宗教仪式,就成为氏族公社时期思想政治教育的重要方式。"② 氏族社会中人与人之间的利益关系日渐复杂,往往存在着相互冲突的价值观念和原则以及对立的利益群体,因此约束人们言行的风俗习惯和道德要逐步产生和形成,需要统一思想和认识来化解利益冲突,氏族议事会中就有着大量的协调利益冲突、达成共识的思想工作。在原始社会中,氏族与氏族之间经常存在利益冲突。如为争夺食物、地盘和血亲复仇等的集体行动,这也需要进行

---

① 曹清燕、张耀灿:《思想政治教育的人学解读》,载《学校党建与思想教育》,2007年第11期。
② 杨威:《思想政治教育发生论初探》,载《思想在理论教育》,2006年第3期。

思想发动、战争动员的各种仪式和活动。这些准政治形式以及相应的准政治行为，无不蕴涵着思想政治教育原始产生是由人与人之间的利益使然。

思想政治教育的正式产生是为统治阶级的利益服务的。随着私有制的出现、阶级的形成、国家的产生，思想政治教育才正式产生。

马克思认为国家的起源就在于，"这个社会陷入了不可解决的自我矛盾，分裂为不可调和的对立面而又无力摆脱这些对立面。而为了使这些对立面，这些经济利益互相冲突的阶级，不致在无谓的斗争中把自己和社会消灭，就需要有一种表面上凌驾于社会之上的力量，这种力量应当缓和冲突，把冲突保持在'秩序'的范围以内；这种从社会中产生但又自居于社会之上并且日益同社会相异化的力量，就是国家"①。国家的本质就在于成为"最强大的、在经济上占统治地位的阶级的国家，这个阶级借助于国家而在政治上也成为占统治地位的阶级，因而获得了镇压和剥削被压迫阶级的新手段"②。正是这样，统治阶级为了阶级利益，在运用国家这个机器进行政治统治的同时，也运用它进行着思想统治，思想政治教育才正式产生。

马克思谈道："占统治地位的思想不过是占统治地位的物质关系在观念上的表现，不过是以思想的形式表现出来的占统治地位的物质关系；因而，这就是那些使某一个阶级成为统治阶级的关系在观念上的表现，因而这也就是这个阶级的统治的思想。"③ 正是在这种思想统治中，统治阶级构造出一套社会意识形态来为自己的利益提供合法性论证和辩护，从而"调节着自己时代的思想的生产和分配"④。理由在于：一是思想政治教育的阶级性和政治性，可以从阶级和国家的产生来得出。思想政治教育是统治阶级为实现自身阶级利益的实践活动。思想政治教育的本质属性就是为统治阶级利益而存在的，为统治阶级利益服务，就使思想政治教育烙上了阶级性、政治性的属

---

① 《马克思恩格斯文集》第4卷，人民出版社2009年版，第189页。
② 《列宁专题文集 论马克思主义》，人民出版社2009年版，第31页。
③ 《马克思恩格斯文集》第1卷，人民出版社2009年版，第550页。
④ 《马克思恩格斯文集》第1卷，人民出版社2009年版，第551页。

性。二是阶级和国家的产生，创造了思想政治教育的主体要素。思想政治教育实际上就是统治阶级在意识形态生产、传播和社会化过程中，运用一定意识形态，进行影响和塑造社会成员，维护阶级利益的思想统治实践活动，从而达到"思想掌握群众"，群众服从统治阶级利益，实现统治阶级的统治。可见，思想政治教育的正式产生是由阶级利益使然。

2. 从思想政治教育产生的逻辑前提来看，人的利益是思想政治教育产生的深层根源

物质生产实践决定思想政治教育实践的产生，思想政治教育实践服务于物质生产实践。从实践的观点来看，马克思认为人的"全部社会生活在本质上是实践的"①。实践首先是物质生产实践，在这个过程中包含着三重关系，即人与自然的关系、人与人的关系以及人与其意识的关系，这就形成了社会生活的物质生活、政治生活和精神生活的基本领域。思想政治教育作为一种社会实践活动，也是在社会实践中产生和发展的。思想政治教育这种社会实践活动，不仅仅是精神领域的实践活动，更是在实践过程中实现的由精神力量转化为物质力量的活动，在这样的社会实践过程中必须要处理好两对关系：一是实践主体间的关系，二是实践主体思想和行为的关系。

思想政治教育实践是由物质生产实践派生的理由在于：第一，这是思想政治教育产生于物质生产实践创造的物质利益中。一方面社会存在决定社会意识，经济基础决定上层建筑，这是马克思主义唯物史观为我们分析问题提供的科学的理论基础和方法论基础。思想政治教育作为上层建筑领域一种特殊的精神生产实践活动，虽然其何时何地何种形式产生会具有历史发展某一环节的偶然性，但这些偶然中都受到了物质利益必然性的制约，脱离了物质生产实践，思想政治教育就失去了产生的根基，正是社会的物质生活生活条件，一定阶级的经济利益决定着思想政治教育精神实践的现实性内容、发展和改变的趋势。斯大林曾指出："形成社会的精神生活的源泉，产生社会思

---

① 《马克思恩格斯文集》第1卷，人民出版社2009年版，第501页。

想、社会理论、政治观点和政治设施的源泉,不应当到思想、理论、观点和政治设施本身中去寻求,而要到社会的物质生活条件、社会存在中去寻求,因为这些思想、理论和观点等等是社会存在的反映。"① 另一方面思想政治教育实践是一种主体与客体之间的关系性活动,这种关系性活动是一种思想的社会关系的体现或者是社会关系的思想体现,但无论是何种形式,所有社会关系的形成,归根结底是由物质生产实践产生的经济利益决定和派生的。第二,这是由物质生产实践活动是一种目的性实践活动决定的。人类的物质生产实践活动总是有目的、有计划的自觉活动,总是在一定的社会意识指导下的活动。马克思曾指出:"劳动过程结束时得到的结果,在这个过程开始时就已经在劳动者的表象中存在着,即已经观念地存在着。他不仅使自然物发生形式变化,同时他还在自然物中实现自己的目的。"② 为了达到物质生产实践活动的目的,实践主体要凝聚和整合个体的实践意识使之上升为社会的实践意识,从而使分散的个体之间形成思想共识,增强社会凝聚力和整合力,然后用社会的实践意识来协调社会成员的行动,这样的物质生产实践过程就蕴含着思想政治教育的实践意向。进入阶级社会后,社会的物质生产实践就成为统治阶级维护和发展自身经济利益的目的性活动。在社会的物质生产实践活动中无不渗透着统治阶级利益和意识形态的目的性诉求,这种用以动员和协调社会成员进行物质生产实践活动的社会意识在阶级社会就上升为统治阶级和国家的意识形态,统治阶级运用服务于阶级利益的意识形态对社会成员施加影响的过程中就孕育产生了思想政治教育的实践活动,反过来,思想政治教育的实践活动也成为实现和维护统治阶级利益的必然方式。

(二)人的利益是思想政治教育发展的内驱力

思想政治教育的发生是一个历史过程,经历了原始产生、正式产生的产

---

① 《斯大林文集》,人民出版社1985年版,第212页。
② 《马克思恩格斯文集》第5卷,人民出版社2009年版,第208页。

生形成阶段，也会随着历史的发展不断丰富，呈现出由低级形态向高一级形态不断演进的过程，那是什么力量推动着思想政治教育不断发展呢？遵循恩格斯指出的研究路径："我们所研究的领域越是远离经济，越是接近于纯粹抽象的意识形态，我们就越是发现它在自己的发展中表现为偶然现象，它的曲线就越是曲折。如果您画出曲线的中轴线，您就会发现，所考察的时期越长，所考察的范围越广，这个轴线就越是接近经济发展的轴线，就越是同后者平行而进。"① 由此考察思想政治教育的演进曲线历程：思想政治教育正式产生于阶级和国家出现之后，但阶级社会的思想政治教育呈现出的是阶级利益制约，无产阶级作为一支独立的力量登上政治舞台之后，思想政治教育又进入了一个新的利益体现的新时代，呈现出在社会主义革命和社会主义建设过程中的发展新形态，利益始终是思想政治教育演进曲线中的中轴线。

1. 人的利益推动着思想政治教育的产生过程

思想政治教育是解决人的思想问题的，在马克思、恩格斯早期思想研究中，提出了"'思想'一旦离开'利益'，就一定会使自己出丑"② 的论断，正是考察了思想理论背后的真实动因，才促使马克思在世界观上从黑格尔的唯心主义转向唯物主义。在《莱茵报》时期，马克思恩格斯关于林木盗窃和地产分析的辩论，这些现实的问题，都与具体的物质利益相关联。马克思认为弄清思想理论背后的真实动因，除了对人的经济利益进行分析之外别无他途。只有从人的物质利益出发，才能理解建立在物质利益基础上的政治、思想观念的存在和发展状况。人们的思想道德水准只是在形式上表现为对理性的认知和把握程度，实际上确受人们在现实世界中的物质利益状况决定，在现实世界中不是利益原则服从理性原则，而是理性原则服从利益原则。在《黑格尔法哲学批判》一书中，马克思开始把国家和法等上层建筑的理解建立在了现实物质利益的根基之上。这是马克思早期研究中得出的一个重要结

---

① 《马克思恩格斯文集》第 10 卷，人民出版社 2009 年版，第 669 页。
② 《马克思恩格斯文集》第 1 卷，人民出版社 2009 年版，第 286 页。

论。《神圣家族》是马克思、恩格斯对以布鲁诺·鲍威尔等人为代表的青年黑格尔派的理性主义的批判，也是对他们自身信仰的清理。批判他们：一是忽视了现实的个人的力量，只注重个人的精神力量，而忽视了个人身上体现出来的现实的物质力量；二是夸大少数人物的思想在历史中的作用，轻视人民群众的实际利益；三是在思想和利益的关系上，马克思提出一方面任何思想都是在处理利益关系中形成的，离开了利益无法理解思想问题，也无法解决思想问题。另一方面，在历史上，进步阶级的利益往往是以全人类的利益的面目出现的。

2. 人的利益推动着思想政治教育的发展历程

马克思、恩格斯创立了唯物史观，成为我们研究人的利益是思想政治教育发展内驱力的理论基础，也是一个基本的社会研究方法。

对人的本质的合理把握，对于思想政治教育研究来说具有重要的意义：只有把人放到特定的社会历史关系中，才能把握思想政治教育的育人本质。"人的本质不是单个人所固有的抽象物，在其现实性上，它是一切社会关系的总和。"[①] 这个规定性中包含着：一是现实的个人在社会中生活，并受一定社会关系制约。二是规定人的本质的不是某种社会关系，而是社会关系的总和。人在某一历史阶段会以某一种突出的社会关系而呈现出"政治人""经济人"或"道德人"，但人在任何时候都不是完全的"政治人""经济人"或"道德人"，而是受社会关系的整体的规定。三是人的本质不是固定不变的，而是随着社会关系的变化而不断变化。

思想政治教育的基本前提是有生命的个人的存在，在《德意志意识形态》中确立的这一前提，对于思想政治教育的伟大功绩在于："马克思发现了人类历史的发展规律，即历来为繁芜丛杂的意识形态所掩盖着的一个简单事实：人们首先必须吃、喝、住、穿，然后才能从事政治、科学、艺术、宗教等等；所以，直接的物质的生活资料的生产，从而一个民族或一

---

① 《马克思恩格斯文集》第1卷，人民出版社2009年版，第505页。

个时代的一定的经济发展阶段,便构成基础,人们的国家设施、法的观点、艺术以至宗教观念,就是从这个基础上发展起来的,因而,也必须由这个基础来解释,而不是像过去那样做得相反。"① 人们总是从物质资料的生产活动出发,在生产活动中结成了一定的利益关系,又是在各种利益关系中从事各种活动。只有把握这一点,我们才能理解思想政治教育得以产生的前提。

精神现象与现实关系之间的来源关系,证明了社会现实利益的历史也是思想政治教育发展的历史,经济利益现实推动思想政治教育精神生产和发展的历程。"道德、宗教、形而上学和其他意识形态,以及与它们相适应的意识形式便不再保留独立性的外观了。它们没有历史,没有发展,而发展着自己的物质生产和物质交往的人们,在改变自己的这个现实的同时也改变着自己的思维和思维的产物。"② 这一论断就牢牢地将思想政治教育与物质现实结合起来,并阐述了思想政治教育的发展与人的现实利益的关系,从而现实地说明了思想政治教育发展的驱动力和发展前景,更明确地指出离开社会和人的现实利益问题来谈论思想政治教育只能导致不切实际的幻想。

阶级社会中,私有制造成个人利益与虚假的共同体的利益的对立。基于对现实的资本主义的资产阶级的现实考察,马克思、恩格斯认为:一是资本建立起了普遍的利益关系。"它使人和人之间除了赤裸裸的利害关系,除了冷酷无情的'现金交易'。"③ 二是工人阶级受整个资产阶级的奴役,阶级之间利益对立严重,最后导致无产阶级的反抗,无产阶级成为资产阶级的掘墓人。起初无产阶级对自己的悲惨境遇进行的只是维护经济利益的经济斗争,同时他们也发现:"法律、道德、宗教全部都是资产阶级的偏见,隐藏在这些偏见后面的全都是资产阶级利益。"④ 他们必须摧毁这一切,从而实现"代

---

① 《马克思恩格斯文集》第3卷,人民出版社2009年版,第601页。
② 《马克思恩格斯文集》第1卷,人民出版社2009年版,第525页。
③ 《马克思恩格斯文集》第2卷,人民出版社2009年版,第34页。
④ 《马克思恩格斯文集》第2卷,人民出版社2009年版,第42页。

替那存在着阶级和阶级对立的资产阶级旧社会,将是这样一个联合体,在那里,每个人的自由发展是一切人自由发展的条件"①。马克思为了探究"利益"的奥秘,通过市民社会科学—政治经济学研究,找到了答案。马克思在《资本论》中深刻揭示了市民社会真正的奥秘,就是利益、物的统治上升和代替了人的统治。马克思认为,在我们能够改变这种利益对立之前,要想通过单纯改善思想政治教育的道德说教来解决利益对立是无力的,不诉诸现实的经济利益就无法解决阶级社会思想政治教育的欺骗性和虚妄性。

3. 人的利益推动着思想政治教育的发展趋向

利益问题是贯穿思想政治教育所有理论学说的一根红线。只有把思想政治教育问题归结到经济利益的意义上来,我们才能弄清思想政治教育的实质和利益推动的发展趋向。

恩格斯在《反杜林论》中通过分析道德观念产生的历史根源和道德的阶级基础,阐明了道德与利益之间的内在关联。一是在道德的出发点问题上,认为道德来源于现实生活,现实的人的道德都是通过人的劳动方式表现出来的。社会整体的道德意识和道德水准,不是人们的主观好恶,而是处在一定经济活动中的个人,彼此发生一定的社会关系,与这些社会关系相适应,人们才产生了相应的道德意识和道德行为。二是分析了道德的经济基础和阶级基础。对道德的理解不能脱离现实的经济关系,不同的经济关系就决定了人们不同的道德观念。在阶级社会中,道德总是由特定阶级利益产生并为特定的阶级利益服务。无视经济利益的实际状况,抽象地一般地去强调道德的基本准则,其结果只是空口批判,而不是现实客观的分析,只有弄清楚道德产生和发展的根源,我们才能对道德做出合理的解释,并且找到解决道德问题的切实可行的办法。在《家庭、私有制和国家的起源》中,恩格斯考察了家庭变迁的历史,说明了家庭道德和私有制之间的关系,从而表明我们在考察道德问题时,即使是神秘的道德问题,都不能脱离经济利益因素,都需要通

---

① 《马克思恩格斯文集》第10卷,人民出版社2009年版,第226页。

过经济发展的状况来加以说明。在对费尔巴哈的批判时,"费尔巴哈的道德论在现实世界面前,是和康德的绝对命令一样软弱无力的。实际上,每一个阶级,甚至每一个行业,都各有各的道德,并且,只要它能破坏这种道德而不受惩罚,它就加以破坏。而本应把一切人都联合起来的爱,则表现在战争、争吵、诉讼、家庭纠纷、离婚以及一些人对另一些人的尽可能地剥削中。"①

在上面的论述中,我们可以得到一些启示:一是思想道德问题始终是现实问题的反映;二是思想道德总是具体的、历史的,是受不同利益制约的;三是我们要关注思想道德在内的整个意识形态、上层建筑对经济利益的依赖作用,从而推动思想道德的变化和发展。

4. 社会主义的思想政治教育是围绕着现实的利益发展而不断发生变化的

中国共产党的思想政治教育既是一种实践形态,又是一种理论形态。作为实践形态,它表现为伴随着中国共产党的历史而展开的思想政治教育实际活动的历史过程;而作为理论形态,它表现为中国共产党思想政治教育的经验总结,表现为对这些实践经验的理论升华和理论体系的构建。考察中国共产党思想政治教育的发展过程,利益是推动其发展变化的主轴线。

对于中国革命来说,目的就是为广大人民群众谋福利。毛泽东在不同时期,针对不同历史条件、不同对象提出了思想政治教育的利益思想。在土地革命战争时期,就提出了要依靠农民,但怎样依靠农民得到农民在思想上拥护,行动上认可呢?解决农民的思想和行为问题的关键就是"领导农民的土地斗争,分土地给农民"②。能否得到农民的拥护,或者说农民拥护谁反对谁看起来是要解决思想政治教育的问题,但实际上背后是农民的生活现实问题。共产党能为老百姓办实事,解决老百姓的生存问题,就能激发农民战争革命的热情。相反,不从农民利益出发,不为老百姓物质生活着想,就不可能得到农民的支持和拥护。所以思想政治教育的根本是利益问题,利益问题

---

① 《马克思恩格斯文集》第 4 卷,人民出版社 2009 年版,第 294 页。
② 《毛泽东选集》第 1 卷,人民出版社 1991 年版,第 138 页。

妥善解决，思想问题才能较好解决。在抗日战争时期，毛泽东就直接提出了"一切空话都是无用的，必须给人民以看得见的物质福利"①。共产党人把群众的利益放在第一位，并在思想宣传上，切实维护群众的利益，实现群众利益诉求。

邓小平时期的思想政治教育思想是在我国社会主义市场经济建立和发展的大背景下展开的。"社会主义的本质是解放和发展生产力，消灭剥削，消除两极分化，最终达到共同富裕。"② 在对社会主义本质的认识基础上开展的思想政治教育，其背后就是承认个人利益的合理性和正当性，人民利益至上。给予了个人独立和自由，极大调动人民的积极性，解放和发展了生产力。在物质利益和精神利益的关系上也强调二者的统一性，坚持走共同富裕的价值目标，把义利关系统一起来，成为思想政治教育务实发展的驱动力。

"三个代表"思想是在我国改革开放进一步深化的过程中，不断推进的理论创新，这一时期的思想政治教育紧紧围绕始终代表最广大人民的根本利益，在诸多领域具体展开：一是公有制实现形式的突破，直接引起了分配领域分配利益的改革。按劳分配与按生产要素分配相结合，一切合法的非劳动收入都得到保护和认可，"要尊重和保护一切有益于人民和社会的劳动……一切合法的劳动收入和合法的非劳动收入，都应该得到保护"③，在思想政治教育中尊重知识、尊重劳动、尊重人才的理念得到宣扬，保护人们的合理义利，消除了致富群众的后顾之忧。二是承认新的社会阶层为社会主义现代化的建设者，把衡量先进与落后的政治标准与新时期利益阶层的变化紧密联系起来。"不能简单地把有没有财产，有多少财产当作判断人们政治先进与落后的标准，而主要应该看他们的思想政治状况和现实表现，看他们的财产怎么得来的以及对财产怎么支配和使用，看他们以自己的劳动对建设由中国特

---

① 《毛泽东文集》第2卷，人民出版社1993年版，第267页。
② 《邓小平文选》第3卷，人民出版社1994年版，第373页。
③ 《江泽民文选》第3卷，人民出版社2006年版，第540页。

色社会主义事业所做的贡献。"①

"科学发展观"和"和谐社会"理论是在新时期新阶段基础上关于发展问题的回答。这一时期的思想政治教育不仅重视人的利益层次结构合理化,也要重视人与人之间利益和谐的问题。科学发展观所要求的发展是又好又快,不但关注利益总量的发展,也注重利益的分配和调整;不仅注重经济实力的增长,更注重政治、文化、社会、生态各方面利益均衡发展;不仅注重基本需求的满足,更注重生活质量的提高;不仅注重人的科学文化知识的提高,更注重人的全面发展。和谐社会就是解决利益协调问题,就是全体人民共享改革发展成果。注重民生和以人为本的理念成为思想政治教育的新取向。

在新时代,在全面深化改革和实现中华民族伟大复兴中国梦的征程中,习近平的系列讲话紧紧围绕新时期党员领导干部和人民群众的思想实际,提出和重申了一系列紧扣时代主题的思想政治教育新观点、新思想、新论述,丰富和发展了马克思主义思想政治教育理论。习近平在全国思想宣传工作会议讲话中明确指出思想政治教育"事关党的前途命运,事关国家的长治久安,事关民族的凝聚力和向心力"。"坚持人民性,就是要把实现好、维护好、发展好最广大人民根本利益作为出发点和落脚点,坚持以民为本、以人为本"。从"人民对美好生活的向往就是我们的奋斗目标"到"让群众得到看得见、摸得着的实惠",无不体现着以人为本、为民务实的思想政治教育理念。

综上所述,思想政治教育是由于利益的发展而逐渐发展的,这是马克思、恩格斯在历史唯物主义中至关重要的观点。思想政治教育发展的历史表明,每一时期的思想政治教育所关注的都是特定阶级利益的关键所在。封建主义侧重封建等级和上帝存在的论证,资产阶级重视个人权利的阐述,这些都是为了维护统治阶级利益发展的需要。一旦阶级实践的重点发生了变化,

---

① 《江泽民文选》第 3 卷,人民出版社 2006 年版,第 343 页。

利益关系有了新的情况，思想政治教育的中心也会随之发生转移。从发生学的意义上看，思想政治教育就是为了解决阶级利益所遇到的问题而产生和变化的；思想政治教育所涉及的东西绝不是思想家凭空构思出来的，没有利益的需要，否则，思想政治教育就失去了存在的必要性。

三、人的利益是思想政治教育价值的基础

思想政治教育的发生解决的是思想政治教育内部的实然层面的问题，那么思想政治教育产生之后在整个社会中居于什么地位，对于人和社会发展具有什么样的作用则是从应然层面的考察，这就是思想政治教育的价值问题，对它的研究牵扯到思想政治教育存在的合理性的定位问题。目前，学界权威性的表述是项久雨对思想政治教育价值概念的界定。"人和社会在思想政治教育实践——认识活动中建立起来的，以人的思想政治品德形成和发展规律为尺度的一种客观的主客体关系，是思想政治教育的存在及其性质是否与人的本性、目的和需要等相一致、相结合、相接近的关系。这种关系是思想政治教育在其教育活动和社会关系中合乎人的发展（尤其是思想品德的形成和发展）和人类社会进步（尤其是精神文明的进步）的目的而呈现出的一种肯定的意义关系。"[①] 可见思想政治教育的价值就是思想政治教育对于人，对于社会的有用性。那么又是什么决定思想政治教育有用，怎样判断它的有用性？又怎样实现它的最大的有用？

（一）人的利益是社会利益与个体利益的统一

人的利益的个体利益与社会利益的统一是从马克思主义人学视域下理解个人与社会关系的维度出发的，马克思以辩证的思维方式，关系性的方法论原则，科学地说明了个人与社会是现实的、互构的、共生的辩证统一关系。

---

① 项久雨：《思想政治教育价值论》，中国社会科学出版社2010年版，第32页。

"人类个体正是依赖于人与人之间的结合，成倍地放大了人类的个体力量，历史正由此获得进步。社会恰恰因个体的活力而获得生命，也不是超然于个人并且独立于个人的外在实体，离开了具体的个体所形成各种各样的社会关系也就无所谓社会，因而马克思强调'把社会当作一个单独的主体来考察，就是对它作了不正确的考察，思辨式的考察。'个人不是脱离了社会的个人，个人是'社会舞台'上兼具'剧作者'和'剧中人'的双重角色。个人既是社会关系的创造者，又是社会关系的受制约者。个人与社会的关系就是在一定的社会关系共同体中相互关联的关系。"① 由此，我们确认，马克思主义所强调的无论是现实的个人的利益还是社会整体的利益，都是个体利益与社会利益相统一的利益存在。

要实现思想政治教育的价值，思想政治教育必须从研究理想中的人和传统社会中的人到研究当下现代性视野下的人的转变，并最终作用于现代性视野下现实的个人。"这里所说的个人不是他们自己或别人想象中的那种个人，而是现实中的个人，也就是说，这些个人是从事活动的，进行物质生产的，因而是在一定的物质的、不受他们任意支配的界限、前提和条件下活动着的。"② "我们开始要谈的前提不是任意提出的，不是教条，而是一些只有在臆想中才能撇开的现实前提。这是一些现实的个人，是他们的活动和他们的物质生活条件，包括他们已有的和由他们自己的活动创造出来的物质生活条件。"③ "他们是什么样的，这同他们的生产是一致的——既和他们生产什么一致，又和他们怎样生产一致。因而，个人是什么样的，这取决于他们进行生产的物质条件。"④ 这说明现实的个人具有以下特征。一是现实的个人是从事实际活动、进行物质生产的人，物质利益是现实的个人生存的前提。二是现实的个人是历史的、动态发展和不断生成的。社会物质生产活动不同，现

---

① 巩克菊、丁燕：《自我认同与价值共识——个人与社会关系的新阐释》，载《理论视野》，2013年第4期。
② 《马克思恩格斯文集》第1卷，人民出版社2009年版，第524页。
③ 《马克思恩格斯文集》第1卷，人民出版社2009年版，第516页。
④ 《马克思恩格斯文集》第1卷，人民出版社2009年版，第520页。

实的人的特性就不同，现实的人的利益是历史的、动态的不断变化发展的。三是现实的个人是属于一定的物质生活条件、一定的社会形态和社会结构的人，现实的个人的存在和发展离不开社会，个人利益与社会利益是内在关联、相辅相成的。

个人利益与社会利益的统一是一个动态发展的历程。随着分工和私有制的发展，单个人的利益或单个家庭的利益与互相交往的个人的共同利益之间的矛盾成为人们交往中的突出矛盾，由于个人特殊利益与共同利益之间的矛盾，共同利益往往采取"虚幻的共同体的形式"，与实际的单个利益相脱离，所以这种共同利益就是"异己的"和"不依赖"于个人的。这种利益关系下所形成的个人与社会之间便产生了一种社会力量，它对个人来说就成为一种异己的、对立的力量，造成了个人与社会在社会中的分裂、对立。而"虚假的共同体"只有被"真正的共同体"即"真实的集体"所取代，从而使个人与社会交互活动产生的力量不再作为异己的力量与个人相对立，个人与社会才能获得真正的统一，从而使人类社会朝着有利于个人和个人朝着有利于人类社会的方向迅速发展，当然这是以生产力的发展为保障的。

（二）思想政治教育的价值是社会价值与个体价值的统一

思想政治教育是以解决人的思想、立场、观点问题为核心的一种社会实践活动，它既有满足社会需要的方面，又有实现个体需要的方面。从价值主体来说，思想政治教育的价值可以分为社会价值和个体价值。

1. 思想政治教育的社会价值

思想政治教育的社会价值是思想政治教育对于社会需要的满足，体现的是思想政治教育对于社会的意义。

在阶级社会中，思想政治教育的社会价值体现的是其意识形态属性，发挥着维护统治阶级利益和统治阶级统治的作用。在新时期，思想政治教育的社会价值从社会层面来讲，就是为了协调人们之间的关系，促进个体利益和群体利益的满足，从而实现社会整体利益的发展。思想政治教育是通过传达社会主流意识形态整合社会思想，维系社会秩序，实现社会的正常运转。思想政治教育的社会价值随着社会的发展变化，其价值形态的内涵和外延也在不断丰富，到现在，已发展成为涵盖经济、政治、文化、社会管理和生态等具有体现时代价值的具体形态。

在相当长的一段时期内的传统的思想政治教育过程中，我们只是片面强调了社会本位的先天合理性，更多地注重了个人对社会的服从，忽视甚至否定了思想政治教育的个体价值，泯灭了思想政治教育活动中具体的个人的存在，抹杀了个人正当的、合理的需要。最终导致了主体在对象化实践中却不能拥有实现主体生存和发展内在需求的个人价值，这种本质力量的异化使人的主动性、积极性和创造性受到了抑制，削弱了思想政治教育客观存在的满足个人自身发展需要的价值，把思想政治教育社会价值和个人价值对立起来的后果，只能是既不利于个人发展，又延缓社会进步。

2. 思想政治教育的个体价值

思想政治教育的个体价值是思想政治教育对于个人需要的满足，体现的是思想政治教育对于个人生存和发展的意义。

思想政治教育的个体价值体现的是关注个人。思想政治教育的工具理性价值在于其对社会的维护作用，在于其社会功能和社会作用；思想政治教育的目的性价值在于关注个体价值，因为在思想政治教育的具体活动中，面对的是每一个鲜活的具体的个体，对每一个个体施加影响，从个体入手，将社会总体要求施加影响，从而促进个体思想品德健康发展，来促进个体行为与社会要求相符合，这个过程是个体对社会规则进行认同和内化的过程，从这个意义上来看，思想政治教育要实现其工具性的社会价值，必须以关注目的性的个人价值为前提。

思想政治教育的个体价值体现的是培养个人。思想政治教育培养个人的价值是在培养个人实现社会化的过程中体现出来的。从个体层面讲，人之为人是后天生成的，人是在社会化中不断习得，才能真正成为人。思想政治教育正是在人走向社会化过程中，向个体提供社会的准则和规范，提供个人超越性的追求目标，增强人的主体性所具有的意义，提高人的素质和能力，从而满足个体的社会化需求。

思想政治教育的个体价值体现的是发展个人。"思想政治教育是人的一种精神实践活动，构成了人在生活中存在的一种重要方式，是人在社会中生存和发展的需要使人类开始从事思想政治教育这一实践活动的。思想政治教育这种实践活动是对人本身的改造，它发端于人更好地生存、提升自己、发展自己的需要。"① 由此可见，思想政治教育来源于人性丰富的需要，趋向于美好生活的需求。思想政治教育的价值不仅仅停留在仅使个体适应社会的社会化层面，更要使个体在获得种种现实性规定的基础上，实现人的本质力量的充分展现和发展，产生新的思想道德和理想目标的追求，实现新的超越，由此可见，思想政治教育必将会以实现人的全面自由充分发展作为其终极价值目标。

随着时代主题转换的需要，思想政治教育人学转向要求改变人学空场的局面。思想政治教育的实然存在使我们直面现实，思想政治教育活动面对的是具体的现实的个人。并且现实的活生生的个体是思想政治教育活动的最终对象，以人为本，人既是手段又是目的，实现思想政治教育的个体价值逐渐得到学者们的认同。

3. 思想政治教育的个体价值与社会价值的辩证统一关系

思想政治教育在对个体价值的现实化过程中，表面看起来似乎只是强调个体，但实际上个体价值总是与他人、与社会有关的。原因就在于思想政治教育个体价值的实现不是纯粹内省式的心理修养过程，而总是在一定的交往关系、社会关系中进行的实践过程，个人不可能把自己完全封闭在个人价值的自我实现之中，任何个人都是在个人与社会的互动关系中生活，参与社会实践，都具有一定的社会价值与个人价值。个人的自我存在、个人的自尊自

---

① 张耀灿、曹清燕：《思想政治教育目的的人学思考》，载《广西教育学院学报》，2008年第2期。

爱和自我完善，是与社会的存在、社会关系和社会发展是互为前提和归宿的。离开整个社会的发展，个人的发展就失去了基础和条件。同时，整个社会的发展也离不开每个人的发展，并且恰恰是无数个人自我发展和自我完善的结果。

这样，思想政治教育社会价值与个体价值在本质上就实现了统一，二者不可分割地联系在了一起。现代社会，我们要着眼于人的个性张扬与社会发展的内在统一、着眼于个人与社会二者的相互促进和协调发展上，来探讨现代思想政治教育价值。关于思想政治教育的价值研究，一是在方法论上，正像马克思所强调的不能抽象地研究人和人的本质一样，我们也不能抽象地确立思想政治教育的价值，而必须把它放到现实的、当代人们物质生产活动的环境中来探讨；二是在理论上，个人与历史环境是相互作用、相互造就的，我们研究现代思想政治教育价值既不能独睐个人价值偏废社会价值，也不能独睐社会价值偏废个人价值，而应当兼容并包，相互融合。

（三）人的利益的实现是思想政治教育的价值旨归

前面对利益是思想政治教育基础的观点的论述中表明了利益是了解、把握人们思想产生和变化状况的突破口、中介和晴雨表，从而确立从利益角度寻找人们思想意识产生变化的原因。原因找对了，思想政治教育的价值方向就有了目标，那就是实现人的利益。

思想政治教育要充分尊重、关心受教育者正当、合理的利益需求，并加以正确的引导和满足。"一方面思想政治教育价值主体把思想政治教育的价值目标和历史使命的理解和追求建立在对自身提出的利益要求、价值要求得合理性、正当性的确认和坚信上。另一方面这种利益又是思想政治教育赖以进行价值观念建构和现实建构的出发点和归宿。"[①] 从思想政治教育的实然存

---

① 项久雨：《思想政治教育价值论》，中国社会科学出版社2010年版，第111页。

在，我们就可以发现，思想政治教育活动是面对具体的现实的个人的活动，是将社会的规范和要求转化为个体的内在修养的过程，思想政治教育面对、针对每一个具体的个体时，必须尊重、关心受教育者正当、合理的利益需求，否则，思想政治教育的社会职责就会无法有效履行，从这个意义上来说，思想政治教育必须将引导和满足人的利益、促进人的主体性的生成，实现人的自由全面发展作为自己的价值旨归。

思想政治教育要协调不同利益主体的利益关系，扩展思想政治教育的价值实现目标的空间。人的本质在其现实性上是一切社会关系的总和的需要。个体要与他人处理好利益关系，必须成为合格的社会成员，才能适应社会发展要求，才能获得自身的发展。思想政治教育帮助人们形成符合社会发展要求的思想观念、政治观点，并掌握社会倡导的道德规范，促使人成长为合格社会成员。

当今时代是利益关系日益复杂的时代，要依据变化了的人类的利益关系，依靠思想政治教育，把人类生存的整体利益与个体利益、长远利益与现实利益、全局利益与局部利益等各种利益关系结合起来，把人与自然、人与人、人与社会之间的利益关系结合起来，以解决这些利益关系的矛盾和冲突为根据，从而实现思想政治教育的社会价值目标。

在利益协调过程中要帮助人们在价值取向上树立利益正义的意识，找准利益正义的尺度，摒弃和谴责由于种种原因而将利益正义抛之脑后的行为，使追求正义、维护正义的人和事得到褒奖，使破坏、违背正义的人和事受到惩处；在利益协调过程中要坚持人们在利益实现的机会和利益实现的尺度上平等，"所谓尺度平等，是指人们应该按照同一尺度，同一标准进行利益的分配与协调。在利益协调过程中，坚持社会地位平等的原则，就要求每一个社会职位不是也不应该是一部分人的专利或者私有财产，而应该向每一个社会成员平等地开放，每个人在进入所有社会职位上都应该拥有平等的机会。"① 在利益协调过程中要坚持利益公平的尺度，给予每个利益集团、每个公民有同样的自由来主张自己的权利和利益，思想政治教育工作善于从细微处看到大的方向，对一些言论、观点见微知著，看到思想背后的利益诉求，对于有违公平的宣传舆论有针对性地加以应对。

---

① 刘晓凯：《中国社会阶级阶层结构变迁中的利益分化与政治稳定》，东北师范大学 2005 年硕士论文。

第二章 思想政治教育的利益功能

人的利益是思想政治教育发生的根源和驱动力,这只是对人的利益与思想政治教育内在关联问题研究的一个方面。反过来,一旦我们把人的利益与思想政治教育相结合,就会发现思想政治教育对人的利益有巨大的反作用,这就是思想政治教育的利益功能。根据思想政治教育功能研究情况,追寻思想政治教育功能发展趋势,我们就不难发现和挖掘出对思想政治教育功能利益维度的解答:这无疑一方面挖掘了思想政治教育对人的利益的主动担当,并且这种担当是历史的、不断生成发展的;另一方面开拓了思想政治教育功能的多样化转型,有利于思想政治教育功能的开拓。

一、思想政治教育利益功能的内涵

从传统观点来看,思想政治教育似乎只是解决人们的思想问题。从本质上讲,思想政治教育属于精神领域的实践活动,属于人类社会实践活动形态中的一种,但思想政治教育这种精神实践活动自从一开始产生就意味着它不仅仅作用于人的精神领域,它是对物质领域、政治领域、社会领域会发生重要影响的实践活动,同时,它也是由精神来转化为物质的实践活动。它透过表面上解决人们的思想问题来解决生产劳动中形成的人与自然、人与人之间,以及人与其内心的利益关系问题的,因此思想政治教育就具有了现实的影响力,发挥着它自身具有的利益功能。

(一) 思想政治教育利益功能的含义

对于思想政治教育功能，从词源学角度来看，《辞源》认为：功能就是效能、功绩、才能。《现代汉语词典》将功能解释为"事物或方法所发挥的有利作用和效能"。从哲学角度来看，结构和功能是一对基本范畴，系统内部各要素之间的相互关系称为结构。系统内部各要素之间以及系统与外部环境之间的相互联系和相互作用所表现出来的特性和潜能，称为功能。对"功能"的解释存在着"主观论"与"客观论"的分歧。"主观论"者把功能看成是主观的东西；"客观论"者认为功能是客观存在的。我们认为功能本身是客观的，是由其本身内在的结构决定的，但是功能的发挥是主观的，是需要与其外部系统相互作用才实现的，因此我们就说功能有大小之别，有原生性功能，也有后创性功能。

在现实生活中，人们常把"功能"等同于"作用""价值"。从严格意义上讲，这三个词是不能混同使用的。首先，只有事物发挥积极作用时，功能才能与作用互换使用。功能是事物或方法发挥的积极作用，作用既包括积极的影响，也包括消极的影响。其次，功能和价值具有内在的一致性，功能的发挥是价值实现的前提。但二者仍有一定的区别：价值是关系范畴，反映了人与物的关系，体现了物对人的有用性和需要程度；功能体现的是系统与环境的关系，是系统自身属性的一种外在体现。

我们遵循"结构—功能"的思路来研究，思想政治教育的功能就是思想政治教育本身的结构各要素之间相互作用表现出来的某种特性和潜能，也包括思想政治教育系统与外部环境之间发生交互关系时表现出来的某种特性和潜能。有什么样的思想政治教育结构就有什么样的思想政治教育功能，有什么样的交互作用就体现什么样的思想政治教育功能。思想政治教育作为一种来源于物质生产活动又具有独立性的精神生产实践活动，我们考察其内部各要素来看，无论是教育者还是受教育者，无论是教育媒介还是教育内容，无论是教育活动过程还是教育途径、手段，都渗透着利益的特性展开，而其始终解决的人与自然，人与人和人与其意识这三重关系，也无不与利益问题相关，利益始终是思想政治教育内部结构的一根主线，思想政治教育的结构决定了思想政治教育的利益功能。思想政治教育的利益功能一言以蔽之，就是思想政治教育结构中思想政治教育主体、客体、介体以及环体所组成的系统之间以及与外部环境之间发生关系时所发挥出来的利益功能。就是思想政治教育实践活动发挥出来的积极所用中所具有的利益特性，是思想政治教育功能的一种表现形态。当然思想政治教育利益功能除了与其结构关系中蕴含的利益因素的内在关联之外，还与具体的思想政治教育活动以及与外部环境的互动有关系。内部结构决定了是否有这样的利益功能，而利益功能的影响大小就与具体的思想政治教育活动与外部环境的互动过程有着非常大的关系。

思想政治教育的利益功能是一个复合系统，思想政治教育具有丰富多彩的社会功能，但是，如果从最根本和最终的功能来看，思想政治教育的功能恰恰在于其利益功能。我们总是能够从每一项具体功能中找到利益的答案，只是有的是直接、有的是间接、有的是显性、有的是隐性的关系罢了。因此，思想政治教育的所有功能中发挥根本性作用的是其利益功能，利益功能决定、派生其他功能，其他功能拓展着利益功能发挥的空间，扩大着利益功能发挥的大小。

（二）思想政治教育利益功能的特征

思想政治教育利益功能的一般特征，学界比较一致的共识，就是认为思想政治教育功能有四个特点：第一，客观性。人类思想政治教育实践的客观性决定了思想政治教育功能存在的客观性。思想政治教育结构存在的客观性决定思想政治教育功能存在的客观性。第二，层次性。思想政治教育结构的层次性决定了思想政治教育功能的层次性。第三，多样性。思想政治教育对象的复杂性、教育方法的灵活性、教育内容多样性、教育环境的复杂性决定了思想政治教育功能的多样性。第四，发展性。思想政治教育功能的发展性体现在它在发挥作用时，是随着自身的发展和完善，其功能也是不断完善、提升和拓展的；也体现在思想政治教育发挥的功能是为人的发展和社会的发展服务的，是促进社会与个人发展的，而人和社会都是不断发展和进步的。思想政治教育的利益功能有其特殊性，表现在：

1. 思想政治教育利益功能的主体性

思想政治教育功能的存在是客观的，但思想政治教育利益功能的发挥和实现却是主观的，是由利益的主体性因素决定的。利益问题包括利益主体、利益客体、利益中介、利益关系、利益实现手段及途径等问题。从利益主体来看，"不同的主体因所处的地位不同，利益观、价值观不同，其利益诉求也不一样，利益客体自然会表现出不同形式"[①]。从利益客体来看，是利益主体所指向的对象，是利益主体的利益诉求，从利益客体的表述中可以看出，利益主体与利益客体互为表里，没有利益主体，就没有利益客体。从利益中介来看，就是利益主体所从事的社会实践活动。从利益关系来看，利益关系既指利益主体与利益客体的关系，也指互利益主体关系，但利益关系的冲突与和谐，也是与利益主体有关的，尤其是与其利益观有关。从利益实现途径来看，是指利益主体为了占有利益客体，追求利益目标所选择的手段。只不过要注意到利益目标的合理性，利益手段的合理合法性，但选择追求什么样的利益目标，选择什么样的利益手段实现利益目标，最终又是取决于利益主体的利益观。通过对利益问题包含的诸要素进行分析，我们可以清楚地发现：利益主体统摄利益问题中的各要素，利益主体的利益观是其至关重要性因素。由此，要发挥思想政治教育的利益功能，就是要对利益主体起积极作用，尤其是培养其合理健康的利益观。

2. 思想政治教育利益功能的合规律性

思想政治教育的出发点和落脚点都是人，就是做好育人的工作。而人是有思想、有意识、有情感、有意志的，是理性和感性共同作用的存在物。做好人的工作，必须先从思想入手，只有影响其思想，才能转变其行为，思想

---

① 贾海丽：《经济利益多元化视角下思想政治教育创新研究》，河北师范大学 2009 年博士学位论文。

引导行为，思想是行为的动力和指针。现代行为科学为我们指出了个体行为产生规律就是："需要—动机—行为"。影响人们思想的重要因素就是人的需要，是需要引发了动机，动机才外化为行为。但是人的行为思想动机又是与他的利益追求密不可分的，任何一个人的行为选择最终总能在其思想深处找到利益动因，人的动机和行为总是源于利益又指向利益。可见，"利益引发动机，动机支配行为，行为导向利益目标。而当主体的利益目标实现以后，又会产生新的利益需求，引发新的动机并支配新的行为，再导向新的利益目标，这就是人的思想行为源于利益而又指向利益的规律"[①]。思想政治教育利益功能发挥的特殊性就是在遵循人的思想行为源于利益而又指向利益的客观规律基础上，发挥利益对于人们思想行为的根源性和支配性功能，提高思想政治教育实效性。

正确处理好人与人之间的利益关系，必须解决人与人之间存在的利益矛盾和冲突。解决的方式多种多样，但从人类社会发展历史进程来看，做好人的思想工作，是一个非常有效的手段。思想政治教育要主动纳入到协调利益关系，促进利益和谐的协调机制中来，化解不同利益主体间的利益矛盾和冲突。

（三）思想政治教育利益功能的类型

思想政治教育利益功能按照其作用的对象不同，思想政治教育的利益功能有不同的表现形式：按照利益的内容可以划分为，物质利益功能和精神利益功能；按照利益导向的过程可以分为，理想信念导向、利益目标导向、利益行为导向三种形式。按照利益导向主体可以划分为：个体性利益导向功能和社会性利益整合功能；从思想政治教育内部结构系统与外部的关系的作用来看，思想政治教育具有在内的利益激励功能和与外界关系相互作用形成利益的协同调控功能；按照利益的社会领域可以划分为：维护和实现经济利

[①] 佟明忠：《试论思想政治教育中的利益分析规律》，载《空军政治学院学报》，1994年第2期。

益、政治利益、文化利益、生态利益、社会利益功能等。我们对思想政治教育利益功能的划分是相对的，是为了理论上的便于理解而作的划分。其实，在现实生活中，各种利益是相互交织、相互包涵、相互融合在一起的，从来就不存在任何单一的一种类型的利益，也不存在界线分明的利益功能划分。

二、思想政治教育的利益功能的表现

从利益主体来看，思想政治教育的利益功能表现为对个体利益导向功能和对不同主体的利益整合功能。

（一）思想政治教育的利益导向和整合功能

1. 思想政治教育利益导向功能

（1）思想政治教育利益导向功能的含义

思想政治教育对教育个体发挥利益导向功能就是对受教育者施加主流利益思想的影响，使之形成教育者所期望的利益价值观，对教育者个体在利益行为和谋利意识上进行思想引导，并据此来指导和规范自己的利益行为。进一步来说，为了帮助人们认识利益、辨别利益、选择利益，解决利益矛盾和冲突。具体来说就是，思想政治教育通过对个体利益思想和利益行为的导向作用和积极影响，来促进个体利益理性的养成，在这个过程中，引导利益诉求、阐明利益关系、形成正确的利益观、倡导合理的利益行为，引导人们对利益的追求合理化。理解思想政治教育的个体利益导向功能需要注意以下四个问题。

思想政治教育的利益导向功能是思想政治教育结构系统内在属性的表现："利益伴随着人类的产生，是无所不在的。在思想政治教育活动中，无论是教育者、受教育者、教育内容、还是教育活动、教育手段无不带有利益的特性。可以说，思想政治教育本身就是一种利益的活动，其目的不仅在于帮助个人树立代表统治阶级的利益观，而且有助于实现个人的全面发展，使

主体融入社会，能更好地处理各种利益关系。"① 思想政治教育本身就是一定的政党、阶级和国家，通过宣传教育活动，用占统治地位的阶级的思想去影响广大社会成员，使广大社会成员接受其思想和规范并转化为个人的思想和行为意识，从而支配人们自觉地践行统治阶级的意志。思想政治教育的利益导向功能就是在其结构系统诸要素之间进行的物质、能量和信息的交换过程中显现出来的。"既然正确理解的利益是全部道德的原则，那就必须使人们的私人利益符合于人类的利益。"② 由此，思想政治教育一开始就担负着对受教育者进行维护统治阶级的根本利益的利益导向教育。

思想政治教育的利益导向功能在思想政治教育一开始产生就已担负着这样的功能，只是在物质利益矛盾单一的情况下，其功能表现形式和影响力的大小，随着社会条件的不同而有不同表现。在阶级社会，思想政治教育充当了统治阶级进行思想统治的最好工具。思想政治教育思想都集中反映了本阶级的利益诉求。"占统治地位的思想不过是占统治地位的物质关系在观念上的表现，不过是以思想的形式表现出来的占统治地位的物质关系；因而，这就是那些使某一个阶级成为统治阶级的关系在观念上的表现，因而这也就是这个阶级的统治的思想。"③

随着市场经济的发展，人的谋利意识更加张扬，思想政治教育利益导向功能随着利益结构的强大，其利益功能的发挥也更加明显，人们对思想政治教育的期盼也越强，研究者们开始重新关注和挖掘思想政治教育的利益导向功能，并随着利益问题的发酵，其利益导向有强化之势。大家都开始看到，思想政治教育的对象是个人和群体，最终指向个人。但无论是个人还是群体，都离不开利益，追求利益这一人的本能性欲望在市场和改革双重作用下得到激发。同时，人的本质是利益关系的总和。只要存在着利益关系，人们之间就有利益差别和利益矛盾。思想政治教育"在利益主体、利益目标和利

---

① 严春蓉：《思想政治教育利益导向功能研究》，西南大学2012年硕士论文。
② 《马克思恩格斯文集》第1卷，人民出版社2009年版，第335页。
③ 《马克思恩格斯文集》第1卷，人民出版社2009年版，第550页。

益实现方式各自的和相互的矛盾运动中,发挥着引导、协调、约束、规范作用,陶冶人们的情操,增强社会的凝聚力。培养人们科学合理的人生观和利益观,推动社会的发展。利益决定思想,思想反映利益。利益是思想的基础,人的思想观念、道德品质、政治理念的形成、发展都与人的切身利益有着密切的关系"①。无论从对人们的行为,还是对利益关系的协调,对利益矛盾的化解,都要通过思想政治教育对受教育者进行道德观念、方面的影响,因此,教育者输出的思想信息,必须与教育对象利益相关才会有效,思想政治教育内容要真正使教育对象认知、接受、认同、内化,并最终外化为行为,教育者输出的思想信息必须反映利益,这样的思想政治教育才具有针对性。

当然思想政治教育在利益导向中不是万能的,我们不能无限夸大其功能;思想政治教育对利益导向也不是唯一的,需要与其他相关利益导向相结合,比如与法律、行政、经济等各种手段相结合,形成合力,共同优化人的利益行为,促进利益关系的和谐发展。思想政治教育结构决定思想政治教育有什么样的功能,但思想政治教育功能的实现程度除了受内部结构的决定外,外部环境和条件也起着非常大的影响作用。

(2)思想政治教育利益导向功能的表现

在社会主义市场经济社会,证实人的利己性并不是一件坏事,关键在于如何引导和规范人的求利行为。如何全面、准确地保障人的利益问题是思想政治教育利益导向功能的现时代内容。

第一,尊重个体利益诉求。

对利益的追求,是推动人们活动的动因。人们从事的一切实践活动,无不与利益相关。在人类历史的长河中,无论是人民群众从事生产、交换活动还是社会变革、阶级斗争的活动,无不是出于对利益的追求。当然在人们的逐利活动中是有自发和自觉之分的。当逐利活动是自发的时候,这样的活动

---

① 严春蓉:《思想政治教育利益导向功能研究》,西南大学2012年硕士论文。

往往是盲目的。当对自己所努力追求的东西有正确的意识，并能对自己行为做出准确判断时，人们的活动就是自觉、积极主动的活动。如何让人们产生自觉、积极主动的行为呢？就需要思想政治的教育引导。

只有尊重个体的利益诉求，才能激发实现利益的活力。毛泽东说过："马克思列宁主义的基本原则，就是要使群众认识自己的利益，并且团结起来，为自己的利益而奋斗。"① 尊重人民群众看得见的利益诉求，从而激发人们的利益斗志。物质激励有利于人们从思想感情和实际利益方面热爱所在的集体和正在进行的事业，积极主动地承担社会所赋予个人的责任。尊重物质利益诉求的同时，还要重视精神激励，思想政治教育作为精神生产实践活动，要给个人提供精神支持。物质激励和精神激励相结合，共同推动社会向前发展。

在现阶段，进行利益差别引导和教育，是尊重个体利益诉求的一种新形式。思想政治教育要帮助受教育者分析利益差别产生的原因。由于生产力发展不平衡、历史条件的限制、客观环境的制约等所造成的利益差别是一种普遍存在的客观现象。人们各自所追求和实现的利益在客观上可能有所不同是利益差别存在的客观原因，但是我们可以通过后天的努力、通过诚实劳动等途径缩小利益差距。思想政治教育要帮助人们正确认识现实社会中存在的利益差距，并坚信这种差距是可以缩小的，实现共同富裕是我们共同的目标。

第二，引导个体利益取向。

利益取向就是决定利益行为的方向和因素，是利益主体满足需要的愿望和动机。利益取向能够告诉人们：哪些谋利意识和动机是可以有的，哪些谋利意识和动机是要克制的；哪些利益手段是可取的，哪些利益手段是不能采取的；哪些利益行为合理，哪些利益行为不合理。思想政治教育引导个体的利益取向就是要向受教育者弄明白个人利益与集体利益、国家利益的关系，个人利益与他人利益的关系；要清楚局部利益与全局利益、眼前利益与长远

---

① 《毛泽东选集》第4卷，人民出版社1991年版，第1318页。

利益的关系。

在社会时空中存在着的现实的个人是包含着自然和历史，个体和他人、个体和类的关系的个人。一方面，"现实的个人"总是生活在一定的社会历史时空中，是过去、现在、未来三者的统一。因此，个体利益的选择，要受到社会环境、群体利益、长远利益的制约。另一方面"现实的个人"不是"孤立的个人"，也不是没有个体性的共性人。从空间上看，个人总是社会中的人，处于一定社会关系网络中某一个节点上的人，个人为了获取更多的利益，总是以某个群体的形象出现在利益分配中。在这一时空过程中，最基本的就是处理个人利益、集体利益和国家利益，局部利益和整体利益，眼前利益和长远利益的关系。

不同形态的思想政治教育对个体利益取向的引导是不同的。资本主义社会进行的思想道德教育就是提倡自由主义、个人主义和人道主义，千方百计论证资本主义制度的合理性和永恒性，极力维护资产阶级的根本利益取向。而社会主义的思想政治教育通过倡导共同富裕、集体主义、公正、发展、民主、和谐等价值取向来维护最广大人民的根本利益。从根本上而言，我国是人民当家做主的社会主义国家，在社会主义制度下，个人利益、集体利益和国家利益是一致的，暂时利益和长远利益、局部利益和整体利益是统一的。

第三，优化个体利益结构。

利益结构是各种利益要素按照一定的秩序和比例组成的整体，主要是指精神利益、物质利益各自在利益整体中所占的比例。利益结构集中体现的是物质利益和精神利益在利益整体中的相互关系。物质利益是指人们在生产或社会活动中所获取的基于物质生活方面的利益，主要表现为：人们对吃、穿、住、行、用等消费资料的占有，是人们进行社会活动或生产的基本动因，是人们安身立命的根本，物质利益更为直接地体现为经济利益。在现实社会中，经济利益成了其他利益的基础，影响和制约着其他利益的形成和发展。精神利益是指与人们的精神生活有关的利益，是满足主体生存、发展需要的一切精神生活条件的总和，主要内容以价值观念、宗教信仰、理想信念、文化、名望、自我实现等多种形式表现出来。物质利益和精神利益在人的利益结构整体中是辩证统一的关系。物质利益与精神利益是可以相互转化的。精神利益可以转化为物质利益，物质利益也可以转化为精神利益。只有物质利益与精神利益得到均衡发展，才能使人的利益获得最大满足。

在社会主义现代化建设过程中，我们曾犯过"以物为本"的错误，各行各业都以经济效益的好坏作为衡量得失成败的评判标准。物质利益、物质欲望充斥着社会生活的方方面面。改革开放的深入推进，过度的拜物教意识，享乐主义、拜金主义弥漫，这严重扰乱了人们的心灵，阻碍了生产发展和社会进步。思想政治教育加强利益导向，通过社会主义利益观的理论灌输，正确理清物质利益与精神利益的关系，使个体的物质利益和精神利益以恰当比例存在，达到个体利益结构的优化，促进个人的全面发展。

第四，调控个体利益行为。

人有谋取利益的本能，但是在一定时期内，利益的总量和资源总是有限的，不可能满足每一个人的利益要求。一个人、一部分人利益要求的满足可能会削弱另一部分人的利益要求。是采取损人利己，还是采用"合作共赢"的方式，达到利益最优呢？在巨大利益的诱惑面前，为了满足自己的一时私利，有一部分人就往往会不择手段、不惜采取不正当途径来达到目的。"天下熙熙，皆为利来；天下攘攘，皆为利往。"正是对人性中对利益追求的真实写照。思想政治教育要做的就是引导人们的利益行为要有底线：就是在追求自己利益时，要考虑到不损害他人的根本利益。社会是每一个主体有机结合的整体，需要每一个个体良序运行，社会才能安定团结，才能和谐进步。为了使绝大多数个体在利益面前能采取理性的态度，就需要从理论上使个体认识到个人理性逐利行为对自身、他人乃至社会的重要性。个人理性逐利行为的养成，不能离开思想政治教育。

2. 思想政治教育的利益整合功能

（1）思想政治教育利益整合功能的含义

一般说来，利益整合就是通过对利益主体间利益关系的协调，从而化解或缓和利益主体间的利益矛盾和利益冲突，形成有机社会利益共同体。从思想政治教育的角度来说，思想政治教育利益整合就是通过思想政治教育的方式，对社会成员进行合理利益观方面的宣传、教育，以此来提升不同利益主体的价值共识与思想认同，使社会系统中的不同利益主体能够为共同利益发挥作用，促进社会一体化的实践活动。针对我国正处于全面建成小康社会，实现"两个百年"奋斗目标和中华民族伟大复兴的重要时期，面对国内经济发展进入新常态，各项改革措施的稳步推进的同时改革也步入深水区，各种社会矛盾和发展的不平衡、不协调、不可持续问题日渐凸显，新形势要求进一步改进和加强思想政治工作，团结广大群众力量，创造良好舆论氛围，提高全社会思想道德水平。思想政治教育发挥其利益整合功能，一方面可以减少社会成员的对抗行为和离心作用，另一方面可以增加社会成员的向心作用，变消极影响为积极影响，在张力中寻求平衡与发展。简单地说，就是通过思想政治教育功能的发挥，实现凝聚人心、巩固政权、引导发展、化解矛盾、稳定社会的目的。

第一，在利益认同中维护社会良序发展。

社会稳定要获得民意基础，民意基础的关键是对政治的认同，对待当下中国的发展来说就是对改革的认同，可见政治改革的认同关键是思想的认同和稳定。人们思想的稳定就是为了维护社会稳定，将社会的思想、价值取向等，运用宣传教育等方式，有计划地向全社会成员进行灌输和内化的过程，在思想上统一，是政治稳定、达成改革共识的基础性工程。思想政治教育政治社会化的具体实现形式表现在：一是无论哪一个只要是处在一定社会中的成员，总是生活在一定的政治活动框架内，他们只要从事政治活动，就必须学习和领会政治知识，了解政党、国家的政策和方针，掌握法律规定的政治行为规范，熟悉公民的权利和义务。思想政治教育可以为人们的理性政治认知和理性政治行为，提供有效的帮助，它可以发挥它的载体，发挥自身宣传教育政治思想的优势，成为人们获取政治认知、达成政治认同的有效途径。二是思想政治教育对社会成员进行长期的政治熏陶、系统的理论灌输，一方面能够强化人们政治制度规范产生认同,对主流意识形态产生高度的认知,在长期熏陶过程中培养了人们良好的政治情感。另一方面,思想政治教育坚持柔性的人文关怀原则,通过心理疏导等机制,化解人们在社会转型时期,由于改革利益结构调整出现的思想问题,通过理想信念、改革宣传、对人的关怀等方面的教育帮助人们达成改革共识,树立对改革的信心,树立对中国特色社会主义事业的信心,提高对党的忠诚和信任度,对人们的思想和行为产生引导规范。三是在帮助社会成员政治社会化过程中,思想政治教育在坚持基本政治价值原则的前提下,要做到与时俱进,不断以新的适合社会发展的评价标准,以新的国家治国理念,校正人们政治价值评价,提高人们政治价值追求旨趣,帮助人们不断地调整和发展已有的政治认知,用科学合理的政治价值观评价各种政治现象,建立良好的政治态度、政治评价和政治行为,从而使政治稳定既保持在变动和稳定的张力之间,又能使社会成员的政治价值观形成政治认同,维护政治稳定。

第二,在利益观的内在认同中增强社会凝聚力。

凝聚功能是指通过思想政治教育,使群体成员之间相互作用、相互吸引,从而在认识上趋向一致,在情感上产生共鸣,形成内在凝聚力的功能。

思想政治教育要维护稳定的社会局面,必须增强我国社会的内在凝聚力。过去,我们在很大程度上是依靠个人对国家和集体的依赖,靠行政权力、权威崇拜等来凝聚社会力量。而在社会转型时期,利益群体不断分化,群体意识、个人意识不断增强,在这样的社会条件下,只能依靠社会化大生产的内在联系,依靠相互协作和共同利益,依靠民主管理和法治权威,依靠共同理想和价值观念来凝聚社会力量。思想政治教育通过灌输马克思主义政治思想,培养社会成员的政治价值观念,为党的政治实践进行政治动员,促使其社会成员对社会政治发展过程中的重大问题形成高度的政治认同,从而增强社会的内在凝聚力,为政治目标的实现提供有效的保障。在利益群体分化不断加剧、利益矛盾可能激化的情况下,思想政治教育的这一作用,尤为重要。

利益需求多元化导致利益观念多元化，利益主体的趋利动机越来越强，人们运用各种手段获取不同的利益需求，使社会利益分化加剧。社会转型使得利益观念转变，一方面会造就合理的利益需求得到表达，由于在计划经济体制下，国家被看成利益的主体，一切以国家利益为出发点，个人正当利益被忽略，而今利益观念的转变，使得过去一度被压抑的合理利益需求得以表达，人们对利益的追逐也逐渐公开。但另一方面又使得一些利益主体的利益观念中产生了诸如享乐主义、拜金主义、极端个人主义等不正确的利益观念，在这样的利益观念指导下，奢靡、攀比、浪费之风盛行，有些利益主体不择手段追逐利益，甚至采取违法手段获取利益，这必然导致利益主体之间的分化与冲突。利益观念可以说是利益矛盾的"催化剂"。"思想政治教育是社会整合的一种软权力，它通过利益观念宣传教育和说服引导，使社会成员形成所期望的行为原则，以此规范自己的行为。"[①] 思想政治教育通过说理、教育的方法，使社会成员正确地认识和处理好各种利益矛盾，从思想上协调利益关系，预防和化解社会矛盾；思想政治教育通过对社会主义集体主义利益观的宣传，使社会成员认识到个人与集体休戚与共的关系，使社会成员认识到差异基础上的聚合，并把这种认知与行动相统一，实现社会内部协调的有效的统一。

（2）思想政治教育利益整合功能的表现

尽管思想政治教育不可能直接调整或影响涉及利益分配的政策，但它可以通过健全利益表达、利益规范和利益补偿机制，实现其对不同利益主体之间利益分化与冲突的协调，实现对利益矛盾的整合功能。

第一，通过利益表达，增进不同主体间沟通和理解。

利益表达就是社会能够提供一种渠道，让不同利益主体的利益要求实现依法、有序地表达出来，尤其是让社会中弱势群体的利益主张能够表达出来，在依法的范围内搭建一个让弱势群体与强势群体进行利益博弈的一个平

---

① 吕艳华：《思想政治教育公众参与研究》，首都师范大学2013年博士论文。

台，以此能够保护弱势群体者的利益。由于弱势群体掌握的资源有限，在利益被侵犯的情况下，利益表达的渠道和途径往往就会受限制，但往往正是这些限制会积压下层民众的不满情绪，成为社会负能量爆发出来。健全的利益表达是执政党及时制定决策，解决问题的前提和依据；又是社会稳定的安全阀，它好比是一个泄洪装置在危险发生之前就起到一个预警和分流的作用。因此，认清当前中国社会利益主体与诉求的多元化，满足其利益表达需求，实现不同社会成员利益的相对最大化，是中国共产党和政府无法回避的问题。建立畅通的利益表达机制，是党和政府更好发挥利益整合功能、协调利益关系、化解利益矛盾、构建和谐社会的重要环节。

面对利益群体的不断分化、利益需求的日益多元化，国家的政策和制度既要最大限度地照顾到全体社会成员的共同利益，也要考虑到各个群体的特殊利益，必须尽快疏导正常的民主参与渠道，加强社会信息沟通的畅通，保证上下流通渠道顺畅，既能够做到下情如实上达，让社会上层尤其是管理阶层如实了解人民群众疾苦；又能做到上情及时下达，让人民群众及时了解国家大政方针政策和治理过程，增强治理的透明度、增强人民群众的监督力和知情权。上下拧成一股绳，形成合力。

思想政治教育工作虽然不直接涉及人民群众利益分配，不直接产生实际的物质利益，但是思想政治教育通过各种途径和方式，促进利益表达机制的完善，让不同利益群体的利益要求通过利益表达，增进相互间的认识和了解，既能明确自己的利益所在，规范自己的谋利行为；又能了解其他者或者群体的利益要求，增强利益之间的聚合。这样就可以为肯定利益差异、实现利益协调、达成利益整合打下基础，从而减少利益之间的矛盾和冲突，维护稳定。具体说来：一是增强重大事项决策的公开性与透明度，增强社会成员的表达权与知情权。提高地方性知识在政务决策中的地位，将地方知识精英以及普通民众的智慧与建议融入到权威专家意见中，提高政府决策的民主化与实用性。二是我们要畅通利益表达渠道，及时对来自于基层的利益诉求进行分析，研究其合理性和合法性。对合理合法的利益诉求，要进行综合整理，以便形成新的政策和制度；对不合理不合法的利益诉求，要进行解释和教育。三是建立诉求反馈的责任制度，对所有的利益诉求，都要有所反馈。对社会成员利益需求、实现政府与普通民众间的有效沟通。

第二，通过利益补偿，将解决思想问题与解决实际问题相结合。

随着市场经济的发展，人们开始由过去的"言不谈利"到关注、追求自己的物质利益。因此，在改革不断深入的新时期，把解决思想问题与解决实际问题相结合，是思想政治教育的必然要求。思想政治教育只有与解决人们的物质利益相结合，才能通情达理，具有说服力，才能调动人们的积极性。群众利益无小事，不解决群众的实际问题，不把群众的冷暖放在心上的思想政治教育，是苍白无力甚至有虚伪之嫌。

"利益补偿机制是对在改革中利益不应受损却又暂时受损的利益群体进行利益补偿的机制。改革是利益格局的变革和权力的重新分配，必然要暂时牺牲一些不该牺牲的群体的利益。利益补偿就是对改革中不应付出却又付出代价的群体的经济补偿。"① 在现阶段，在社会总体财富日渐增多，但社会财富还是难以实现在不同地区之间、不同阶层之间的流通，中国的贫困地区和贫困人口基数较大。这些需要利益补偿的群体主要是下岗工人和农民。改革综合获益指数最高的是私营企业主、国家和社会管理者、经理人员、专业技术人员，这四个阶层的综合获益指数明显高于其他阶层，他们是改革的最大获益者。改革综合获益指数最低的是产业工人、个体工商户、商业服务员工以及无业失业半失业者，这四个阶层的综合获益指数低于平均水平，他们是改革中的利益受损者。如果某一阶层或群体的成员感到他们的利益长期受损，将会增强他们对现实社会的不满情绪，进而引发不同利益主体的矛盾和冲突。②

利益补偿机制主要是指通过建立健全社会保障制度进行社会补偿。近年

---

① 刘卉：《中国社会现阶段利益群体研究》，河北大学 2005 年硕士学位论文。
② 蒋永穆：《社会主义和谐社会的利益协调机制研究》，经济科学出版社 2011 年版，第 4 页。

来，困难群众问题浮出水面，社会保障制度改革成为社会关注焦点，完善的社会保障体系是维护广大人民群众根本利益实现共同富裕的重要手段。它不仅关系到全体社会成员的切身利益，而且是市场经济运行的安全网，是社会体制正常运行的稳定器，使弱势群体的衣、食、住等基本生存条件得到最基本的保障，对弱势群体发挥保护作用，调节着贫富差距。

总的说来，利益补偿的建立受到两个因素的制约：一是富裕阶层的社会责任感普遍不高。在中国改革开放的过程中，相对于利益受损群体而言，形成了一批改革的获益群体。他们分享了大部分的改革成果，是改革开放的极大受益者。但部分富裕群体成员社会发展责任感不强、综合素质较低，与其较高的经济地位很不相称。他们中的一部分人不但不能发挥社会上层具备的积极的社会功能，反而会在畸形的社会结构中成为实现利益均衡的障碍。二是由于利益分配的失衡以及贫富间的差距拉大，使得贫困阶层对富裕阶层形成刻板化印象。个别富人道德素质的低下与歧视穷人的做法更是激化了这一矛盾，强化了穷人对富人"为富不仁"的刻板印象，加剧了二者之间的矛盾。

因此，思想政治教育的利益补偿应从以下三个方面具体着手。一是思想政治教育将社会保障体系的建立纳入其研究视野。对于困难群众的思想政治教育，除了及时全面了解其思想动态、加强其素质教育及学习外，更重要的是及时地为他们办实事，解决其实际困难。针对社会转型的利益受损群体，进行不同程度的利益补偿。虽然思想政治教育不能直接建立和完善社会保障体系，但是社会保障制度的健全，社会保障在有效缓解由利益调整所引起的社会矛盾，弱化改革风险，减轻社会震荡，对人民尤其是弱势群体疾苦提供保障，这无疑会对思想政治教育的有效开展起到促进作用。二是通过培育必要的、健康的社会组织作为社会弱势群体利益的代言人与其他利益团体进行博弈。为保障博弈过程的顺利实现与生成结果的有效，政府首先需要制定博弈的规则与监管体系。三是引导人们树立奉献观，用精神利益来激励主体，同时提高弱势群体自身素养，鼓励弱势群体奋发有为。

(二) 思想政治教育的利益激励和协同调控功能

从思想政治教育内部自身结构系统来看，思想政治教育具有内在、自生的利益激励功能；从思想政治教育系统与外部环境的相互作用来看，思想政治教育具有与外界环境相互作用形成的利益协同调控功能。

1. 思想政治教育的利益激励功能

(1) 思想政治教育利益激励功能的含义

思想政治教育的激励功能是指思想政治教育"通过各种有益的方法，激励人们形成积极的动机，鼓励他们在学习、工作和劳动中表现出高度的积极性、能动性和创造性"[①]。思想政治教育将一定社会发展和人的发展所需要的政治观念、道德观念、理想信念等转化为受教育者内心信念，是实现思想政治教育目标的前提。而将内心信念外化为其积极的行为才是最终目的，激励功能则是实现这种"外化"最重要的手段。激励功能是思想政治教育最现实、最直接的功能。

思想政治教育的利益激励功能让大家都"从自己本身出发"，通过自己的劳动来实现个人利益。如何理解"从自己本身出发"呢？一是从个人谋利来看，他总是从维持个人生命的存在出发，从发展个人的社会性需要出发的，但这样的谋利出发点并不就是利己主义或者是狭隘的个人主义，这是从对个体主体性出发的，是对个人利益的尊重，是一件必要的好事。列宁在1921年总结十月革命胜利后的实践时指出，完成社会主义的经济任务不是直接凭热情，而是要"依靠从个人利益，依靠同个人利益的结合、靠经济核算"[②]。毛泽东也强调，必须以农民对个人利益的关心为基础，要给农民以经济利益上的刺激、鼓励和推动。不关心个人利益，是不会得到什么结果的。应该善于关心，这是利益激励功能发挥的前提。二是通过自己的劳动，这样的劳动手段和劳动方式是值得探讨的。是诚实合法劳动，还是损人利己的劳

[①] 王学俭：《现代思想政治教育前沿问题研究》，人民出版社2008年版，第375—376页。
[②] 《列宁专题文集论社会主义》，人民出版社2009年版，第247页。

动？思想政治教育利益激励功能所发挥的就是我为人人、人人为我的诚实合法劳动。

（2）思想政治教育利益激励功能的表现

新时期思想政治教育激励功能的发挥遇到了前所未有的挑战，需要适时地加以调整，从利益激励的维度来看，首先要尊重、关心现实的个人利益需求，引导和满足现实的个体的正当合理的利益要求。裴士连从新时期军队思想政治教育的视角，认为"广大官兵被信仰激励的程度，既取决于以马克思主义为主导的价值观念体系被官兵接受的程度，又取决于官兵的利益需求被满足的程度"[①]。其次要尊重个人自我发展的需要，满足提高个人素质的利益需求。这是思想政治教育增强利益激励功能吸引力的新的生长点。思想政治教育要坚持发展共同利益与发展个人利益兼顾，激励人们向积极的方面发展，发展个性，但又尊重差异，实现和维护共同利益。再次发挥精神利益激励的作用，注意提高人民群众的思想文化素质，并用远大的理想、坚定的信念、高尚的情操，唤起个体巨大的精神力量。

2. 思想政治教育的利益协同调控功能

（1）思想政治教育利益协同调控功能的含义

思想政治教育的协同调控功能就是指在思想政治教育结构内部各要素组成的内部系统与外部环境之间相互配合，协调发展，共同发挥作用，促使利益关系系统良性发展。该功能是对各要素之间及其与环境之间关系的本质揭示。理解思想政治教育的利益协同调控功能要把握两点：一是思想政治教育有能力调控人们的利益问题，我国在利益协调机制的建设中要注重并把思想政治教育的协调利益功能纳入进来。二是思想政治教育由于不能直接参与利益分配，因此思想政治教育的调控功能有其限度，要与其他利益调控的手段相结合，共同发挥利益调控功能。理解思想政治教育的利益协同调控功能需要注意以下两个问题。

[①] 裴士连：《新时期军队思想政治教育激励功能的调适》，载《南京政治学院学报》，2005年第6期。

第一，思想政治教育利益协同调控功能的可能。

维护社会稳定是一项复杂而又庞大的系统工程，它需要各种手段和措施多管齐下，它需要行政的、经济的、文化的等各个领域综合治理才能奏效。但这些领域中，贯穿其中具有"生命线"的意义，是对各种治理手段起催化剂作用的，就是做好人的思想政治工作，由此，思想政治教育在维护社会稳定方面应该主动担当起这份责任。一方面，思想政治工作是"经济工作和其他一切工作的生命线，是团结全党全国各族人民实现党和国家各项任务的中心环节，是我们党和社会主义国家的重要政治优势"[1]。习近平站在党和国家全局的高度，指出"经济建设是党的中心工作，意识形态工作是党的一项极为重要的工作"[2]，深刻阐释了中心工作与意识形态工作的定位和关系，思想政治教育的真正价值和意义就在于保证经济建设和其他一切工作的正确方向，并为经济建设和其他一切工作的健康发展提供服务。如果没有经济建设这个物质基础，思想政治教育工作便失去了根基。对于中心工作来说，为了保证中心工作的正确方向，思想政治教育必须为中心工作提供强大的精神动力，让更多的人以更大的干劲、更饱满的热情、更多的智慧投身于经济建设。如果思想政治教育工作这一手抓得不够硬，就会造成思想混乱，逐步丧失引领社会、凝聚人心、推动发展的精神动力，从根本上缺少保障经济健康持续发展的思想保障。另一方面，目前我国利益群体的矛盾和冲突还在可调控的范围内，思想政治教育由于其从内因入手解决矛盾，因而是最积极的方法。思想政治工作做好了，就可以避免和减少人为造成的矛盾，即使在客观上遇到了矛盾，也能够正确解决，避免矛盾激化。因此，一个良好的思想政治教育体系无疑是实现和谐社会体系的强力内在推手。正确认识利益群体分化的现实，并对由此引起的利益矛盾进行有效的整合，从而维护政治稳定，促进社会发展，是思想政治教育在转型时期所面临的一项艰巨任务。

---

[1] 《江泽民文选》第3卷，人民出版社2006年版，第74页。
[2] 习近平：《意识形态工作是党的一项极端重要的工作》，载《党史纵横》，2013年第10期。

第二，思想政治教育利益协同调控功能的范围。

既要重视思想政治教育对协调利益关系的功能，又要注重其他手段对调节利益关系的巨大作用，把思想政治教育与其他手段结合起来。既然思想政治教育是满足人民群众利益需要的重要途径，那么，仅仅靠思想政治教育能否满足人民群众的所有利益需求？这就涉及对思想政治教育功能局限性问题的认识，我们既不能把思想政治教育的利益调控功能贬低到一无是处，同时也要防止把思想政治教育无限上纲上线，夸大其作用。这同样可以用利益合理化的原则来说明。因为满足群众的利益诉求是一个极其复杂的问题。思想政治教育的利益调控功能在于协调利益关系，使利益关系达到合理化，而满足利益需要并不等同于利益关系合理化。思想政治教育利益协同调控功能有其限度：一方面，仅凭思想政治教育是不能完全阻止不合理利益的追求；另一方面，仅凭思想政治教育也不会自然而然导致机会均等。思想政治教育能做到是：合理的利益得到肯定和保护，不合理的利益追求和获得应受到谴责和惩罚。因此，我们主张思想政治教育利益协同调控就是要把思想政治教育与法规制度、经济制裁等手段相结合，用法律的强制力、用经济的实际制裁等来调节利益的追求，依法有据保障合理的利益，预防和消除非法的、不合理的利益。

（2）思想政治教育利益协同调控功能的表现

第一，消融功能。改革开放启动和增强了人们对利益的要求。"这些要求有些是合理的、现实的，有些是不合理的、不现实的。同时，由于利益多元化，个人和群体生发出不同的利益和要求。它们有时是一致的，可以相互容忍的，有时是相互矛盾和排斥的，为避免利益冲突的混乱和无政府局面，理顺各种利益关系，保障人们的合理要求得到实现，必须建立利益协调机制。"[①] 思想政治教育利益协调消融功能就在于：一方面能帮助个人、群体明确自己的利益和要求，并明确实现自己的利益和要求的合理手段和途径，从

---

① 刘晓凯：《中国社会阶级阶层结构变迁中的利益分化与政治稳定》，东北师范大学2005年博士学位论文。

而为个人和群体向合理的利益目标努力而明确方向。另一方面,思想政治教育的利益协调还在于不仅能使个人和群体了解自己的利益和诉求,还能看到与自己相关联的他人的利益和要求,并知道群己我他之间的关联关系,避免只顾本人而不顾他人利益和要求的倾向,尊重人们在利益追求上的差异,协调人们之间的利益关系,增加社会成员的聚合力和向心力。为此,思想政治教育要充分发挥对社会主义利益观的教育,并把各种有效手段与其他机制相结合,发挥合力作用。

第二,缓冲功能。"开辟多种经常性和制度化的渠道,供人们发泄不满情绪,避免灾难性冲突的出现。德国人种学家舒尔茨创造的'排气孔'一词,原意是用来指原始社会中为被压抑的群体提供制度化出气口的习俗和制度,现在引申为社会为社会成员提供释放敌意的出口。冲突论者科塞认为,发泄敌对情绪对社会具有安全作用。"① 社会要建立起一些具有安全阀作用的渠道,在不危及社会根本制度的前提下,让民众合法的意见表达出来,以削减社会存在的诸多矛盾和冲突。思想政治教育通过与其他手段的协同调控,疏解社会成员宣泄和表达自己的利益愿望,从而松弛社会内部人与人利益关系的冲突和对抗而产生的紧张,消减不满情绪。同时思想政治教育这种柔性管理和心理安抚还表现在,它能够通过及时调适社会矛盾和冲突的强度和烈度,这种安全阀重要性就在于协调人与人之间的利益关系。尽管利益冲突的一时缓冲并不等于利益冲突的彻底解决,而只是利益冲突激烈程度的减弱。尽管利益冲突的缓解也只是利益协调的初级目标,但是只有在利益冲突缓解的基础上,才能保持社会稳定,才能在过程中建立起合理有序的利益制度,实现更高的利益调控目标,达到利益和谐的状态。

---

① 刘晓凯:《中国社会阶级阶层结构变迁中的利益分化与政治稳定》,东北师范大学 2005 年博士学位论文。

三、思想政治教育利益功能的独特作用

在社会主义市场经济社会，确认和证实人有利己性是前提，问题的关键在于如何引导和规范人的求利行为，如何全面、准确地保障、规范个人的利益问题。同时，在不同的利益主体之间如何协调各种利益之间的矛盾。这些是思想政治教育利益功能的独特作用。思想政治教育的利益功能是如何具有这些独特作用的呢？

（一）尊重利益主体的正当利益诉求

现实社会中的各种社会关系，如经济、政治、文化等关系，都是通过"利益"表现出来的。个体抑或是群体，其思想和行为无不受到"利益"的纠缠。而思想政治教育正是做处于各种社会关系中的人的工作的，倡导和体现以人为本。这就要求教育者必须从利益的角度——这一体现人的根本属性的因素入手开展思想政治教育，把利益问题作为思想政治教育的中心问题之一，尽量满足人民群众正当的、合理的、科学的、理性的利益需求。

1. 利益主体的利益诉求具有客观性

作为利益主体的人（个体或者是群体）在现实的社会生活中都要为获得维持自身生存的物质利益而奋斗（满足自己的吃喝住行等活动）；同时还要为自身存在的价值即精神利益而奋斗。人具有的自然属性决定了人是自然界的一部分，有与其他动物类似的本能，要从自然界中获取养分，维持生命和物种的延续，人在改造自然中获得自身的利益需求；同时也决定了人受自然规律的制约，人的利益诉求要在自然法则和自然承受的范围内。人的社会属性是在实践活动中结成的人与人之间的关系，它是在自然属性的基础上产生发展起来，是人的本质属性。人之所以与其他物种相区别就在于人具有自觉能动性，能通过生产劳动，有目的有计划改造世界，满足自己的各种物质精神利益诉求。同时，现实的人在改造世界中总是处于一定的社会关系中，处

在一定的政治、经济、文化、法律、生态、道德的关系中，总是处在一定的血缘、地缘、业缘关系中。无论是从人的自然属性还是从人的社会属性来看，都客观地存在着对自身利益的追求。

2. 利益主体的利益诉求具有时代性

作为利益主体的利益诉求是一个动态发展的过程。西方资本主义社会认为，经济活动事实上都是从利己的动机出发的。爱尔维修明确提出"利益支配我们的一切判断"①，亚当·斯密的"经济人"学说中强调，利己主义是前提。但资本主义社会不同时期对个人主义认识是不同的，资本主义市场经济从萌芽到发展和完善，对个人利益认识经历了利己主义、极端利己主义、合理利己主义等几个主要阶段。我国在价值取向和利益追求上与西方相反。

革命战争时期，毛泽东指出"我们不能饿着肚子去闹革命"，抗战时期正确的方针是"发展经济，保障供给"②，在实际工作中坚持解决思想问题与解决实际问题相结合，调动了群众的革命热情，团结了一切革命的力量，领导了社会主义革命的胜利，建立了无产阶级政权。

计划经济时代，人们利益动机被束缚在维持生计的限度内，社会整合方式依靠超经济的政治权力和政治身份。"有时为了政治需要，维持生计的动机也要受到遏制打击，个人坚决服从整体。此时，劳动者成为国家的主人，生产资料共有，人们之间结成互助合作关系，在以集体主义为核心的共产主义道德规范体系指引下，有力地抵御了反动势力的攻击，保障了社会秩序的稳定。然而此时的进步是建立在经济发展极度缓慢基础上的。随着生产力发展，体制转轨就成为历史的必然。"③ 当然，计划经济时代下的集体主义道德规范体系在经济体制转轨中并不是完全处于失语状态，"它会以特殊形式渗透到社会主义市场经济伦理精神当中，且以观念的形式限制人们不合理的行

---

① 北京大学哲学系编译：《十八世纪法国哲学》，商务印书馆1963年版，第457页。
② 《毛泽东选集》第3卷，人民出版社1991年版，第868页。
③ 杨永祺、赵秋静：《新时期利益原则的时代思考》，载《行政与法》，2007年第10期。

为"①。勤俭节约、艰苦奋斗的品质、反对官僚主义、禁欲主义的工作作风，对当代党员建设起到了榜样示范作用。

市场经济是以经济主体对自身利益追求作为驱动力的，市场经济的主体都是具有独立人格、自主意识、权利平等的主体。而在个体主体身上个人利益、个人需要追求的正当性、合理性，强调个体在群体即社会中的地位和价值，强调个体的权利和利益，因而就需要现代性思想政治教育正视这种合理性的需求。改革开放以来，随着市场经济的发展，个人牟利逐步张扬，个人合理利益得到承认。"邓小平把个人的求利行为纳入解放和发展生产力的动力结构中，提出要勇于承认和鼓励个人在不侵犯社会和他人利益的前提下追求自身的经济利益。邓小平对个人物质利益追求给予了道德上的充分肯定，对于以集体主义为价值取向的中国来说，这无疑是思想观念上的一次重要革命，为市场经济的发展壮大提供了思想上的支持。邓小平提出的公平—效率原则为市场经济中研究'道德'与'市场'这对最为困惑的矛盾打开了缺口。"②

3. 引导、升华利益主体的正当利益诉求

利益是思想政治教育的基础和出发点，思想政治教育要自觉承认和关心人们的切身利益；思想政治教育能引导、升华受教育者的利益需求，二者是相互促进和相互统一的。所谓正当利益诉求是指符合广大人民群众的根本利益和当前社会道德规范，并与社会生产力的发展水平相一致的利益诉求。对个体合理利益诉求的满足，是跨越教育者与受教育者之间"卡夫丁峡谷"的动力，是实现思想政治教育利益功能的基础。

从中国无产阶级革命到社会主义建设实践的过程中，可以看出我国在利益问题上经历了：不言个人—敢于言利—积极求利的过程。不同时期，我国社会的利益价值取向是不同的，革命战争时期注重的是革命阶级的生存需要，计划经济时期偏重政治整体需要，转型时期偏重个性发展的需要。改革

---

① 晏辉：《社会主义市场经济伦理基础之重建》，山西教育出版社1999年版，第283页。
② 杨永祺、赵秋静：《新时期利益原则的时代思考》，载《行政与法》，2007年第10期。

开放三十多年，随着经济体制改革的深入，个体的利益动机普遍得到肯定，极大释放了个体谋利的活力，在现实生活中，人们往往以是否获利成为人们成功与否的最主要衡量标准。在处理个人利益问题时，由于计划经济时代的身份限制和市场经济的利益标准的双重作用，使得人们对个人利益态度差异较大。存在"过"与"不及"的情况，致使在思想政治教育过程中，一方面德育工作有脱离市场经济大胆言利之嫌，仍然束缚在传统集体主义道德思维的框架内，亦步亦趋；另一方面教育对象受看得见的实际"利"的引导和驱使，积极求利。针对两方的反差，思想政治教育要纠正利益问题的不足，一方面自觉承认和关心人们的切身利益；另一方面引导、升华受教育者的利益需求。既处理好个体利益与集体利益的关系，使个体认识到个人理性逐利行为对自身、他人乃至社会的重要性。通过对社会主义集体主义利益加以赞扬，对极端自私自利行为予以谴责和遏制来使受教育者明确利益是非，协调利益关系。

（二）调整利益关系中的利益矛盾

在现实社会中利益关系包括三个方面：一是利益主体之间的关系即不同的社会主体在社会中的关系。二是利益客体之间的关系，即不同的利益客体之间的关系。三是利益的主客体关系，即利益主体和利益客体之间的关系。

1. 利益关系主体的利益冲突

"利益关系主体就是在一定的社会关系中从事生产活动或其他社会活动，以便从中实现自身的利益需要和社会价值的个体或群体，也就是利益关系的追求者、承担者、实现者、消费者。"[①] "不同形式、不同内容、不同性质的利益关系和利益矛盾，自然要通过利益主体来传递。利益关系、利益矛盾是利益主体之间的关系和矛盾。"[②] 作为利益关系的主体，可以分为个体、群体和类主体。利益关系的个体就是现实的个人，就是具有历史性、现实性和实

---

① 王继全：《马克思主义利益观视域中的思想政治教育》，苏州大学2012年博士学位论文。
② 王伟光：《利益论》，人民出版社2001年版，第90页。

践性的处于一定社会化关系中的活生生的每一个个人。利益关系的群体和类就是由每一个现实的个人所组成的集体，小到组织，大到一个国家、社会乃至人类。个体主体是利益关系主体中最小最基本的单位，因而分析利益关系必须从这个最基本的元素出发，从个人的历史和现实的视角出发。就人类社会历史发展的过程而言，作为主体的人，其利益每时每刻、无所不在地处于一种错综复杂、互相影响和不断变化的关系之中。这种复杂的利益关系，从主体的数量讲，存在着一个和一个、一个和多个、多个和多个主体之间的利益关系。

利益关系主体的利益冲突就主体数量来说就分为两种类型的冲突：一是作为利益关系主体的个体之间的利益冲突来说，作为利益关系主体的个体具有自然属性和社会属性。自然属性是个体的人存在的基础，社会属性是其本质属性。作为利益关系主体的个体总是以一定的生产方式从事一定的生产活动，并且在生产过程中结成一定的生产关系，且在生产关系基础上产生政治、思想、道德、法律、艺术、宗教等的社会关系，正是在这些社会关系中，不同的利益主体个体在追求自身利益时就会表现出他们各自的自主性、选择性和创造性，利益矛盾和冲突在所难免。二是利益关系主体的群体或者类（家庭、集体、集团、国家、社会、人类等）之中不同个体与之群体和类之间的冲突。由于群体是由代表不同立场、不同身份、不同利益的不同的个体组成的，每一个个体有差别，每一个个体组成的群体有差别。在群体之中，也会存在不同利益的不同的个体与群体利益之间的矛盾和冲突。

利益关系主体的利益关系就性质来说表现为三种性质：从主体利益关系的性质看，利益关系存在着同、反、异的关系。所谓同，即各个主体之间的利益是相同的，因而利益关系的性质可能是合作的关系。所谓反，即各个主体之间的利益是相反的，由此产生的利益关系可能是对抗性质的。所谓异，即各个主体之间的利益存在着差异，这种差异使利益关系在现实中的反映可能处于矛盾的、不稳定的性质和状态。

各个利益主体之间的利益关系的矛盾和冲突是由利益主体之间的利益分

化引起的。利益分化就是利益主体间的利益流动。在原始社会，由于人与人之间的利益关系都是原始的依赖关系，人与人之间的利益流动非常微小，利益主体之间对利益表现出的是"共享"的关系。随着生产力水平的提高，出现了劳动产品的剩余，出现了利益主体之间的贫富分化，剥削阶级和统治阶级开始了对广大劳动者的劳动所得进行最大限度的利益压榨和剥夺，被统治阶级的利益得不到回报和重视，利益分化严重。被统治阶级为争取自己的合理利益努力抗争，统治阶级则极力想方设法维护自己的既得利益，阶级斗争一直贯穿在阶级社会中。尽管在人类历史的长河中，不同的社会会有不同样态的利益分配方式，但是因为利益分化引起的利益主体之间的矛盾和冲突几乎是贯穿在人类社会生活始终的问题。

在我国，改革开放的进程中利益重新洗牌，利益格局调整，利益分化的过程与改革的过程是同步的。改革开放打破了既往的利益格局和利益关系，使得整个社会的利益在新的原则下进行着重组和转型。不同的利益个体和群体在市场经济体制推进过程中产生了利益分化，在劳动收入、生活方式等方面迅速拉开了距离，利益差别凸显。在市场经济条件下，利益主体之间的利益差别和分化最开始表现在经济利益层面，从而迅速在生活方式等其他方面的社会关系中也开始形成新型的利益关系。在这个发展过程中，利益总量是在以前所未有的速度迅速累积的同时，利益主体之间的利益差别和利益分化也在不断拉大。突出表现为城乡之间、区域之间、行业之间、经济与社会之间发展不平衡。从最根本的原因来看，导致这些矛盾产生就是在于利益的分配与利益斗争。

有了利益主体之间利益关系的冲突和争夺，就需要利益的调整和化解。利益主体之间利益关系的调整和化解是解决社会矛盾的有效方法，是我国社会稳定与和谐发展的基础，是推动经济社会发展的动力，构建社会主义和谐社会的过程就是妥善处理各种矛盾、不断消弭各种利益冲突、增加利益关系和谐的过程，在这一过程中要正视利益冲突和分化，找到化解利益矛盾的途径和方法，思想政治教育无疑就发挥着这一重要功能。

2. 利益关系客体的利益冲突

客体是相对于主体而言，哲学意义上的主体是指对主体有认识和实践能力的人，客体是指主体以外的客观事物，是主体所认识和实践的对象。在现实生活中，利益关系的主体不论是个体还是群体，但归根到底是现实的社会的人。正是这样的现实的人为了生存和发展而对利益进行不断的诉求，而利益关系客体就是利益主体追求和满足的对象。利益关系客体从横向形态上可以概括为物质利益关系和精神利益关系，同时利益关系客体在纵向结构上随着利益格局和时代的变化，利益关系客体的结构也在发生变化。分析利益关系客体之间的关系就是看到社会发展中存在的利益结构变化问题，就是要看到社会发展中不同利益主体之间对待不同利益客体时的相互关系问题。

依据依附的客体不同，利益可分为物质利益和精神利益，经济利益、政治利益、文化利益、社会利益和生态利益。利益客体关系就是主体自身这一种利益与那一种利益之间的关系。物质利益和精神利益，经济利益、政治利益、文化利益等之间的关系就是一种利益客体关系。在利益的复杂系统中，物质利益是其他一切利益的基础；而其他一切利益归根到底受着物质利益的制约并为物质利益服务。唯物史观认为，作为社会基础的生产关系实质上就是人们之间的物质利益关系，而文明社会中阶级之间的对立和斗争就是植根于这些阶级物质利益上的分歧和对立。"利益客体关系与利益主体关系是一致的，利益主体关系是因对利益客体的追求、分配而引起的人际社会关系，利益主体关系是通过对利益客体的认识态度、分配形式、满足程度而产生的。一定的利益客体关系背后必然隐藏着一定的利益主体关系。"[①] 从某种意义上说，利益主体关系揭示的是一个社会发展的依赖力量，而利益客体关系揭示的是一个社会发展的基础和现实目标。利益客体关系是影响社会健康发展的一个重要因素，因此，不能专注于利益主体关系而忽视了利益客体关系。

---

① 王伟光：《利益论》，人民出版社2001年版，第140页。

（1）物质利益关系客体的分化与冲突。社会主义初级阶段生产力落后，用于满足人民需求的物质生活资料与人们日益增长的物质生活需求之间存在差距，这样在物质利益关系客体总量与需求之间的关系就显得十分紧张，物质利益矛盾就显得十分突出。分配领域的物质利益分配差距的矛盾：客观存在的多种经济成分、多样化的分配方式以及现行体制尚不完善，具体的配套政策和措施，如社会保障制度、税收制度等尚不健全，这就致使人民内部的物质利益分配差距的矛盾显得格外突出。一般来说，物质利益矛盾大量地、经常地发生于分配领域，当前突出反映在群众收入水平的差距上。

（2）物质利益与精神利益关系客体在结构上的分化与冲突。利益结构主要是指物质利益和精神利益，生存利益、发展利益和享受利益在利益整体中所占的比例。利益是由物质利益与精神利益共同构成的，物质利益和精神利益是辩证统一的关系，我们所指的精神利益关系客体是除了物质利益之外的所有的利益关系客体的总称，它随着时代发展，内容也不断变化和丰富。它包括政治利益、文化利益、社会利益、生态利益等各个方面。只有物质利益与精神利益的均衡发展，才能使需要获得最大满足。随着改革开放的深入，物质利益充斥着社会生活的方方面面。社会主义现代化建设的初期，我们主要以经济效益的好坏来衡量改革开放的成败，致使一部分人过渡沉迷和醉心于追求物质利益、拜金主义和享乐主义开始盛行，严重阻碍了个人的发展和社会进步。如今，人们意识到精神文明建设的重要性，开始注意物质利益和精神利益以合适的比例存在，以达到利益结构的优化，促进个人的全面发展。同时，先进的意识形态，能使人的精神转化为强大动力，发挥更大的创造力，从而进一步调动广大人民群众进行社会主义建设的积极性。

3. 主客体利益关系冲突中的调整与化解

（1）思想政治教育对利益关系主体之间利益冲突的调整与化解

利益关系的主体有多种多样，不同的利益主体对利益的诉求不一样，就产生了利益的分化与博弈，就有了利益的冲突与矛盾，就需要找出调整和化解这种冲突的方法，即使由于历史时代的限制，也许不能一下子使利益冲突完全解决，但为了社会良序运行和发展，也必须把利益冲突和分歧控制在一定的范围内，即在可控的范围内。在现实中，我们虽然看到的和体会到的意识形态不一定直接和利益相联系，然而，从根本上说，社会主义意识形态是不能脱离利益关系的，维护好、发展好广大人民的根本利益具有十分重要的作用，思想政治教育利益功能定位就是为调整和化解利益关系主体之间的利益冲突助一臂之力。正是利益主体之间利益冲突和分歧有调整的需要和可能，思想政治教育对利益关系主体之间利益冲突的调整与化解的着力点就在于如下两个方面。

第一，以人的利益和需求为出发点是前提。

思想政治教育坚持以人为本的价值理念，以人的全面发展为目标，努力以政治教育为核心，注重思想、道德和心理等教育相结合；重视教育对象正当的利益诉求，满足其多方面的利益需求，坚持公平、公正、和谐、发展的利益原则，最大限度地提升人民群众的能动性，投身于社会主义和谐社会的建设中。当前，特别需要承认人的利益和需求的正当性。"必须对人民群众的利益诉求予以足够的重视，采用不同的方式、方法，把思想政治教育同物质利益、精神利益密切结合起来，正确对待不同层次、不同群体、不同个人的利益需要，才能有效地做好思想政治工作。"[①] 习近平指出，思想政治教育的力量在于一个"真"字，"要用真理说服人、用真情感染人、用真实打动人"[②]。越是真实的东西越能增进距离，思想政治教育要切实解决问题，起到引领、激励、塑造人的作用，就是要用真实打动人。思想政治教育要承认人的利益追求和需求的正当性，才能满足和协调各种社会主体、各部门之间的利益关系，并从现实多样性和复杂性的利益关系上去把握利益主体才有说服力。

[①] 王继全、陆树程：《和谐社会视阈中的思想政治教育利益原则》，载《思想政治教育》，2009年第6期。

[②] 中共中央办公厅、国务院办公厅：《关于进一步加强和改进新形势下高校宣传思想工作的意见》，中央政府门户网，2015年1月19日。

第二，寻求不同利益主体之间在差异基础上的一致。

不同利益主体在社会利益追逐行为中往往因排他性而成为利益冲突和矛盾的制造者。但在多数情况下，不同利益主体往往具有一致倾向。思想政治教育如何在利益主体之间保持差异需求的同时又能保持在公共利益创建上的一致？对此，思想政治教育要使社会成员认识到任何组织形态的组织行为在利益竞争这一最基本前提时，进行合法性认同教育。其次利益主体之间在资源、劳动成果的利益分配上，是竞争同时又是共享，如市场规则、参与行为等。再次是强化任何社会成员遵守的规则是相同的。一种是在公共领域通过利益表达交换各利益主体之间的意见，削弱对抗和冲突，减小差异性并达到政策创建的统一；另一种是各利益主体的利益优势之差异通过市场竞争客体导致资源配置流向，并在此过程中由规则和妥协达到互惠的目的。在这两套机制之间，思想政治教育的最大优势就是能够在尊重不同利益主体之间在差异基础上，所蕴涵自主自治的力量，这种力量可以有效配合政府权力，从而使政策创建更具有效力。

（2）思想政治教育在利益关系客体之间利益冲突的调整与化解

利益关系客体之间的利益冲突主要体现的是利益分配中的公平问题。"任何社会都不可能没有矛盾，人类社会总是在矛盾运动中发展进步的。构建社会主义和谐社会是一个不断化解社会矛盾的持续过程。我们要始终保持清醒头脑，居安思危，深刻认识我国发展的阶段性特征，科学分析影响社会和谐的矛盾和问题及其产生的原因，更加积极主动地正视矛盾、化解矛盾，最大限度地增加和谐因素，最大限度地减少不和谐因素，不断促进社会和谐。"① 现代思想政治教育的功能但现实的利益关系表现极为复杂，是由不同性质、不同特点、不同功能、不同类别的具体利益有机集合而成的庞大复杂的体系。思想政治教育的利益功能其中一个重要功能就是，使各种利益客体关系组成一个平衡、稳定和有序的系统，通常以下面的方式来实现。

---

① 《十六大以来重要文献选编》（下），中央文献出版社2008年版，第650页。

第一，通过思想政治教育功能的发挥实现利益客体总量的增加

利益客体总量的增加是实现利益客体分配的前提。利益客体总量的增加是绝对必需的实际前提，是因为："如果没有这种发展，那就只会有贫穷、极端贫困的普遍化；而在极端贫困的情况下，必须重新开始争取必需品的斗争，全部陈腐污浊的东西又要死灰复燃。"① 按照马克思主义的观点，生产始终是创造满足社会需要的使用价值、物质财富的"有用的具体劳动的生产力"。但我们强调的利益客体总量的增加，不是计划经济下的有增长无发展、有数量无质量、有产出无效益的强制增长，尽管计划经济体制下我们一直保持着高水平的积累率，但人民群众的生活一直在低水平徘徊，国家、老百姓不仅没有从这种粗放的增长方式中得到实惠，反而还为挥之不去的贫困、短缺所困。资源、环境，也日益不堪重负。

一个国家人民的生活水平、生活质量、生活方式，直接受制于其社会生产力的发展水平和富裕程度。如果生产力水平低下，将使利益客体长期不足，人们的基本生活需要就得不到满足甚至可能萎缩，也就根本谈不上基本满足面的扩充和满足层次的提升，利益客体不合理的状况将加剧。我国社会主义社会制度是建立在不发达的经济基础之上，生产力水平低下，人口众多，资源人均占有量不高，在现阶段，我们必须大力发展社会生产力，把发展作为第一要务。针对这一情况，邓小平曾经做出"发展是当前中国最大的政治"的科学论断，他指出：经济建设有关国计民生，"这就是今后主要的政治。离开这个主要的内容，政治就变成空头政治，就离开了党和人民的最大利益"②。这已经鲜明地指出当前人民最大的利益所在就是发展生产力，只有大力发展生产力，才能创造更多的财富，才能满足广大人民的各种需要。那么，思想政治教育与发展生产力有着什么样的关系？换言之，思想政治教育是如何通过大力发展生产力，不断增加物质利益的总量的呢？

显而易见，要大力发展生产力，增加社会物质财富，必须设定科学合理

---

① 《马克思恩格斯文集》第1卷，人民出版社2009年版，第538页。
② 《邓小平文选》第2卷，人民出版社1994年版，第150页。

的经济制度、政治制度和社会制度，必须制定出正确的路线方针政策，而设定制度和制定政策通常是在一定的社会价值导向下来实现。没有符合人民群众根本利益的价值导向作基础，就难以形成科学合理的制度和政策，无法促进社会生产力的发展。这就涉及思想政治教育本身的导向功能。以"文化大革命"为例，我们当时的思想政治教育的价值取向是"批判"，试图通过批判来实现社会主义社会的稳定和发展，进而维护和实现人民的根本利益，因此，适应这种价值取向、意识形态的一个核心的内容就是"以阶级斗争为纲"，把斗争作为社会主义建设的一种常态，随之而确立的各种社会制度和政策都是紧紧围绕着"斗争""批判"和"对立"而展开，最终的结果是生产力遭到严重破坏，人民群众的物质利益无法得到保障。同样，党的十一届三中全会以来，我们的思想政治教育在价值取向上由原来的"批判"转向"发展"，意识形态的内容相应地转变到"经济建设""发展生产力""共同富裕"上来，社会生产力得到空前发展，人们的物质利益需要逐步得到满足。总之思想政治教育作为化精神为物质，实现广大人民利益的重要手段，必须以自己独特的方式，引导人们把目光放在经济社会发展上，使人们放弃各种来自"左"和右的干扰，聚精会神搞建设，不断满足人们日益增长的物质文化生活需要。

第二，通过思想政治教育利益功能的发挥实现利益客体结构合理化追求。

马斯洛把人的需要分为五个层次：生理需要—安全需要—爱和归属需要—自尊需要—自我实现需要。最低级的是生理需要，伴随着每一种基本需要的满足，其后的需要便以一种连续的、波浪式的演进发展过程逐渐向高级需要过渡。人的行为就是以追求满足这种发展着的基本需要为动机的。马斯洛试图以需要层次理论为人的心理活动提供一个积极的动机理论，去揭示人的行为的内在动力结构以及人类需要发展上升的规律。尽管马斯洛的需要层次理论片面强调个人需要，忽视社会需要，带有较浓厚的个人主义色彩，他把需要层次看成是一种机械上升的固定程序，带有一定的机械主义色彩，忽视了高层次需要对低层次需要的反作用。虽然有局限性,但是马斯洛的需要层次理论强调对人的直接生命存在的重要程度的尊重;人的需要在发展中由低级向高级递进的次序的展开;强调从人的需要出发来研究人的行为;重视不仅仅从外界因素更加看重人们的实际需要和内心的思想意识研究人的思想行为。这些都对思想政治教育利益功能的发挥、实现利益客体结构合理化追求有重要启示。

"需要层次越高,自私的成分就越少,相对应地,利他性的东西也会越多,此时的需要就越符合社会道德。因此,我们要把利益客体结构合理化安排,以满足人的低级需要作为起点,进而引导人们的需要向高级需要发展。人们低级需要的满足为高级需要的发展创造了可能性,思想政治教育的适时引导,人的利益需要的层次自然会更上一层楼。"① 实践中,我们要与时俱进地调整利益需要的层次和内容,重视人的需要在发展中由低级向高级递进次序的展开,这样才能有效地调动人民群众建设社会主义现代化的积极性、创造性。我们在开展思想政治教育工作时,如果只重视精神激励,而忽视物质需要的满足,教育内容就不会激发人们的兴趣;如果只重视物质需要的满足,而忽视高层次的精神追求,就会使思想政治教育工作庸俗化。因此,我们既要坚持物质利益原则,又要兼顾精神需要的满足,从而引导人们的需要从低级需要向高级需要发展。

四、思想政治教育利益功能的发挥

(一) 形成人们合理的利益认知,引导利益行为

思想政治教育的出发点和落脚点都是人,就是做好育人的工作。而人不是机器,是理性和感性相结合的动物,要做好人的工作,首先就是要从思想

---

① 许丹丹:《利益认同:思想政治教育价值实现的基础》,载《中共山西省委党校学报》,2013年第2期。

的角度入手，转变其思想认识观念，从而才能引导其行为方向。现代行为科学为我们揭示出了个体行为产生规律"需要—动机—行为"。需要产生动机，动机外化为行为。但是人的行为不仅仅由思想动机决定，任何行为选择总能在其思想深处找到利益动因，人的动机和行为总是源于利益又指向利益。由此，"利益引发动机，动机支配行为，行为导向利益目标。而当主体的利益目标实现以后，又会产生新的利益需求，引发新的动机并支配新的行为，再导向新的利益目标，这就是人的思想行为源于利益而又指向利益的规律"[①]。思想政治教育利益功能的发挥的特殊性就是在遵循人的思想行为源于利益而又指向利益的客观规律基础上，发挥利益对于人们思想行为的根源性和支配性功能，提高思想政治教育实效性。

　　思想政治教育利益功能的发挥是引导人们在成对的利益需求中做出合理取舍的动态的过程。"思想政治教育要改造的就是人的不合理的利益需求结构，形成符合社会发展要求的思想观念和价值观念，这是思想政治教育的本质属性使然。主体的利益取向是指在成对的利益范畴比较中，主体对个人利益与集体利益、长远利益与眼前利益、局部利益与整体利益等进行选择、取舍。而决定主体利益取向的是他的价值观。或者更确切地说，利益主体的价值取向决定其利益取向。思想政治教育就是不断地通过价值导向作用影响受教育者的价值取向，进而促使其做出正确的利益取舍的过程。"[②]

　　思想政治教育利益功能的发挥是不断使个体思想状况适应社会发展需要的动态的过程。"当个体思想状况达到社会发展要求、实现平衡的时候，后者的发展又会提出新的要求，从而打破原有的平衡、开始新一轮的平衡。利益取向和价值导向的关系，其运动过程与此类似：当社会价值导向影响个体价值取向，从而使其做出符合社会要求的利益取向、实现平衡之后，社会发

[①] 佟明忠：《试论思想政治教育中的利益分析规律》，载《空军政治学院学报》，1994 年第 2 期。

[②] 贾海丽：《经济利益多元化视角下思想政治教育创新研究》，河北师范大学 2009 年博士学位论文。

展又会对个体利益取向提出新的具体的要求,新一轮的调节由此开始……'价值导向—价值取向—利益取向'的变动过程表明,价值导向和利益取向越趋于一致,利益引导效果越明显,思想政治教育越有效。"①

综上所述,思想政治教育利益功能的发挥要求:任何有效的思想政治教育在分析和解决其思想认识问题时,都不能离开受教育者的利益需求。并且,思想政治教育不能仅停留在单纯满足受教育者利益需求上,要以利益引导为重要内容,形成合理的利益认知,形成符合社会发展要求的利益需求,从而引导合理利益行为。

(二)在利益主体之间由利益认同上升到价值认同

正确处理好不同利益主体之间的利益关系,必须解决人与人之间存在的利益矛盾和冲突,做好人的思想工作,是一个非常有效的手段。而这其中由利益认同上升到价值认同,是思想政治教育在不同利益主体之间发挥利益功能的重要过程。

思想政治教育利益认同就在于确认每一个利益主体要用关系性思维来追求共同利益。"所谓认同,可以分为两个向度:就纵向而言,涉及'主我'与'客我'的关系;就横向而言,涉及主我与非我的关系。前者是一种自我的深度感和向内感;而后者则是自我与他人、自我与社会之间的社会关系,更多的是自我与他者、自我与社会之间的相互影响、相互造就的关系,自我认同就是在这些关系中的'我'的位置感和归属感。可见,自我认同集中反映了现代社会中个人如何用关系性的思维方式来处理'我'的关系。在主体自我的利益认同中,思想政治教育最主要的利益功能就在于处理好'主我'与'客我'的利益关系,更主要的在于建构好'主我'与'非我'的利益

---

① 贾海丽:《经济利益多元化视角下思想政治教育创新研究》,河北师范大学2009年博士学位论文。

关系，要实现对利益主体的利益认同。"① 思想政治教育对利益主体的利益认同表现在：其一是对个体、主体的利益追求的确认和维护的认同；其二在不同的利益主体关系之间确认对利益共同体的认同，处理好"主我"与"非我"的利益关系，主张利益共同体存在的利益事实和利益价值共享、为公共利益而奋斗。我党思想政治教育起源于人们日常生活的利益追求，存在于人们利益认同的关系之中。一方面实现利益主体对利益客体的合理化追求，另一方面也实现不同利益主体对利益共同体的认可。在这其中认清了个人利益与他人利益、个人利益与集体利益、个人利益与国家利益的关系，从而在利益认同中做出合理利益行为选择。

"利益认同的核心是价值认同。价值认同是维系社会存在和发展的内在凝聚力。一个社会，思想问题解决不好，缺乏基本的价值共识，就不可能实现强大的凝聚力。一个社会，没有一个全社会普遍认同的价值体系和价值评判标准来整合和引导，就很容易出现认同危机，导致人们思想混乱，社会犹如一盘散沙，导致社会动荡和分裂。利益认同问题的核心是价值观认同，价值观认同在最一般的意义上可被看作是特定社会的人们对现实生活的共同理解。现代社会中，交往的多元化和社会关系的丰富使人们价值取向的差异成为不争的事实。然而，对价值观多元化的肯定并不排斥多元价值观要具有共同的制约基准。相反，价值观的多元化只有建立在一定共同制约基准之上社会才能良序运行，社会整体利益才能得到维护。"② 思想政治教育必须做到从利益认同上升到价值认同，主要实现在于以下三个方面。

第一，通过对主流意识形态的价值认同来实现。

任何的社会良序发展不可能仅仅依靠刚性强制力手段来维护，在多元化社会中，提高意识形态在价值认同中作用尤为重要。对于意识形态的作用，

---

① 巩克菊、丁燕：《自我认同与价值共识——个人与社会关系的新阐释》，载《理论视野》，2013年第4期。
② 巩克菊、丁燕：《自我认同与价值共识——个人与社会关系的新阐释》，载《理论视野》，2013年第4期，第69页。

葛兰西有一形象比喻称其为"水泥"。对于由一个个不同利益和思想意识群体组成的社会来说，葛兰西认为，"意识形态就是'黏合'不同群体意识的'水泥'，其功能就在于把各种群体调和起来，以维护整个社会的统一"①。

思想政治教育的利益认同必须上升到可以用主流意识形态引领多元社会思潮，使社会成员心甘情愿地达成利益一致与合作。主要表现在，一是对利益主体关系的共同利益观的认同。"意识形态通过对美好理想的描述和对共同利益目标的设定，阐明个人利益和社会整体利益的关系，激励人们投身于社会共同事业，使每个成员从中体会到个人与国家、个人与共同体休戚与共的关系，从而唤起人们强烈的聚合心理，并将这种聚合心理上升为共同信念和奋斗方向，转化为统一行动。"② 二是对利益主体关系间利益矛盾协调的方式达成共识。思想政治教育通过对主流意识形态利益目标的宣扬，为社会成员提供了共同的价值取向和行为准则，就会必然影响人们之间生活和行为的合法化和有序化，从而增强人们利益认同，消解利益冲突，协调社会行动。思想政治教育就是用主流意识形态为社会成员提供统一的利益目标，共同的利益追求和行为指南，对人们的利益观念进行引导，对利益行为进行调适，这样，利益主体之间矛盾与冲突才可能得到理解与化解，妥协与合作才可能达成，集体利益行动也才能产生。

第二，实现核心价值观对多元利益观的引导和认同。

在我国经济体制深刻变革、利益格局深刻调整、社会结构深刻变动、思想观念深刻变化的新形势下，中国共产党提出来建设社会主义核心价值观的重大战略任务，十八大首次提出："要倡导富强、民主、文明、和谐，倡导自由、平等、公正、法治，倡导爱国、敬业、诚信、友善，积极践行社会主

---

① 叶政：《利益整合：和谐社会意识形态利益整合功能拓展的着力点》，载《中共天津市委党校学报》，2009年第2期。

② 叶政：《利益整合：和谐社会意识形态利益整合功能拓展的着力点》，载《中共天津市委党校学报》，2009年第2期。

义核心价值观。"① 它是社会主义制度的内在精神和生命灵魂，是立足于社会经济发展基础上的价值认同系统。思想政治教育要用社会主义核心价值观在国家层面的价值目标和要求、在社会层面的价值目标和要求、在公民个人层面的价值标准来引领多样化的思想观念和社会思潮，实现核心价值观对多元利益观的引导和认同。

复杂环境下如何在价值多元化的基础上增强社会主义核心价值观的思想政治教育极为重要。思想政治教育运用核心价值观对多元利益观的引导和认同主要表现在：一是全社会形成普遍奉行的价值准则和行为规范，引导人们树立正确的世界观、人生观、价值观，正确处理国家利益、集体利益和个人利益的关系，在尊重差异中扩大社会认同，在包容多样中增进利益共识。二是承认每一个个体谋求自身正当权益的合理性，又必须设定一定的限制性规则，制订一定的价值基准和伦理底线，以对之进行维护与调整，从而做到在承认并关注他人与自己有差异的价值需要时，将自己与他人的关系看作是相互性的关系，这是一种和而不同、异中见同的关系，每一个交往者就必须认真考虑主体间的利益牵扯，知道彼此需要什么，要遵从什么样的交往规则，必须达成核心价值观共识。

第三，通过社会成员对利益认同的内心认识上升到价值共识。

"价值共识不仅体现于规章制度中，更重要的是体现在社会成员的内心认识与情感认同中。每一个个体都深深地认识到社会共同利益是自身利益实现的前提与保障，一旦经过长久文化和教育的积淀与熏陶，内化到道德意识中，这种共识便奠定了制度稳定与社会和谐的基石。希尔斯认为'市民认同在本质上依市民社会的集体性自我意识为基础……集体性自我意识并不抹杀个人的自我意识；它只是通过个人自我意识的行动而影响个人行为。在另一方面，任何个人都不可能在毫不具备集体性自我意识的情况下生存。'这种集体性自我意识是价值共识形成的心理基础，它对于个体私利的不正当谋求

---

① 胡锦涛：《坚定不移沿着中国特色社会主义道路前进，为全面建成小康社会而奋斗——在中国共产党第十八次全国代表大会上的报告》，人民出版社2012年版。

必然会产生遏制作用。一个具有高度价值共识意识的个体对社会共同体会表现出相当积极的情感取向：对共同体目标怀有坚定的信念；愿为共同体的利益付出；有强烈地保持共同体成员资格的愿望。可见价值共识本身蕴涵着现代社会共同体与个人之间的和谐关系。"[1] 习近平指出，要"使核心价值观的影响像空气一样无所不在、无时不有"[2]，把党心、民心凝聚起来，稳定社会力量，团结人民群众，统一人民思想，巩固党的领导，保持社会和谐。

---

[1] 《马克思恩格斯全集》第3卷，人民出版社1960年版，第275—276页。
[2] 李维：《习近平重要论述学习笔记》，人民出版社2014年版，第268页。

第三章 利益多元化背景下我国思想政治教育面临的机遇和挑战

随着社会转型、市场经济发展和全球化的交流，利益主体围绕着利益博弈的过程就形成了利益多元化的格局。这种格局以利益主体多样化、利益客体丰富化、利益关系复杂化和利益观念活跃化为主要特征，既给新时期我国思想政治教育提供了新机遇，又给新时期我国思想政治教育提出了新挑战。

一、当代中国利益多元化的兴起

利益多元化是相对传统社会的利益均等化而言的。随着我国社会结构的转型、社会主义市场经济体制的建立以及全球化的交流，我国利益多元化格局逐渐形成。当市场成为资源配置的基本方式时，利益分配不是取决于传统社会结构下国家的意志，而是取决于市场和社会中的利益博弈。在博弈的过程中，任何一个具体的活动领域都生成利益，从中滋生出了分享利益的主体，利益主体围绕着利益博弈的过程就形成了利益多元化的格局。

（一）利益多元化的内涵和特征分析

关于利益多元化的国内外研究成果，学界还没有取得共识性的定义。相比较而言，国内外学术界利益分化的研究相对较多，但是利益分化包含在利益多元化之中，是利益多元化的表现或者特征之一，利益多元化涵盖的范围、内涵的涵括力都要比利益分化更为广阔,因此本书以利益多元化作为新时期的背景来分析。

1. 利益多元化的内涵

多元化即多样化,是相对于一元化、单一化形成的一个概念。所谓多元,一般而言应包含如下含义:"多个",即某体系范围内存在多种类型的主体;"分有",每个主体分别享有自己的利益;"共享",主体之间存在着一定的相互依赖的社会关系。由此,对利益多元化含义的理解应包含以下三个要点。

(1) 在一个利益体系之中,总是存在多个、多种类型的利益主体。当然这些利益主体不是杂乱无章地拼凑在一起的,而是由一定的社会关系所连接、共同存在于某一利益体系框架内。社会主义市场经济体制的建立,要求具有依法维护自身利益的主体存在。而在众多的利益主体之中,最基本的单元是个体利益主体,正是由于现代社会对个人追逐利益的合法性和正当性得到了普遍认可,利益主体地位才有了广泛的基础,个人在追求其利益过程中,在承认其他利益主体差别基础上,为了一定的共同利益也会结成各种利益群体或集团,形成一定的利益群体主体。

(2) 在一个利益体系之中,每个利益主体都是独立的、具有自主性、自为性。每个利益主体都是不依附于他人,不受他人支配,都有自己独特的地位,都分别占有自己的利益份额。利益的多元化是社会发展的必然趋势,能够促进社会进步,其原因就在于利益多元化意味着利益的自由,利益主体在利益的占有、实现方面存在着多元利益的自由竞争。利益主体在市场中自由竞争,实现利益的最大化,同时也才能在实现差异化利益基础上形成异中求同的共同利益,唯有如此,也才能真正为协调好各利益主体之间的相互关系打下坚实基础。只有在自由竞争中"分有"共同利益,每个利益主体才能够对复杂的利益关系做出恰当的安排。

(3) 在一个利益体系之中,各个不同的利益主体之间又是彼此制约、相互牵绊交织在一起的,虽然各利益主体都是独立的,为了各自的利益展开激烈的竞争，会出现多种形式的利益冲突，但这并不意味着他们之间不存在共同利益的诉求。共同利益在其本质上来说，是寓于特殊利益之中的，"共同利益在历史上任何时候都是由作为私人的个人造成的"①。所以，人并不是仅有私利的一面的，还同时存在着某种共同利益诉求，并对个人利益起着制约作用。如当前人类社会所普遍面临的全球性利益问题，就与个人利益息息相关。

综合上述，利益多元化就是在一个利益体系内，存在着多个、多种类型、独立的利益主体，各利益主体在利益目标设定、利益要求表达、利益获取方式选择、利益关系掌握和运用等方面表现出来的相互竞争而又博弈共存甚至有限对抗的客观现实和发展趋势。当前中国的利益多元化，是利益范畴实践形态诸变化的总称，但在这其中，利益主体多元化是基础。

2. 利益多元化的特征

关于利益多元化的特征，目前学界可谓众说纷纭：从利益结构的多元来分析，包括利益主体的多元、利益分配方式的多元、社会成员利益所得的多元等（孙锦华，1996）；利益多元化指利益主体和利益种类的多元化、利益自由竞争的多元、利益冲突的多样（叶传星，1997）；利益多元化包括利益主体多元化、利益分配格局多元化、利益关系复杂化（王伟光，2001）；利益多元化包括主体多元化、客体多元化、利益行为竞争性三方面内涵（汤可可，2002）；利益多元化是利益主体的多元化和主体利益的多元化（杨春福，2008）；利益的多元化包含着利益观念的多元化、利益活动的多元化、利益关系的多元化，由于利益主体对精神利益的追求日渐突出，精神利益的多元化实际上也已包含在其中（李维昌，盛美真，2011）；利益多元化主要包括经济利益主体多元化、客体多元化以及利益关系的复杂化三个方面的内容（张哲，2012）。

学者们对利益多元化特征表述会有所相同，但涉及的主要共同问题都包

---

① 《马克思恩格斯全集》第3卷，人民出版社1960年版，第275—276页。

含有：利益主体、利益客体、利益关系、利益实现等方面。其中，利益收入分配的结果、利益分配格局多元的表现、精神利益多元化等是利益客体的内容；利益竞争行为，利益实现的手段、途径则是利益关系的内容。据此，利益多元化的特征主要就是利益主体多样化、利益客体丰富化和利益关系复杂化。由于思想的解放首先是利益观的解放，利益观与思想政治教育的特殊重要性，我们也把利益观念活跃化单独列出来表述。

（1）利益主体多样化

利益主体多样化，是指个人利益独立化和多种利益群体并存的格局。社会主义市场经济承认物质利益并贯彻物质利益原则就使得不同利益要求组织化和人格化，形成利益主体多元化。党的十五大以来，我国的所有制结构发生了巨大变化。与此同时，公有制实现形式也开始多样化起来。这些变化的实质，是以群体利益独立化为特征利益主体的确认，与市场经济相适应的各种形式的社会群体组织应运而生，社会组织形式多样化成为我国利益主体多样化的重要体现。同时我国的经济体制改革，正是遵循着承认个人物质利益并依此构建经济发展动力机制的思路展开的：市场经济体制以承认个人利益的存在为前提，并把个人利益的实现作为社会利益实现的基础，这就助长了利益个体主体自我意识的形成与发展，个人的独特性日益得到丰富和增强，个体成为利益的主体。在下文中我们将对利益主体多样化的表现详细阐述。党的十八以来，我国经济发展步入新常态，经济发展的环境和条件已经或即将发生诸多重大改变，利益主体更加呈现出多元、多变、多样的特征。

（2）利益客体丰富化

利益客体丰富化就是指能够满足利益主体需要所指向对象日益丰富和动态发展变化。利益客体是利益主体所追求和满足的对象。利益不是一种纯粹主观的东西，人的利益的成立必须依附于一定的客观对象之上，通过对需要对象的获得、占有和分享而实现的，这种对象就是利益客体。不同的利益主体因所处的地位不同，利益观、价值观不同，其对利益的诉求也肯定不一样，利益客体自然就会表现出不同的形式。在不同的时代，由于生产力发展水平的不一致，利益客体展现的面貌也会不同，利益客体是一个动态的、历史的概念。就我国当前而言，我国的利益客体的丰富化不仅表现在横向领域的经济、政治、文化、社会和生态利益等多个方面；也表现在利益实现的层级结构的展开，及利益分配的非均衡化的特征。在下文中我们将对利益客体丰富化的表现详细阐述。

(3) 利益关系复杂化

利益关系复杂化就是指利益主体与客体之间，以及利益主体之间相互影响、相互制约。利益关系内在包含着一是利益主体与利益客体的关系；二是利益主体与利益主体的关系。利益来源于需要，但只有当需要主体与需要对象之间存在矛盾时，需要才转化为利益主体与利益客体之间的关系。由于人们在追求利益以满足自身需要的社会活动中，需要形成一定的利益团体或利益群体共同行动，彼此之间必然发生一定的社会关系，利益群体之间对利益的追逐会形成不同利益群体之间的利益矛盾关系，同一个利益群体里由于对利益的占有和分配不公也会形成利益矛盾关系，这样在利益主体和利益客体之间、不同利益主体之间就构成了整个利益关系的主要关系。在下文中我们将对利益关系复杂化的表现详细阐述。

(4) 利益观念活跃化

利益观念属于社会意识与社会信念，在一定意义上说，它可以确定个人、群体或社会的利益行为方式、交往准则、生活态度，也可以成为在特定的文明形态和特定的社会背景下生活的人们判断利益行为的是非、评判美丑、区分好坏、确定爱憎的主要标准。利益主体的思想观念制约着它追求利益的行为。利益观念的形成与变化，是人类社会发展变化的反映和体现。利益观念活跃化就是指，在一个人类共同体内部，由于存在不同的阶级和阶层，他们就会有这些不同的利益诉求、不同的生活方式，从而导致人们的利益观念存在着的差异和多样。但是，思想政治教育要解决的是如何使价值观的差异和多样是人们可以在不违反法律和触犯他人利益的前提下，在遵守公共集体利益的目标下，自由地选择、追求不同合理利益和善的生活方式。

在社会主义改革实践活动中,利益观念呈现出了一些新特点:

一是独立性增强。人们思想上的独立性往往是经济活动特点的反映。在市场经济体制下,人们追求个人利益的愿望更为强烈,符合社会要求的自我设计、自我发展越来越多地进入了社会生活,自主独立的意识不断增强。

二是差异性明显。不同的利益群体、社会角色和社会阶层,由于人们对经济和社会发展的价值期待不同,认识问题、观察世界的角度、标准、目的出现了许多不相同的方面,利益要求、道德观念、价值取向、政治诉求等方面就出现了明显的差异。

三是选择性强化。全球化、网络化发展,社会结构多层面的展开,人们的物质文化生活的满足方式日益丰富,满足内容日益多样,不仅可以在这个领域选择,也可以在另一些领域选择;不仅可以一次性选择,也可以反复多次进行选择;不仅可以单向选择,也可以双向选择甚至多向选择。

四是多变性凸显。随着市场经济和改革发展的深入推进,人们内心深处的观念冲突呈现出多变性、多样性的态势。这种多变性呈现出:一是变化的频率加速。由于科学技术迅猛发展,信息瞬息万变、信息的快速传播又加之各种新思想新事物不断涌现,加剧了人们的思想波动。二是变化的反复性增加。一样的思想问题,在某种条件下解决了,可能在另一种条件下又会出现。在此时解决了,在彼时又出现了。三是变化的复杂性加剧。人们思想变化的不确定性增强,受到纷繁复杂的社会环境的影响,人们的思想处于多向度、多线条的变化之中,可预测性减弱。

利益观念的这些新变化并不意味着利益观的正确性、科学性,倒是更加凸显了人们利益活动的复杂性,这对新时期思想政治教育把握人们的利益观的脉搏,正确引导人们的利益观念和利益行为提出了新的挑战。例如,对利益的逐利倾向导致企业在商业活动中采取各种机会主义行为,损害消费者利益。各种假冒伪劣商品损害消费者健康甚至生命等。这种造假的投机行为在中国之所以猖獗,就在于人们对不同利益观下的利益行为选择不一样,简单地打压是不能从根本上解决问题的。对于思想领域里这些纷繁复杂的矛盾,我们绝不能放任自流，而应当进行必要的和妥善的引导。思想政治教育就是要引导人们接受和弘扬进步、科学、健康、高尚思想，抵制落后、错误、消极、腐朽的思想，推动社会主义精神文明的发展和人类社会的进步。

（二）利益多元化的形成

1. 传统社会结构向现代社会结构转型

社会转型（social transformation）是以社会结构的变迁为主要内容的社会各个领域的全面变革，是社会由一种类型向另一种类型转变的过渡过程，是社会形态演变的一种特殊形式。在当代中国，所谓社会转型"是特指社会从传统向现代转型的变迁，或者说由农业的、乡村的、封闭半封闭的传统社会向工业的、城镇的、开放的现代社会变迁的过程"①。当代中国以市场经济建构为中介，实现的是从传统农业文明向现代工业文明、从传统的计划经济体制向社会主义市场经济体制、从封闭型社会向开放型社会、从同质的单一性社会向异质的多样性社会的转换。社会转型的直接目标就是建构社会主义市场经济体制，其最终目的在于创建有利于提升人的生存状态和实现人的全面发展的新型的社会关系结构。当代中国的社会转型是在经济转型基础上的整个社会结构深刻变革的过程，也是由物质层面的巨大变革导致人们的行为方式和思想观念发生着一系列深刻的变化的过程。

我国社会转型从1840年鸦片战争以来，大致可以划分为三个阶段：1840年—1948年为第一阶段，这一阶段以被动地对外开放、中西思想文化观念冲突、碰撞和政治动荡为特点。1949年—1977年为第二阶段，这一阶段以社会主义制度的建立和对社会主义现代化建设道路的探索为特点。1956年生产资料公有制的社会主义改造完成后，中国社会的利益结构表现出高度的整体性。"一方面，国家对利益资源实行垄断，使公有制成为社会唯一的利益源泉，个人利益只能依靠国家分配，社会成员形成对国家的人身依附关系；另

---

① 贺善侃：《当代中国转型期社会形态研究》，学林出版社2003年版，第27页。

一方面，国家使用强力禁止其他利益源泉存在，着力消灭公有制以外的其他经济成分，社会只存在工人阶级和农民阶级（知识分子成为工人阶级的一部分），即所谓的两个阶级一个阶层。政治经济一体化、经济生活单一化、利益主体同质化便是当时社会结构的主要特征。"① 1978年至今为第三阶段，这一阶段中国特色社会主义各项事业的蓬勃发展，社会主义计划经济体制向社会主义市场经济体制转轨，社会主义市场经济初步建立并不断完善，社会主义改革不断深化，进入到攻坚阶段，发展进入关键时期。"总之，中国后发型现代化的进程，处在前现代、现代和后现代的交汇点，处在几大文化体系全面冲突交流的旋涡中心，处在人类文明由主要依赖利用自然资源而发展向主要依赖开发人自身智力资源而发展的质变期，情况十分复杂，需要全新的理论支柱和意义支撑。"② 处于经济社会发展的重要战略转型期，正是中国社会主义现代化的复杂境遇，生产力时空分布参差不齐，不同的利益主体得以产生，精神意识领域呈现多阶段、多层次并存的复杂局面。本书的研究正是以此为背景，致力于探究当代社会转型时期，思想政治教育面对一系列新情况、新问题和新矛盾，为中国特色的社会主义现代化建设事业的顺利推进扫清思想障碍。

2. 市场经济的发展

传统社会主义高度集中的政治体制和经济体制，人为地抹杀了利益的多元化和层次性，导致了"大锅饭"和平均主义，扼杀了人们建设社会主义的积极性、主动性。建立社会主义市场经济以来，人们的思想解放了，被捆绑扭曲的各种社会利益挣脱了枷锁，于是利益多元化浪潮在全国范围内展开了。这表现在以下三个方面。

一是公有制为主体的多种经济成分同时并存的基本经济制度导致利益多元主体的存在。社会主义初级阶段经济是发展以公有制为基础的中国特色社会主义市场经济，与此相适应，必然存在各种不同的经营方式。如农业中实

---

① 潘红祥：《利益主体的多元化与宪政发展》，载《兰州学刊》，2005年第2期。
② 杨岚、张维真：《中国当代人文精神的建构》，人民出版社2002年版，第9—10页。

行的各种形式的家庭联产承包或联户承包责任制。在集体所有制企业中依据责、权、利相结合，实行承包经营责任制、资产经营责任制。还有大量涌现出来的私营企业、乡镇企业等。经营方式的多样化，也必然会产生出多种利益倾向的群体；不同的经济成分既有共同的利益，又有其特殊的利益。即使在公有制经济内部，由于所有权和经营权的分离，不同企业，甚至在同一企业的不同层次的经营单位，也存在某些相对独立的利益。所有制形式的多样化，不可避免地会出现利益关系的多元化，产生出诸多的不同阶层、利益群体和利益集团。

二是实行以按劳分配为主体的多种分配形式，导致利益客体来源的多元化。分配形式的多样化，是社会主义初级阶段利益客体来源多元化的重要原因。随着我国改革开放的不断深化，40年来利益来源日益多样化。不仅有劳动收入，还有财产收入、经营收入、身份收入等。中国共产党十五大报告提出了"按劳分配为主体、多种分配方式并存的分配制度"①。十六大报告提出："一切合法的劳动收入和合法的非劳动收入，都应当得到保护……放手让一切劳动知识技术管理和资本的活力竞相迸发，让一切创造社会财富的源泉充分涌流，以造福人民。"② 十七大报告进一步明确指出，要"创造条件让更多的群众拥有财产性收入"③。十八大报告强调"努力实现居民收入增长和经济发展同步、劳动报酬增长和劳动生产率提高同步"④。我国收入分配制度的不断发展和创新是利益来源多样化的制度基础。

三是利益需求方式的多元化。市场经济使人们的价值取向多样化。利益主体有的注重追求物质利益，有的注重精神利益，有的既追求物质利益也追求精神利益。人们的利益意识普遍觉醒，利益主体自主性和独立性增强。人们把个人利益放在了优先的地位，越来越多的利益主体向独立化方向发展，

---

① 《十五大以来重要文献选编》，人民出版社2000年版，第676页。
② 《十六大以来重要文献选编》，人民出版社2005年版，第12页。
③ 《十七大以来重要文献选编》，人民出版社2009年版，第30页。
④ 胡锦涛：《坚定不移沿着中国特色社会主义道路前进，为全面建成小康社会而奋斗——在中国共产党第十八次全国代表大会上的报告》，人民出版社2012年版，第36页。

从过去一味服从群体利益,到现在强调个人利益与集体利益的融合。在利益主体自主性和独立性增强的同时,利益主体间的利益矛盾、冲突加剧。当人们把个人利益放在优先地位考虑的时候,当层出不穷的新的利益主体重新参与利益博弈的时候,利益矛盾和冲突在数量上和规模上都得到滋长。同时,各利益主体之间的契约化关系和相互依赖性也在相应增加。

随着市场经济的完善和发展,利益多元化将会在更大范围、更深层次上展开。它将呈现一种更复杂的重组、分化、再分化的过程。对利益多元化局面要承认其客观趋势,只要加以正确的引导,就能使整个社会利益的发展出现一派生机和活力,为建立一种科学的合理的利益结构创造条件。

3. 全球化的交流

"社会化的人类是全球化的实质。"① 全球化是社会化的人类发展到一定阶段上呈现出来的一种必然趋势。马克思、恩格斯在《德意志意识形态》一书中,就曾将他所处的时代概括为"历史转变为世界历史"的时代。在如今,无论人们对待全球化的态度如何,一个不争的事实是,马克思当年所描绘的"世界历史"进程大大加快了,全球化发展已经成为当代最重要的特征。

从利益发展的视角来看,全球化是资产阶级利益在世界范围内随着世界市场的建立驱动发展的结果。马克思、恩格斯分析了全球化的利益驱动的根源问题:"不断扩大产品销路的需要,驱使资产阶级奔走于全球各地。它必须到处落户,到处开发,到处建立联系。"② 马克思、恩格斯分析了全球化的利益生产和消费问题"由于开拓了世界市场,使一切国家的生产和消费都成为世界性的了"③。马克思、恩格斯分析了全球化时代的利益关系的拓展问题:"过去那种地方的和民族的自给自足和闭关自守状态,被各民族的各方

---

① 谭培文:《马克思主义的利益理论——当代历史唯物主义的重构》,人民出版社 2002 年版。
② 《马克思恩格斯文集》第 2 卷,人民出版社 2009 年版,第 35 页。
③ 《马克思恩格斯文集》第 2 卷,人民出版社 2009 年版,第 35 页。

面的互相往来和各方面的互相依赖所代替了。"①

全球化是人的利益在空间上于世界范围内逐步扩张的结果，全球化拓展了人的利益实现所依附的空间范围，开拓了利益扩张的世界视野。伴随着全球化进程，世界越来越成为一个地球村，各个民族国家之间的联系越来越密切，都逃脱不了这一发展趋势，尽管在其中有利有弊。"全球化使地球上任何一个国家、民族利益的实现越来越多地与其他国家、民族利益的实现相关联。在经济方面，全球化使得任何一个国家的经济活动都成为世界经济的一个组成部分。各种经济活动通过世界市场交织在一起，形成相互影响、相互依存、相互渗透，'你中有我，我中有你'的关系复杂的利益交错局面。在政治方面，受全球市场化潮流影响，虽然争执与冲突仍在，但对话、交流、合作凸显，相互补充、取长补短、和谐共赢的新观念逐渐成为共识。在文化领域，随着人们交流的日益频繁和传播手段的日益先进，人们开始走进一个多种文明相互影响、相互适应、竞争共处的文化争鸣与齐放的时代。"②

全球化随着参与主体的多样和复杂，利益关系丰富多样和不断变化，必将使得全球化承载着、容纳着纷繁的利益差别、利益矛盾、利益交锋、利益争端乃至利益冲突，也必将产生更多的利益交融和利益汇总。全球化也必将打开各个民族、各个国家，各个全球公民的视野和心胸，使他们看到在争取自身利益，关注自己发展的同时，看到他者、他国，尤其是与全人类休戚与共的气候、能源、环境、人口、粮食、安全等全人类共同关注的利益问题，从而在实现自身利益的考量中，能主动将自身利益融入、汇入到整个人类，全球化的类主体的类利益这一整体中来。关注全球利益，立足全球视野，这是各利益主体共生共存性的客观要求和理性选择，这一利益关系在全球化时代日益彰显。

---

① 《马克思恩格斯文集》第 2 卷，人民出版社 2009 年版，第 35 页。
② 张思军：《中国特色社会主义利益观研究》，电子科技大学 2011 年硕士学位论文。

二、利益多元化给新时期我国思想政治教育提供了新机遇

(一) 促进思想政治教育内容的转变

对应于利益多元化的客观现实,思想政治教育内容也与时俱进,注意层次性、综合性,这主要体现在思想政治教育内容设置上坚持了统一性与多样性的结合;坚持了虚与实的结合。

1. 思想政治教育内容设置上,坚持统一性与多样性的结合

第一,在社会主义国家,我们必须弘扬集体主义利益观的统一性。但是,我们也不能把在广泛的社会交往中所形成的多层次多线条的利益关系简单化,仅仅归结为"国家—集体—个人"单向的三者利益关系简单粗暴对待。改变过去个人利益不被尊重和承认,在处理个人利益与集体利益关系时,一味把个人利益淹没在集体利益和国家利益的做法。我们要弘扬社会主义集体主义利益观,把促进社会发展与促进个人的发展统一起来。

第二,在利益多元化背景下,思想政治教育要关注人的利益的多样性需求。在计划经济体制条件下,受政治泛化、人与人的社会关系主要表现为政治关系,政治关系的僭越必然要走向极端的政治人,整个社会生活被异化为政治生活,经济生活必须符合政治目的,文化生活也得体现政治追求,人的丰富属性除了政治属性以外都失去了意义。社会主义市场经济加强了人们之间的联系,普遍的交往促使人的社会关系的丰富,造成了人的精神多层次的丰富性与个别性的特点,激发了人的多方面的需求,思想政治教育内容适应人的个性发展的内在要求,满足人们多样性发展的需要,重视受教育者的主体性培育,增强教育内容的说服力和感染力。"习近平针对我国思想政治教育工作的内容进行了创新性的阐述,紧紧围绕理想信念教育,密切关注核心价值观的培育现状,旨在通过唤起人们对中华优秀传统文化的重视来弘扬爱国主义精神,通过深化党史、国史解读来增强人们对大政方针的认同,通过

加强生态文明教育来培养环保意识和社会新风尚,使思想政治教育内容更加符合时代的要求。"①

2. 思想政治教育内容设置上,坚持虚与实的结合

思想政治教育内容的定位过高,超越社会实际发展情况,脱离受教育者身心发展的实际水平,就会使得教育的内容远离缺乏现实生活的基础,就会使思想政治教育陷入假大空的俗套之中,缺乏感召力。如果一味地人为将其思想政治教育的内容提高至一个不切实际的程度,脱离了人的实践性,虚而不实,仅仅用大道理来解答人们在实际中产生的困惑或迷茫,一遇到现实问题就显得苍白无力,不能与现实社会状况密切地相衔接,内容抽象,自然也就难以达到教育目的。习近平指出,思想政治教育的力量在于一个"真"字,"要用真理说服人、用真情感染人、用真实打动人",发挥"三真"力量的关键在于情理交融。要用真诚之心对待别人,只有真心真情才能打动人鼓舞人,温暖人得民心。② 伴随着利益的分化、利益主体之间利益关系的复杂化,人们的利益观念日益活跃起来,最突出的表现就是人们的利益意识开始觉醒。人们日益认识到,追求正当个人利益的合理性,因此在思想政治教育活动中充分尊重并肯定受教育者的利益需求,并在实践中满足、实现受教育者的正当利益,不仅关系到教育对象主体性的发挥,更关系思想政治教育的现实性、实效性和针对性。

(二) 促进思想政治教育范式多样化

"范式"这一概念是由库恩提出来的,库恩在他主张范式论的代表作《科学革命的结构》一书中提出范式,是指科学共同体的成员所共同拥有的研究传统、理论框架、研究方式、话语体系等。范式包括的内容:一是共同的基本理论、基本观点和基本方法,这些一般会构成某一相对独立理论系统的理论模型和解决问题的框架。二是从心理上说,是掌握这一理论系统的共

---

① 王越:《习近平思想政治教育思想研究》,四川师范大学2016年硕士学位论文。
② 王越:《习近平思想政治教育思想研究》,四川师范大学2016年硕士学位论文。

同成员所共有的信念。库恩强调,科学的发展正是范式的运动,而这种范式也正是一定时期内共同成员进一步开展活动的基础。"思想政治教育范式是人们对思想政治教育领域发生的现象所持有的见解、思维方式及思维框架的总称,其核心是思维方式。它是指在思想政治教育共同体内,思想政治教育工作者对思想政治教育领域内公认的问题和理论本质研究所持的一些共同的信念或看法。"① 在利益多元化的背景下,思想政治教育产生了与时代相适应的一些思想政治教育范式多样化的发展。具体表现在:

1. 从"以物为本"到"以人为本"思想政治教育范式的转变

"所谓物本思想政治教育是一种片面强调思想政治教育的社会外在价值,忽视思想政治教育的人文关怀和长远效益的急功近利倾向的思想政治教育形态。"② 在利益多元化背景下,思想政治教育关键是要把理论自身的发展与现实的人的利益结合起来,提高思想政治教育理论解决人的问题的能力。由此,"人本思想政治教育是以'现实的人'为出发点,以培养'四有公民'为目标,以实现人的自由而全面发展为价值旨归的思想政治教育"。从'以物为本'到'以人为本'范式的转变就是从外在向内在的转变,从工具向目的的转变,这些转变的前提是关注到了现实的人的利益。"③

2. 从主体性向主体间性思想政治教育范式的转变

主体间性理论是胡塞尔等现象学家批判前期主体形而上学的必然逻辑归宿,他们认为主体应该是开放性、共生性的,是主体与主体之间的一种际会与约定。"在胡塞尔看来,主体不是一个单独的个体,而是一种交互主体性,正是主体之间在逻辑上、语言上、实际操作上的一致性才创造了我们所谓的客观世界。海德格尔对胡塞尔哲学进行了卓有成效的继承与超越,继承了胡

---

① 万光侠:《论思想政治教育的人本研究范式》,载《学校党建与思想教育》,2012 年第 5 期。
② 万光侠:《论思想政治教育的人本研究范式》,载《学校党建与思想教育》,2012 年第 5 期。
③ 万光侠:《论思想政治教育的人本研究范式》,载《学校党建与思想教育》2012 年第 5 期。

塞尔的现象学方法，摒弃了胡塞尔意识论的主体间性理论，发展出了存在论的主体间性理论。主体间性的理论要点主要是消解传统哲学中的二元对立思维方式，运用交往行为理性、对话理性代替主体中心理性，为思想政治教育的理论与实践工作提供了崭新的视角。"①

利益多元化背景下，利益主体的主体意识越来越突出，必须改变传统思想政治教育用单纯的主客二分思维方式来定位教育者与教育对象之间的关系，要在充分重视教育对象的主体性基础上，用主体间性思想政治教育范式来指导利益多元化背景下的思想政治教育实践。

利益多元化背景下，思想政治教育活动不是简单的教育主体和教育客体的关系，而是具有主体性的人与人的关系。因此，经济利益多元化条件下，必须使思想政治教育实现从主体性向主体间性思想政治教育范式的转变。主体间性强调的是人与人之间的认同、理解和共识，这是与利益多元化条件下主体意识的日益增强是高度契合的。

利益多元化背景下，思想政治教育是教育者与受教育者之间交流、交往的互动的动态过程，而不仅仅就是教育者向受教育者单向、外在强制灌输的过程。因此，"经济利益多元化条件下，思想政治教育要树立主体间性的理念，首先要立足于培养、发挥教育对象的主体性，改造思想政治教育强制灌输的方法。进一步坚持主体性、民主性原则，培养教育对象的主体性，变单向灌输为双向交流，变教育者独语为教育者与教育对象对话。更重要的是，要以全新的视角审视教育者与教育对象的关系。主体间性视野下的思想政治教育强调思想政治教育主体间的共识与理解、合作与对话，改造教育者与教育对象之间的关系是其应有之意，也是关键之处。经济利益多元化条件下，要使教育者和教育对象结成'我—你'关系，而不是'我—它'关系，这是

---

① 马成昌：《回归主体间性与生活世界——谈思想政治教育研究的范式转换》，载《淮海工学院学报（社会科学版）》，2013年第9期。

尊重教育对象主体性的重要体现。"①

3. 从理想世界到生活世界思想政治教育范式的转变

"生活世界"的概念是胡塞尔在《欧洲科学危机和超验现象学》中提出，认为人存在的世界可以分为"生活世界"和"科学世界"。生活世界指的是人所生活于其中的我们直观面对的经验世界。而科学世界则是生活世界的抽象图景。胡塞尔强调生活世界是科学世界的基础和源泉，而科学世界是把生活世界中的现象加以理论化、抽象化的产物。他认为，相对于科学世界而言，生活世界永远处于绝对第一位的性质。生活世界是一种活生生的现实，一个丰富多彩的世界，人在这个世界中以自己的生活经历体验这个世界，同时也体验着自身。科学世界只是人的意识经验的产物，人在对自己经验世界的意识中，形成了概念系统与理论知识。"面对科学的日益专业化与狭隘化，以及由此带来的人与人之间语言、思想、情感上的日益疏远与隔阂等一些异化现象，胡塞尔提出要重新回到生活世界的完全性与整体性之中，从而克服科学给人类生活世界带来的种种危机。"② 这种回归生活世界的研究范式为思想政治教育的理论与实践工作提供了崭新的视角。

由于未认清思想政治教育与生活的密切关系，导致传统思想政治教育割裂生活、脱离生活。从思想政治教育发生、发展的历程看，思想政治教育原本就是生活世界的一部分。在思想政治教育的原始发生时期，思想道德、规范教育就是融合在人们的生产、生活中的，风俗习惯、婚丧嫁娶等教育就寓于生活中。制度化、正式的思想政治教育产生以后，其工具性价值越来越被充分利用，才越来越从生活世界中分离出来。

利益多元化背景下，面对日益丰富多彩的利益生活，思想政治教育必须走向"生活世界"。生活是思想政治教育的起点，思想政治教育来源于生活；

---

① 贾海丽：《经济利益多元化视角下思想政治教育创新研究》，河北师范大学2009年博士学位论文。

② 马成昌：《回归主体间性与生活世界——谈思想政治教育研究的范式转换》，载《淮海工学院学报（社会科学版）》，2013年第9期。

生活是思想政治教育的最终指向，思想政治教育服务于生活。思想政治教育从理想世界到生活世界思想政治教育范式的转变其基本路向主要有："在思想政治教育目标确定上，思想政治教育应克服绝对理想主义的缺陷，根据现实生活需要确定教育目标，分出层次性，体现时代感，实现目标理想性和现实性的有机统一；在思想政治教育内容上应取材于现实生活，使思想政治教育内容贴近教育对象的生活实际，同时对教育内容适当补充、取舍，增加利益观等等与利益多元化相适应的内容；在思想政治教育方法上，应积极引导教育对象投身现实生活，从封闭式方法走向开放式方法。"①

三、利益多元化背景下新时期我国思想政治教育面临的挑战

（一）追求利益意识的增强与思想政治教育利益观取向之间的落差

1. 市场经济的发展凸显了人的逐利意识

在社会主义市场经济条件下，从事经济活动的人从对指令性计划的人身依附中获得解放，按照商品市场的一系列原则，成为经济活动的主体。市场经济体制以承认个人及企业的利益合法性、利益主体之间的差异性为前提，因此凸显了人的逐利意识，人们的观念发生了巨大变化："使权位观念向能力观念转变；个人依附观念向个人独立自主观念转变；自给自足观念向开拓创新观念转变；等级特权观念向平等民主观念转变；守旧保守观念向革新进取观念转变；平均观念向竞争观念转变；人情观念向规范观念转变；小农观念向交往观念转变；应付观念向责任观念转变。"② 人们的逐利意识凸显，表现在以下三个方面。

---

① 贾海丽：《经济利益多元化视角下思想政治教育创新研究》，河北师范大学2009年博士学位论文。
② 韩庆祥：《社会主义市场经济与人的塑造》，载《中国社会科学》，1995年第3期。

(1) 利益主体追求利益最大化取得了合法性地位

市场经济追求利益的倾向推动着人们按照市场经济的利益规律来行事，市场经济是以竞争为原则的经济，市场经济的核心机制是竞争，而竞争必然是在具有不同利益追求的利益主体之间全面展开的。这就使得企业改制、转制、重组企业中的职工由"单位人""国家人"变成了"社会人""市场人"；农村土地承包和土地征用后由"集体人"变成了"个体人""农民工""市民"，形成了新的不同利益主体和社会关系各异的社会阶层。在社会主义市场经济条件下，"追求利益最大化"成为人们行为的根本动力，这就使得"曾经固若金汤的单位利益或组织利益与社会成员个人利益一体的理念与现实开始以不同的速度松动、瓦解，个人利益逐步具备了其不以人们主观意愿为转移的相对独立性"[①]。利益主体的自主性，更加激发了其合理欲望，利益主体更加多元地存在；利益客体满足需要的多样性和可能性加大，短缺状态得到了改善；利益主客体、利益主体与利益主体之间在自由的市场体系内，在更宽泛的领域内，以自主独立的姿态，通过平等交换、自由竞争的方式、自由结合。在市场经济的社会大环境之中，追求利益最大化已经深入人心。

(2) 公开倡导人们追求合法合理的个人利益

市场经济是以效率为原则的经济，实行优胜劣汰，强调的是能力本位。市场交换和竞争为人们之间提供了足够的自由、充分的尊重和平等。在这样的平台下，个人的能力及其发挥，个人素质的提高成为人们在市场竞争中的各个领域考量的关键。在社会主义市场经济条件下，人们的物质利益合理性得到肯定，人们可以在市场活动中，通过自己的诚实劳动和合法经营去追求自己的物质利益。此外，市场经济打破了计划体制的僵化与封闭，统一的市场和开放的体系极大地扩展了人们的交往范围，人们的能力发展有了广阔的空间和舞台。所以说，相对于计划经济体制下的"权力崇拜"，"能力崇拜"加速形成。在此基础上逐渐形成人们凭借个人能力公开追求自己合法合理的

[①] 孟伟、张岩鸿、王连喜：《转型期思想政治工作问题研究》，人民出版社2004年版，第53页。

个人利益。从计划经济到市场经济的转变，不仅仅是一种经济模式的转变，同样也是一种价值观的转变，由过去的"谈利色变"到今天的"大胆言利"。在市场经济过程中，个人利益需要为社会所承认，更需要为社会所尊重、保护。肯定人们对求利的正当性，维护人们追求利益的合理性。

公开表达并主张自己的利益诉求，大胆追求自己的利益是市场经济条件下，社会所鼓励和提倡的，这是社会进步的一种人性化表现。传统计划经济体制下，强调国家、集体利益，个人利益被淹没在集体之中，人们的利益要求普遍被忽视。由于各行为主体切身的实际利益被压制，无法激起利益主体的积极主动性，创造欲望被假大空的外像所笼罩和牵绊，被压抑的利益要求得不到释放，致使社会发展缺乏活力，前进的动力明显不足。市场经济体制改革是在肯定各个利益主体具有独立自主性的前提下，造就了有不同利益要求的众多的利益主体，就在这种环境中，各个相对独立的利益主体的不同利益诉求日益公开化。不同具有独立主张和各自利益诉求的各利益主体从羞于言利、不敢言利，到公开向他者、向社会、向国家表白自己利益诉求、主张自己利益需要、追求自己利益目标的转变，这对促进利益分配机制合理形成、激发社会活力、维护社会良序发展，都产生了重大影响，这无疑是社会进步的表现。

（3）利益差别成了社会中的事实存在

利益差别的存在已成为事实，并且利益差别对市场竞争机制的发挥，起着非常好的促进作用。利益差别，一方面可以激励不同的主体追求自己的利益；另一方面，不同主体在追求自身利益最大化的同时，可以促进全社会效率提高，全社会利益总量的增加，无疑对增进社会福祉是好事。再次，利益差别所形成的增长动力，无形中为成为促进市场发挥作用的内生增长动力。适度的利益差别能促进个人与社会进步，问题的关键就在于把握利益差别的度，若利益差别演进到收入分配差距过大，形成两极分化、贫富悬殊的话，这一内生的促进市场竞争增长动力的作用会逐渐弱化，导致不同主体因不能共享成果而产生矛盾和冲突。到这样的时期，人们就会关注利益共享，追求利益共享就会演进成促进个人与社会发展的新的动力。这是对我国改革开放40年进行考察，我们可以从中进行经验的总结。我国现阶段利益差别成了社会中的事实存在。具体表现在以下两个方面。

一是从劳资利益差别来看，劳动分配率偏低，资本收入比例过大，工资收入占GDP比率偏低。发达国家工资总额占GDP的比重一般都在50%左右，2006年我国的工资总额占国民收入比例仅为11.03%，这说明劳动与财富的关联程度也即劳动参与收入分配的能力正在降低。十八大报告提出："提高居民收入在国民收入分配中的比重，提高劳动报酬在初次分配中的比重"①，正是对这一问题的重视。

二是从城乡之间收入差别、地区之间收入差别、不同行业之间收入差别逐步拉开，并呈现明显的扩大趋势。在市场机制的驱动下，市场主体竞相追逐自身利益，再加上资源配置、体制变更中的利益实现的差异，致使整个社会利益差别呈现出扩大化的趋势。

改革进程中我国出现的利益差别既是事实，也是发展的动力所在，但我们要关注利益分配差距的度的问题。城乡之间、地区之间、群体之间、行业之间利益差距过度拉大，可能对我国经济发展与社会和谐造成严重危害、大大增加我们实现利益共享的难度，对社会稳定是一种危害。这样的结果是与我们所要追求的让全体成员共享经济社会发展的成果这一目标背道而驰的。对此，思想政治教育必须引起足够的重视，既要让社会成员接受利益差别化教育，又要及时采取措施关注缩小利益差距问题，坚持用和谐思维引导利益分化和利益重构。

经过四十多年的改革开放，我国经济社会等各方面发生深刻变革的同时，人们原有的利益意识和利益行为发生了一定程度的改变：自我意识、竞争意识、平等意识和功利意识大为增强，促进了人的个性的发展，释放了经济发展的活力，使人们敢于追求自己的利益，人们的开拓创新精神大大增

---

① 胡锦涛：《坚定不移沿着中国特色社会主义道路前进，为全面建成小康社会而奋斗——在中国共产党第十八次全国代表大会上的报告》，人民出版社2012年版，第36页。

强，推动了我国经济社会的发展。但同时市场经济凸显人们逐利意识，也使部分人出现享乐主义、拜金主义、极端个人主义、贪污腐化、权钱交易、一切向钱看等不良价值取向的侵蚀等思想，并在一部分人群思想中蔓延开来，社会领域道德失范、不讲信用、欺骗欺诈、以权谋私、见利忘义、唯利是图、损人利己等丑劣行为时有发生。这些矛盾和表现形式促使思想政治教育要对教育对象的利益意识的复杂性和多样性的研究亟待加强，用正确的利益观引导和规范逐利行为。

2. 新时期思想政治教育多元利益观遇到的挑战

在传统社会主义时期，利益观是一元化的。利益观一元化的作用在于：一是所有利益问题只有一个正确的答案；二是利益的追求和实现有可靠的途径；三是在一个真理下，利益关系必然共同构成一个和谐的整体。简而言之，就是在众多的利益选择方案中，其中只有一个方案是唯一正确的选择。社会所认同的利益评判标准是统一的，什么样的利益行为将会受到褒扬，什么样的利益行为将会受到贬抑，社会成员是比较清楚的，他们知道该做什么和不该做什么。在传统社会主义时期，无论在利益主体、利益内容还是利益目标层次之中，基本上是形成了以集体主义至上为核心的利益观体系。传统社会主义的利益观一元化就是以集体利益至上的一元利益观统领其他人们的利益诉求。

改革开放对社会生活带来了巨大冲击，传统的以集体主义至上为核心的一元利益观体系轰然倒塌，我国社会进入了一个利益观多元时代。在新旧道德价值体系转换过程中，人们存在着很多不同的利益观念：既有封建残余的利益观念，也有受西方现代化、后现代冲击下的利益观念；既有个人主义的利益观念，又有完全忽略个人利益的极"左"的利益观念。传统道德中的优良品德如助人为乐、集体主义、奉献精神、艰苦奋斗被拜金主义、自私自利、享乐主义所取代，错误的利益观念使人们在面对现实的利益矛盾、利益冲突时，往往采取不正确的做法，这种利益观多元的状况对人的生存境遇以及对思想政治教育，带来了巨大的挑战。在一个利益观多元的社会中，人们会面临着什么样利益生存的困境呢？这集中表现在个人的利益困惑与不同利益主体利益关系之间的利益冲突问题上。

（1）利益观困惑及其表现

所谓利益观困惑，就是个人缺失合理的利益判断标准，而导致个人认不清何种利益行为为善，何种利益行为为恶，从而难以进行利益选择和评价的困惑。利益困惑在社会变革和价值观多元时期会更加凸显。这表现在以下三个方面。

第一，利益评判尺度的困惑。在一个利益观多元的社会里，怎样生活才是合乎道德的呢？面对这个问题，人们常常陷入一种利益观的困惑之中。比如在市场经济遵循的是等价交换的原则，商品以其价值相等而进行交换，而价值的表现形式就是金钱，当一个社会以金钱为利益的评判尺度的时候，只能导致追逐物的利益，而忽视人本身的真正的利益。

第二，是利益价值目标上的困惑。在传统的利益观一元化社会，一元化的利益价值体系所决定的利益行为的评价标准是确定的，利益价值目标也是确定的。但是，在利益观多元时代，存在着不同的利益价值目标，这些不同的利益价值目标甚至有可能是相互冲突的，面对这种种不同的甚至相互对立的利益价值目标，人们也因为选择上的无所适从而陷入利益观困惑之中。

第三，利益实现手段上的困惑。从社会发展总趋势来看，利益观念上的多元化是一种历史的进步，但在一定时期和范围内，鱼龙混杂的各种利益取向，也容易造成人们思想状况混乱和迷茫，由于难以形成统一的利益价值判断、做出正确的利益价值选择，在利益价值判断和选择上的迷茫，极易造成混乱的利益选择，对社会稳定产生负面影响。随着利益的分化，为了实现一定的利益目标，人们采取的利益实现手段也出现多元化倾向。其中不合理、不合法的手段往往会导致社会行为失范，人们为了追逐利益而不择手段的不良现象时有发生。

利益多元化条件下，如果处理不好思想政治教育对个人利益观上产生的困惑问题，对受教育者利益观多元取向缺乏必要的引导，很可能导致人们淡化利益全局观念；会导致人们无所适从或者各行其是，出现左右逢源、见风使舵的实用主义，或者会导致仅从一己私利出发的利己主义和极端个人主义；或者会导致愚昧和狭隘、短视和浅见。受教育者利益观的困惑给思想政治教育带来的挑战是极为严峻的。

（2）利益观冲突及其表现

所谓利益观冲突，是指行为主体在选择利益行为时，由于不确定的利益观导致面临利益行为时所面临着的一种矛盾状态。人们在选择行为和做出决定时，由于彼此互相排斥的利益观念，从而选择不同的行为，造成不同行为的冲突。面对这种现象，要求人们在相互冲突的利益观之间选取一个，并通过解决这一矛盾实现自己的利益目的。但在利益观多元社会里，由于生活的基本准则多元化了：对你是基本准则，对他却不是；你认为是神圣不可侵犯的东西，别人却不屑一顾。所以利益观多元社会，一方面固然给了人们选择的自由，另一方面又常常承受人与人之间的利益冲突更加激烈、利益关系更加紧张的后果。利益观冲突表现在：第一，群体内部个人之间的价值观冲突。这类冲突容易引发为追逐利益而不择手段的不良现象。第二，个人与社会群体之间的价值观冲突。利益主体多元化增加了社会共同利益协调一致的难度。第三，不同社会群体之间的利益观冲突。在社会主义初级阶段，由于多种分配方式和多种行业的存在，加之个人禀赋能力的不同，收入差距就在人们中形成，形成了多种利益群体。由于人们参加各种社会生活时都各自拥有独立的利益，都从自身的利益出发，使得人与人之间利益矛盾凸显出来。贫富差距的扩大化对人们的利益观造成巨大冲击，利益观的冲突在我国现实期，突出表现在："高收入阶层的一些人随着财富的增加逐渐产生拜金主义、享乐主义的思想和嫌贫的错误倾向，而在低收入阶层的群众中则容易出现心理严重失衡甚至滋生仇富和怨恨心理的倾向。"[①]

---

① 胡艺华、李祎妮：《浅析利益主体多元化背景下思想政治教育方法创新》，载《赤峰学院学报（汉文哲学社会科学版）》，2008年第4期。

(3) 利益观困惑和冲突给思想政治教育带来的挑战

利益观困惑是在个体身上发生的谋利意识和谋利行为的困惑，而利益观冲突则是在群体之间发生的利益关系的冲突和矛盾。这些利益观困惑和利益观冲突的消极影响，给思想政治教育带来的挑战表现在：

第一，实用主义现象横行的挑战。为了避免由于利益观的多元而造成利益困惑和利益冲突的困境，社会上很多人干脆在利益价值的设定上变成左右逢源的实用主义。实用主义者对利益行为、行动的解释，完全贯彻了利己主义利益观的精神，即只管行动是否能给个人或集团带来某种实际的利益和报酬，而不问这种行动是否合乎客观实际，合乎原则。只管直接的效用、利益，不管是非对错。有用即是真理，无用即为谬误。作为个人自身，由于利益多元的影响，就只从个人利益的立场出发，进行利益价值判断。在利益行为的判断上就采取这种实用主义态度，一切不正当的、非正义的、庸俗的现象，都可以采取实用主义来逃避自身责任，并且，一旦有机会，自己还可以从种种不正当的行为中受益。人与人之间的关系也变得非常靠不住，利益观多元，人时时受着改变自己的利益的诱惑，唯利是图、见利忘义、权钱交易情况屡见不鲜。在这种情况下，思想政治教育在内容上如何构建一种合理的利益观体系来应对这种实用主义、确定一种大家都能遵守的利益规则就成为必须。

第二，利益观虚无的挑战。利益困惑和利益冲突"会造成个人生存当中的价值真空与价值虚无状况，以及个人之间、个人与社会之间以及社会群体之间的矛盾加剧。对于前者来说，价值真空与价值虚无的泛滥和肆虐，最终会导致人们的价值观系统的崩溃，这种状况，或者是使人产生对生存价值怀疑，甚至从而弃绝人世，或者是使人变成非人的样子：不负责任，厚颜无耻，冷血，残酷，是非不明，为小利而犯大罪。对于后者来说，有可能引发种种人生悲剧与社会问题，严重的甚至会危害到个人和社会的生存。"[①]

---

① 余维武：《冲突与和谐——价值多元背景下的西方德育应对路径评析》，华东师范大学2007年博士学位论文。

从上述分析可以看出，在当代社会利益观多元背景下，利益观的困惑和冲突，都关系一是个体自身的和谐生存，一是社会的和谐生存。为了达到个体与社会的和谐生存，人们应该如何应对利益观的困惑和利益观的冲突呢？思想政治教育如何通过自己的努力，采取有效的对策，帮助人们重新发现或重新建构那些能够指导利益观多元时代的人们合理的逐利意识和逐利行为呢？又能如何化解人们之间的利益矛盾与利益冲突呢？这又涉及具有不同利益观的群体或者个人之间，是否存在利益共识，又如何达成利益共识？这些都是我们要在下文中思想政治教育的利益观体系内容构建上要做出的努力。

(二) 利益主体的复杂化与思想政治教育方法之间的脱节

在计划经济条件下，利益主体关系单一，具有均等性、同一性特点。思想政治教育的任务、功能都比较单一。市场经济的发展、全球化的交流，信息化的加速致使利益关系复杂，利益冲突的概率大大增加，在这样利益凸显的时期，新时期思想政治教育面对复杂的局面，要根据利益主体的变化，由侧重统一意志向侧重协调关系转变，注重思想政治教育方法的新突破。

1. 现代中国利益主体的复杂化分析

正如前文所述，利益主体多样化是指个人利益独立化和多种利益群体并存的局面。利益主体的多样化呈现在以下两个方面。

（1）利益主体的阶级阶层分化

在我国社会目前阶段，工人阶级、农民阶级、知识分子阶层仍然是我国社会的主体阶级、阶层。但是，利益多元化首先表现在传统的"两个阶级一个阶层"（工人阶级、农民阶级和知识分子阶层）的社会结构发生了显著变化：

一是新的利益主体的产生。江泽民指出："改革开放以来，我国的社会阶层构成发生了新的变化，出现了民营科技企业的创业人员和技术人员、受聘于外资企业的管理技术人员、个体户、私营企业主、中介组织的从业人员、自由职业人员等社会阶层。"① 新的社会阶层的出现,改变了原来两个阶级、一个阶层的利益主体结构,改变了原有的利益格局,新的利益诉求不断出现,加快了我国新时期利益主体多元化的进程。

二是原有利益主体的内部分化。以公有制为主体,多种所有制共同发展的多样化的经济成分;以按劳分配为主,信息、管理、技术等都能参与分配的多样化分配方式;个人能力禀赋的不同,以及区域和行业之间的不平衡,使人们之间收入分配差距逐步拉开,利益差别和矛盾客观存在。这也使得人们的经济状况、社会地位和思想观念出现差异和多样化,而社会地位和利益取向大体一致的人们,由于其有共同的利益诉求,会结成一定的利益共同体,从而在新时期呈现出不同的新的利益群体。

我国的改革本身就是打破原有的利益格局,新的利益格局不断生成和调整的过程,利益格局的调整必将使原有社会阶级、阶层、利益群体发生结构性变化,一些新的利益群体形成,一些老的利益群体发生分化和新的组合。产生许多新的利益群体。"如在工人阶级内部形成国有企业工人群体、混合所有制企业工人群体、乡镇企业工人群体、外资企业工人群体、私营企业工人群体;同一工人群体内部又存在脑力劳动者群体和体力劳动者群体,经营者管理者群体和物质生产者群体;在私营企业内部存在业主群体和雇员群体,还产生了外商经济的高级代理人和管理者群体和职工群体、个体工商业者群体和个体劳动者群体。"② 在农民中,十八届三中全会明确了农民合作社、家庭农场、农民合作社、专业种植大户等新兴的利益主体等。③ 我国社会的利益群体呈现新的分化和重组,群体之间合作依赖性增强的同时,群体之间利益分化的加剧,也使得利益群体之间的矛盾和冲突公开化。

(2) 个体成为利益的主体

在计划经济体制下,我国是一个大一统的一元化社会,政治、经济、意

---

① 《江泽民文选》第3卷,人民出版社2006年版,第286页。
② 赵长茂:《正确认识利益主体多元化》,载《瞭望新闻周刊》,2001年第40期。
③ 《中共中央关于全面深化改革若干重大问题的决定》,人民出版社2013年版。

识形态三个权力中心重叠。国家掌握了社会的各种资源、个人不直接掌管和控制维持生存和发展的各种资源。传统体制下的中国人除了普遍的贫穷和简陋的生活资料以外别无他物。国家实行的是包分配的就业方式，形成低收入从而低效率的发展模式。个人利益与国家利益合二为一，没有条件形成独立利益诉求的社会利益个体。在计划经济体制条件下，没有任何实际财产权利的个人，由于失去了个人独立性、个人自为自主性的经济基础，就意味着个人对他人、对集体、对行政权力的依附，不可能形成独立人格。当个人利益成为集体利益批判的对象，个人利益与集体利益相分离，成为集体利益的对立面。当个人利益处在一种被批判、被打压的境遇时，个人利益就被淹没在单方面弘扬集体利益的情势下，个人也就成了抽象集体之内的个人，这样的个人也只能是抽象个人，这样的抽象个人不是真实的个人，个人的实际利益都被抽象的集体利益消解掉了，个人变成了没有利益欲望、没有实现和追求自身价值的个人。

社会主义市场经济是承认个人的利益诉求，尊重个人的物质利益，肯定人是有利己性为前提的。我国的社会主义市场经济鼓励人们通过合法经营、诚实劳动去追求自己的物质利益，从而在最基础、最根本的经济关系领域确立了人的独立人格，从而打破了人们在计划经济时期造就的那种强制性的力量形成的、外在而又片面的、狭隘而又固定的人格依附关系，使人的主体性得到解放。市场经济是天生的平等派，作为有不同利益诉求的各自独立自主的交换的主体，利益主体间的关系是平等的。市场经济是天生的竞争派，包括劳动力在内的各种资源，要在市场的竞争中自由流动，实现优胜劣汰。市场经济也是天生的自由派，作为市场主体的人们在市场资源配置方式下，能够自主地决定自己的经营生产、自由地决定自己的销售以及消费，它本能地排斥外在强制的干扰。这样在市场经济中培育个人的独特性发展，独立个体形成，个体成为利益的主体的地位日益巩固。

总之，利益主体多元化表现在原有的工人阶级、农民阶级或知识分子阶层内部的分化和演变，也表现在新社会阶层形成的多样化，还表现在社会群体的新分化甚至某些社会群体的畸形变化，尤其是个体利益主体的成长等多个方面。但是，利益群体的多元化归根结底又是通过利益个体及其相互的利益关系呈现和交织出来的。"面对利益主体的多元化，作为一种实践活动的思想政治教育，其运行和呈现出来的主体性关系，只能是对不同主体利益关系的一种呈现、反映和运用，离开一定的利益主体，也就失去了其建构主体关系的基础。利益主体关系的现实状况，是思想政治教育对不同利益主体影响和作用的主体性基础，随着利益主体关系多元化的演进态势，思想政治教育对不同利益主体的影响和作为也呈现了多元化的态势。"①

2. 新时期思想政治教育利益主体多元化下的方法挑战

利益主体多元化，促进了利益主体思想和意识的巨大变化，增加了社会共同利益协调一致的难度，而且容易引发人们为追逐利益而不择手段的不良现象，使得爱国主义、集体主义、无私奉献等思想观念受到冷遇和漠视。在实践中，思想政治教育既要以确认各利益主体存在为前提，以尊重追求合理的利益为保障；又要把个人利益与社会利益相结合，从社会的长远和根本利益出发，规范和调节不同利益主体的思想和行为，对个别利益与社会共同利益进行协调。这就要求思想政治教育加强对教育对象的主体需求关系多样化，以及针对利益主体多元化下的教育方法的研究，创新思想政治教育方法。

（1）从外在强制灌输向内化认同的挑战

利益多元化条件下，利益主体意识不断增强，要求思想政治教育方法注重双向交流和互动、向人的内心深处用力，更加注重内化认同。利益多元化条件下，外在强制灌输的方法暴露出了很多明显的缺陷：一是经济利益多元化条件下，要求各利益主体以独立的身份参与经济和社会活动，人们要相应具备开拓性、创造性等品格。思想政治教育目标和内容没有把每个利益主体的需求选择和个性发展作为依据，只是将标准化内容"注入"了事，每个利

---

① 李维昌、盛美真：《论利益多元化背景下思想政治教育的主导性建设》，载《求实》，2011年第8期。

益主体都被标准化、模式化了，强制灌输是一种缺乏创造性的方法。二是利益多元化条件下，受教育者的主体意识日益增强，客观上要求思想政治教育更多地采用平等的方法。强制灌输的方法是一种不平等的方法，在这种方法中，教育者与受教育者之间表面上看似存在相互交往，但这种交往是不平等的。这种不平等事实上反映了社会本位和教育者中心论，在不平等交往下，受教育者成了接受知识的容器、灌装美德的袋子，毫无独立见解、批判意识、创新精神。这种教育方法在利益多元化时代越来越不合理和无效果。

（2）从单向说教向双向互动的挑战

经济利益多元化条件下，受教育者主体意识不断增强，要求思想政治教育方法注重双向交流，并更多地考虑如何使受教育者主体意识得到充分发挥，提高方法实施的效果。

互动思想政治教育模式强调：一是把思想政治教育过程看作是一个动态发展的教与学统一的交互影响和交互活动过程。在此模式中，教育者与受教育者以平等对话为基础，通过中介客体相互作用、相互影响，以谋求共同发展为目的，坚持认识和实践的辩证统一，从而表现为一个包含互动主体、互动情境、互动过程和互动结果等要素的动态和静态相结合的系统。二是教育者与受教育者互为主体的思想政治教育。把思想政治教育活动看作是二者进行的一种思想的交往、沟通，互动思想政治教育模式既能发挥教育者主导作用，又能充分体现受教育者认知主体的作用，把教育者与受教育者二者的主动性、积极性都调动起来。教育者与受教育者既是活动主体，又都是活动的参与者，教与学都是活动过程的基本环节，如同硬币的两面，共同构成完整的活动过程。互动思想政治教育模式体现了合作教育、自主教育、活动教育等思想政治教育主张对于主体性的重视，是适应现代主体多元化和主体性意识增强的思想政治教育行之有效的方法。

（3）从单一封闭方法向综合开放方法的挑战

利益多元化条件下，影响人们思想的因素和环境更加多样化。要求思想政治教育综合运用多种方法，多角度、多侧面地开展工作。受教育者发生了重大变化，其价值取向出现的多元化趋势，要求思想政治教育摆脱过去采用单一封闭方法的传统模式，采用多元、综合的方法，提高方法运用的实效性和针对性。在新时代，提升思想政治教育亲和力和针对性，还要运用新媒体新技术、手段和载体。目前信息化时代，思想观念的传播更快捷、更复杂、更多样，进行思想政治教育要把传统优势同信息技术高度融合，增强时代感和吸引力。

利益多元化条件下，随着利益格局调整，社会组织之间、上层建筑的其他系统与思想政治教育之间的交流与互动成为常态。思想政治教育要适应新形势的需要，教育者要顾及受教育者的需求，关注受教育者对教授方法、内容的欢迎、支持和接受程度，并借助一定的渠道和方式及时把握受教育效果的反馈情况，把教育过程打造成一个开放、动态的系统，并注重与其他系统之间进行信息、资源的交流与互动。

综上所述，我们要综合分析教育对象在改革开放和市场经济中对思想政治教育对象的影响的方法。要分析思想政治教育利益主体的利益需求，利益主体之间的关系协调，加强有效的思想政治教育实施方法，推动当代思想政治教育方法的有效建构。

（三）利益内容的发展与思想政治教育内容之间的差距

人们对利益内容的追求总是具体的、历史的、动态发展着的，人们的利益内容不是一成不变的。在革命战争年代思想政治教育紧紧围绕着人民群众求解放、求生存的根本利益而进行动员服务。目前，我国正在向着全面小康社会的目标发展。一部分人已经实现了物质利益的满足，达到了富裕的程度，开始追求其他方面的利益需求。马克思主义认为，无论何时物质利益需求始终是人的第一需求，人们对利益需求增长永远不会停留在原地，而是会在已经满足的利益需求之上继续向更高层面发展。与计划经济体制下相比，人们的利益内容已经改变千篇一律的局面，由单纯的物质利益的满足，向更多、更高一级的利益需求转变。这就意味着人们在享受更高层次的物质生活的同时，政治方面、精神方面等的利益诉求开始占越来越大的比重，从而使利益内容更加复杂起来，思想政治教育无疑也要根据利益内容的变化而发生变化。

1. 新时期利益内容的发展与变化

（1）体现人的本质的社会关系多维度展开，利益内容多样化呈现

自由市场经济的发展造成了通过商品、货币，生产者互相间的全面的依赖，促进了一切固定依赖关系解体。自由市场经济造就的交换的全面性和普遍性使人们之间的社会联系第一次具有了全面性和普遍性的性质。而古代社会的生产建立在依赖天然的自然条件和自然分工的基础上，人们对自然界的狭隘依赖关系制约着人与人之间的狭隘关系。但自由市场经济在造成人的社会关系全面性和普遍性的同时，与计划经济政治关系的泛化具有类似特征的是，在自由放任市场经济中人的社会关系又具有了商品关系的泛化。"它使人和人之间除了赤裸裸的利害关系，除了冷酷无情的'现金交易'，再也没有任何别的联系了"[①]，它甚至"撕下了罩在家庭关系上的温情脉脉的面纱，把这种关系变成了纯粹的金钱关系"[②]。自由放任市场经济造成人的社会关系丰富性的同时，造成人的社会关系异化为物物关系，而这种社会关系又往往成为外在的、异己的社会权力凌驾于个人之上，造成个人与社会的分离，造成个人成为商品关系操纵下的物的傀儡。

社会主义市场经济作为与社会主义制度相结合的市场经济，它要实现对自由市场经济的否定之否定。"它既要依靠市场经济条件下物的发展，又要在对物的依赖基础上确立人的主体地位。它既要发展市场经济条件下人的社会关系的全面性，又要让人们以联合的方式来共同占有和利用这种全面的社会联系，要最大限度地克服由于个人利益的排他性所导致的人与人之间异己的、外在的物化关系。它不仅要实现人的社会规定的全面性，而且要以自觉的、主动的方式实现这种全面性，体现人的本质的社会关系在社会主义市场

---

① 《马克思恩格斯文集》第2卷，人民出版社2009年版，第34页。
② 《马克思恩格斯文集》第2卷，人民出版社2009年版，第34页。

经济中多维度展开。"①

社会主义市场经济作为与公有制的基本经济制度、按劳分配为主体的分配方式相结合的市场经济，它所提倡的经济自由以及保护个人私有财产原则的实行，改变了我国社会资源的占有状况，改变了单一国家垄断的局面，人民群众的欲望和利益需要日益丰富多样起来，具体而言，当前我国的利益内容的多样化表现在经济、政治、文化、社会和生态利益等多个方面。

（2）人们之间利益关系越来越丰富和发展

在传统计划经济体制下，由于缺乏独立的利益主体，利益差别不大，所以利益关系比较单一，利益关系的调整是依赖纵向政治权威性的服从。改革开放40年来，随着利益主体增多，利益诉求全面化，以及利益差别显性化与扩大化，利益关系呈现出一种错综复杂的局面。

一是利益主体多层次的耦合使得利益关系复杂化。利益主体多元化必然导致利益关系成为一个多维的、有机的系统。可以表现在个人、企业、部门、地区乃至不同国家的利益关系体系。这些不同利益主体的利益关系多层次耦合又形成了整个社会的利益关系体系。

二是多重性的纵横交错利益关系使得利益关系复杂化。利益关系的横向契约性质在社会主义市场经济体制改革不断深化的过程中，越来越清晰。加之，我国体制改革遵循渐进式改革，改革过程中惯性因素的存在，纵向权威性的社会利益关系依然在发挥作用。"总体上而言，当前我国社会利益关系呈现纵向权威性利益关系与横向契约关系互相交叉与渗透的特点，利益关系的多重性使得利益关系复杂化。"②

利益关系是社会关系的核心，当前我国改革进程已进入攻坚克难的关键期，理顺复杂的利益关系成为改革的深层约束，各个既得利益集团千方百计维护自身利益，弱势群体积极争取自身利益，利益链上的各个组成环节交织

---

① 汪强：《论我国社会主义市场经济》，中共中央党校2012年博士学位论文。
② 洪远朋：《改革开放三十年来我国社会利益关系的十大变化》，载《马克思主义研究》，2008年第9期。

碰撞，利益关系错综复杂，改革要深入推进，实现新突破，取得好效果，必须巧妙平衡利益链条上各个利益集团、利益主体在各个环节上的利益得失。思想政治教育要分析攻坚克难的改革关键期的利益关系，并适时提出正确的处理利益关系的利益观，运用正确有效的利益分析方法分析利益关系，发挥自身优势，以期为正确处理利益关系及深化改革助一臂之力。

2. 新时期思想政治教育利益内容遇到的挑战

从思想政治教育的内容来说，它总是历史的、具体的、动态发展的。时代发展要求不同的历史阶段的思想政治教育要有不同的内容和侧重点，从利益的视角来看，新时期思想政治教育能不能保持生机和活力的关键在于它所关注的人民群众的利益需要，宣扬的利益关系利益实现等利益问题能否合乎人们的期望。随着社会的发展前进，人们的利益内容越来越多样化，利益内容需求的层级结构也逐渐展开，思想政治教育保持生机和活力问题的解决必然要从利益角度来分析。

（1）利益内容多样化、动态化的挑战

第一，领域利益多样化展开，人们追求利益的目标和侧重点也有差异化。领域利益中比如对政治利益的追求关注更多的是正义，对经济利益的追求关注更多的是公平，对文化利益的关注的更多是平等和发展，对生态利益的关注更侧重于可持续生存等。

第二，不同利益主体对利益内容的需求也呈现出多样化。一是先富阶层对政治利益的追求更加强烈。正如塞缪尔·亨廷顿所说："现代化意味着各种新和旧、现代和传统的群体越来越意识到自己是作为一个群体而存在的，意识到自己在与其他群体关系中的利益和要求。的确，现代化最显著的特征之一就是在传统社会许多自觉的认同程度和组织程度都很低的社会势力中产生群体意识、内聚性和组织性。"① 目前，随着经济实力的增强、社会地位的提高，我国社会中地位上升和新生的阶层，已经有了积极参政的利益诉求。

---

① ［美］塞缪尔·亨廷顿：《变革社会中的政治秩序》，王冠华等译，三联书店1989年版，第38页。

新的社会阶层在拥有较多物质财富的同时，对政治地位也表现出了敏感性，比如私营企业主、股份制企业大股东、区域性行业龙头企业的职业经理人等，他们对政治利益追求表现出较为强烈的愿望。二是处于弱势地位的阶层对保护自己的经济利益、实现收入公平的追求更加强烈。三是人民大众对生态利益的诉求更加凸显。长期以来，我们更致力于解决人们的物质的贫乏，注重经济的快速增长，但是对资源、环境肆无忌惮地掠夺和破坏，使得人与自然处于一个不和谐的状态。今天，人们越来越认识到：生态良好才是生产发展、生活富裕的保证和条件，保护生态利益，必须达成人们共识。习近平总书记强调"建设生态文明，关系人民福祉，关乎民族未来"，谈到环保问题时曾生动形象地说"青山绿水就是金山银山"。①

（2）利益内容层级结构展开的挑战

层级结构是指事物的各个组成要素之间相互有机结合而成的等级秩序，它包括横向结构的多维性和纵向结构的等级性。事物在一定时间、空间范围内进行联系和发展的时候会表现出一定的层次性结构，在新时期，我国人民群众利益内容需求的层级结构逐渐展开。

从横向结构的多维性来看，人们对于思想政治教内容教育的形态有不同的归类和划分。传统的观点认为，思想政治教育内容主要包括思想教育、政治教育和道德教育三个方面。熊健生认为，思想政治教育内容包含政治教育、思想教育、道德教育、法纪教育、心理教育五大方面，针对不同横向形态的思想政治教育内容，由于他们具有的性质不同，发挥的作用不同，比如政治教育属于信仰教育，思想教育属于认知教育，道德教育属于规范教育，法纪教育属于保障性教育，心理教育属于自励教育，采取的思想政治教育方法就会带来挑战，什么情况下采取灌输为主的方法；什么情况下采取说理引导的方法；什么情况下采取内省自律的方法和强化他律相结合的方法、体验方法等，同时，由于对利益的需求是不断发展变化的，研究人民利益，就必

---

① 中共中央宣传部：《习近平总书记系列重要讲话读本》，学习出版社、人民出版社2014年版，第120页。

须注意到,人们的需求是多方面的,这些要求不一定同时发生,也不一定同样重要,都要根据时代的发展做出相应的调整。

从纵向结构的等级性来看,我国人民群众的利益要求会先后出场。在温饱等生存问题未得到解决的时候,物质需求当然是人们的第一欲望,但温饱之后,人们就会相继提出更高层次的需求。现实的利益需求总是建立在人们已经获得的需要基础之上,例如,古代与现代相比较,人们的利益需求发生了很大变化,工业与信息时代的利益需求差异也很大,在现代和后现代之间,人们判断利益的标准都有了不小的变化。现阶段,我国人民群众的利益需求逐渐由侧重经济利益向经济、政治利益并重转变;由侧重物质利益向物质、精神利益并重转变;由侧重眼前利益向眼前、长远利益并重转变。社会发展是不断由注重社会财富数量的积累到更注重利益的分配和调整;不仅注重经济利益,更注重政治、文化、社会以及生态利益的各方面均衡发展,不仅注重衣食住行等基本温饱需求,更注重有尊严的生活质量的提高和人的全面发展。在不同阶层的人民群众中,利益的层级结构也呈现出来。"例如,广大农民随着温饱问题的解决和生活水平的不断提高,他们要求更多地参与农村基层民主政治建设,充分行使自己的政治权利;广大职工随着企业改革的深化和现代企业制度的建立,迫切要求参与企业的民主改革、民主管理、民主监督,确保自己的企业主人翁地位;个体户、私营企业主阶层随着经营规模的不断扩大和对社会贡献的不断增加,迫切要求享有与建设中国特色社会主义事业的建设者相同的政治地位和权利。"① 因此,随着人民群众利益内容需求的层级结构逐渐展开,思想政治教育的具体内容必须随着利益的内容不断发展而做出相应的调整。

通过上述分析,新时期思想政治教育内容必须凸显人的利益内容本质及其丰富性问题的研究,促进思想政治教育内容发展。利益多元化背景下,不是计划经济下单一的"政治关系",而是由经济、政治、文化关系的多重规

---

① 习近平:《使人民群众不断获得切实的经济、政治、文化利益》,载《求是》,2001年第19期。

定。同时，思想政治教育内容发展要"以人的本质是受经济关系制约和决定的原理"来指导外，还要"从人是一切社会关系的总和上来把握人的本质的规定性。要研究社会关系一切方面的内在联系，注意经济关系的基础和决定性作用的同时，要注意政治关系的主导性、文化关系的先导性、法律关系的规范性、道德关系的伦理性，并注意这些关系的相互影响和综合作用"①。只有这样，深入研究人的利益内容和利益关系的丰富性，才有助于揭示市场经济条件下的思想政治教育内容的实践性，深刻把握教育对象，从全面的社会关系中分析对象。

（四）利益发展的社会问题与思想政治教育认同力的下降分析

与集中控制的社会主义计划经济体制相呼应，传统思想政治教育实行高度集中的管理体制，依靠庞大的专职政工干部队伍，采取命令性、强制性等相对简单、生硬的办法，使思想政治教育产生力量无比的威慑效果。在这种威慑力面前，个人变得极其渺小，个性被压抑、个人利益被漠视。

1. 新时期利益发展带来的社会问题

"生产上的无政府状态、利润追求上的唯利是图、财富分配上的贫富悬殊、阶级分化与对立等等，在自由放任市场经济阶段发展到了极致。而计划控制、数量驱动、均等化倾向、社会统一与同一化等，在计划经济条件下也发展到了极致。"② 社会主义市场经济虽有它自身的制度优越性，但也是在摸着石头过河中前行了一段时间，到现在，利益驱动促进了整个社会的发展，然而同时也产生了一些社会问题，有待国家与利益协调机制去消解，否则国家将无法实现全面、协调、可持续发展。可以从以下三个方面概括。

（1）利益差别扩大化与利益矛盾多样化成为一种社会问题

在市场机制的驱动下，市场主体竞相追逐自身利益，再加上所有制结构调整、产权变迁、资源配置、体制变更中的利益实现的差异，致使整个社会

---

① 邹邵清：《当代思想政治教育方法论发展研究》，人民出版社2013年版。
② 汪强：《论我国社会主义市场经济》，中共中央党校2012年博士学位论文。

利益差别呈现出扩大化的趋势。随着社会主义市场经济体制改革的推进，贫富悬殊已成为我国较突出的社会问题，成为各种社会矛盾的重要源头之一，而利益差别扩大是收入差距、贫富悬殊扩大的主要原因。社会差距过大，对社会稳定是一种伤害。如果不用和谐思维引导利益分化和利益重构，不坚持以人为本协调多样化的利益矛盾，社会利益差别的扩大趋势将持续发展，这将加剧社会的利益矛盾和冲突，从而严重影响社会稳定和健康发展，最终会使市场化改革误入歧途。改革开放的目的是让大家实现共同富裕，收入差别化存在是客观事实，但严重的贫富悬殊就不是民众所能接受的。我国的收入分配存在一定失衡。改革初期的政策倾斜让一部分人富了起来，大部分即使没有富裕起来的民众，通过改革开放，生活水平的确得到一定程度的提高。但是，在与先富起来的人比较时，就会在心理上产生强烈的不公平感、剥夺感。长此以往，收入差距过大必然会破坏整个社会的和谐稳定。因此，如果不对市场经济加以约束，在缺少充分利益协调机制下，较难实现社会利益整合，社会不满情绪会逐渐增强。具体表现在以下两个方面。

第一，群体性事件。在对近几年群体性事件的调查和研究中，我们可以窥见：一件群体性事件的导火线看似非常微弱，但爆发起来破坏性很强；其根本原因就是长期以来积压下来的，没有得到释放和舒缓的矛盾冲突。针对群体性事件的突发，只重视维稳力度的加大，甚至回避的方式是解决不了问题的。长期压制的背后就是在沉默中的爆发，其一旦爆发造成的危害性就不堪设想；更为严重的是，当脱离了人民群众的疾苦时，改革可能导致群众对其失望和失去信任。要赢得民心，只有针对新情况，找到群众能接受的思想文化教育方式，对群众的利益诉求及时做出反馈，对群众关心的重大理论和实际问题积极回答和引导、形成良性有效的互动机制，构建合理的、能够满足社会成员需求的利益格局，才能从根本上解决问题。

第二，弱势群体问题。我国社会的转型、改革的推进引发了社会各个层面利益调整，引发了不同利益群体的激烈动荡。在社会群体出现的分化中，弱势群体成为一个突出的群体凸显出来。有学者认为，我国弱势群体主要包括下述人群："首先是下岗职工；其次是体制外的人，即那些从来没有在国有单位工作过，靠打零工、摆小摊养家糊口的人，以及残疾的人和孤寡老人；第三是一部分较早退休的人员，这部分人主要是从集体企业退下来，当初退休时工资水平非常低，生活在大都市，他们原来的单位现在要么破产，要么名存实亡，没人为他们交纳医疗等社会保险。第四是进城的农民工，他们没有享受到城里劳动者的同等待遇，个人权益得不到保护。如果加上贫困地区收入极低的农民，以及新增失业人员等，我国目前的弱势群体就是一个十分庞大的群体。"① 弱势群体在经济、政治和社会文化生活中处于较低地位，这个群体中的人们在经济权利、政治权利以及社会地位等方面处于弱势，成为了社会生活中一种边缘性的社会群体。同时，他们自身有着较普遍的消极心理、被动地对待社会、强烈的受挫情绪，不积极参与社会的态度，甚至有一定程度的反社会倾向，物质上的劣势地位也损害了他们勤奋工作的意愿和能力。

（2）利益观念活跃背后的是非美丑问题

我国的改革是以社会主义市场经济为取向的改革，这是经济领域的重大变革。经济变革是全部社会变革的基础，经济的变革必然引起其他领域的变革，是一切思想观念、生活方式变化的前提和基础。社会主义市场经济对人的价值观的影响具有两重性。

第一，市场经济在促使人们注重实际利益的同时，也助长了享乐主义利益取向。市场经济的利益原则，改革开放倡导的务实精神，使得个体的道德选择由过去重义轻利、谈利色变、羞于言利、重精神利益轻物质利益的价值取向，转向大胆言利，积极求利。人们追求物质利益的合理性和正当性得到了普遍的肯定，劳动创造积极性和热情被彻底引爆。然而，与此同时，市场经济追求利益最大化的本质与盲目性也引发了人们的世俗化和功利化倾向，一旦人们之间局限于利益的功利计算和作为衡量标准时，贪图物质享受，漠

---

① 姚晓楠：《建立和谐社会必须处理好弱势群体问题》，载《广东教育学院学报》，2005年第1期。

视精神追求，导致伦理道德的沉沦和滑坡，物欲横流的局面会使人成为片面、畸形发展的人。或者在精神需求上寻求感官刺激，仅仅满足低级趣味的精神追求，最终只能导致精神产品的过渡商业化和功利化。

第二，市场经济在促进人的独立人格形成的同时，也助长了拜金主义的利益取向。自主性、平等性是市场经济条件下人与人之间进行经济上往来的基本原则，市场经济使人摆脱了自然经济和计划经济条件下，人与人之间血缘、等级、身份特权关系的依附，获得了独立的人格。催生了人们的自我意识、独立意识和自主意识，使独立、自主、自信、自尊和自强成为人们追求的价值信条。这些主体性意识的发展，激发了人们追求进步、改善其物质生活状况欲望。同时，它引导人们实现自身价值而积极努力，从而使现代人的精神追求和全面发展达到一种新的境界，为促进人类自身向前迈进，做了更加充分的准备。但是，在市场经济中资本、金钱、货币成为社会财富的一般代表，成为衡量成功的标准和尺度，商品世界具有了至高无上的权威。甚至在人与人的关系中，货币成为了主要媒介，支配着人们的生活，从而使商品、资本和货币成为凌驾于人之上的神秘物，导致拜金主义充斥着社会生活的各个领域，并有滋生蔓延趋势。拜金主义的致命摧残性危害就在于，把人变成丧失灵魂的纯粹经济人、变成物的奴隶。

第三，市场经济在促进人的创造力发挥的同时，也诱发了利己主义的利益取向。市场经济中的竞争机制、优胜劣汰机制和能力本位机制强劲地冲击着传统的千篇一律、循规蹈矩、墨守成规等保守心态，和一味地信仰、服从的价值取向，人们逐渐认识到了墨守成规、因循守旧的惰性所带来的危害，张扬个性，发展能力极大地鼓舞了人们的斗志，调动了人的积极性、主动性和创造性。可是，由于市场经济利益驱动、竞争的盲目性尤其是市场经济体制的不完善也诱发了一些人为了获取自身利益的最大化，在攫取暴利诱惑面前，利己主义行径就暴露无疑。利己主义的最大危害就在于严重破坏了社会主义集体主义的价值取向，不能处理好个人与集体、眼前与长远、局部与整体利益的关系，使整个社会失序。

3. 思想政治教育认同力下降的利益根源分析

面对新出现和积累的社会问题，传统思想政治教育逐渐丧失了往日的威慑力，思想政治教育要见微知著，发现本质，切实发现这些社会问题背后的利益关系，面对社会成员利益观念的巨大变化和出现的问题，思想政治教育要旗帜鲜明地加以赞成或批判，绝不能模棱两可、含糊不清。

(1) "唯经济中心论"削弱了思想政治教育阵地，导致思想政治教育认同力下降

改革开放以来，"唯经济中心论"成为社会各行各业中占主流的主导思想。一些地方、一些部门甚至在一些高校中，为了物质利益，盯着经济利益的尺度和目标，出现了个别地方，个别部门，在物质文明与精神文明的建设中以牺牲精神文明为代价，来发展经济利益的极端错误的做法，使精神文明建设受到严重冲击。精神文明建设得不到重视，思想政治教育在各级政府工作、在一些高校工作中陷入了"说起来重要，做起来次要，忙起来不要"的悲惨境地。在以经济利益为评判尺度的时候，在市场化浪潮中，由于思想政治教育不能直接"创造"实际经济利益，而沦为了"关、停、并、转"甚至边缘化的弱势地位，思想政治教育工作甚至丧失了自己的工作平台，专职思想政治教育工作者变成了兼职，工作热情和积极性没有了，思想政治教育工作者自身素质得不到提高，教育效果自然而然就大打折扣。这样，马克思主义的理论教育放松了，思想政治教育这一手"软"了，一些非马克思主义甚至反马克思主义的思潮就乘虚而入，各种错误社会思潮蜂拥而入，严重侵蚀人们的思想，尤其是辨别力较差的青年人的思想。思想政治教育思想领域的阵地，如果无产阶级思想不去占领，非无产阶级的思想就必然会去占领。

(2) 思想政治教育内容、方法、途径方面随着利益的变化，更新不足

长期以来，思想政治教育内容不能及时跟进时代发展。表现在一是利益的位置问题。思想政治教育要实现好、维护好、发展好最广大群众的根本利益，要倡导尊重各种利益主体，但这绝不能成为一些人通过非法手段或不道德途径获取不正当利益的"保护装置"。利益位置合适的教育非常重要。二

是思想政治教育在内容设置上要区分层次，根据不同群体的特点设置与之相适应的具体内容。邓小平深刻指出："我们在鼓励帮助每个人勤奋努力的同时，仍然不能不承认各个人在成长过程中所表现出来的才能和品德的差异，并且按照这种差异给以区别对待，尽可能使每个人按不同的条件向社会主义和共产主义的总目标前进。"① 思想政治教育在内容设置上要区分层次，根据不同群体的特点设置与之相适应的具体内容。对于先进群体而言，意识形态的内容要注重理论的系统性，要高起点、严要求；对于普通群体而言，意识形态的内容要注重公民意识的养成，要把遵守社会主义道德规范作为重点内容。

长期以来，思想政治教育方法与现实利益主体的多样化的脱节比较严重。思想政治教育采用的是"你说我听""我压你服"的纵向、单向、外在、强制压服的方式。雅斯贝尔斯认为："教育者无视学生的现实处境和精神状况，认为自己比学生优越，对学生耳提面命，不能与学生平等对待，更不能向学生敞开自己的心扉……现行的教育本身却越来越缺乏爱心，以至于不是以爱的活动，而是以机构的、冷冰冰的、僵死的方式从事教育工作。"② 这种方法中，教育者与受教育者之间是一种典型的垂直关系。科尔伯格认为，那样的方法就是把学生看成是什么都能容纳的"盛装美德的袋子"的道德教育方法，只能单向地接受教育者的影响，不考虑受教育者的个性特征，受教育者往往是被动接受，对教育内容难以内化为自己的自觉理论，受教育者独立见解、批判意识、创新精神缺乏，体现出明显的形式主义、主观主义色彩，表现在行动上便是与理论相分离。

---

① 《邓小平文选》第 2 卷，人民出版社 1994 年版，第 106 页。
② [德] 雅斯贝尔斯：《什么是教育》，邹进译，生活·读书·新知三联书店 1991 年版，第 34 页。

(3) 思想政治教育生态①的复杂性、多变性、不确定性导致思想政治教育认同力下降

第一，全球化浪潮的掀起，在促进物质商品的全球流通的同时，也为精神性软商品的全球流通打开了方便之门。经济上，站在新的历史方位上的全球经济发展在进入新的 21 世纪以来，陷入经济增长的低谷，贸易保护主义、反全球化主义抬头，这也加剧了我国经济转型的难度。在文化上，西方资本主义文化与中国本土文化并存，文化交流交融交锋碰撞激烈。在各种社会思潮扑面涌来之时，思想政治教育要在西方文化霸权的语境下，坚决反对"历史虚无主义"和"文化虚无主义"，掌控好人们思想的大舵，牢牢把握住自己的话语权。这就要求现代思想政治教育具有辨识功力，借鉴优势文明，发挥挖掘自身特长，同时必须超越原有的单一的政治性功能，实现政治、经济、文化、社会等多功能的综合发展。

第二，社会主义市场经济改革不仅促进了物质生产力的巨大发展，同时也提出了塑造与现代化相适应的具有现代化人格的人的要求。思想政治教育作为以人为研究对象的精神实践活动，必须适应社会主义市场经济改革大潮的趋势，致力于提升人的素质和能力，促进社会的可持续发展。在物欲横流、利益高扬的时代境遇中，如何使人的主体性张扬，如何使人自身和谐生存，使人类的精神家园和谐安定是思想政治教育的历史使命。

第三，信息高科技的日新月异正在通过不断扩大人们的信息获得渠道，微博、微信等网络自媒体的自由、快捷的同时，也往往是各种信息泥沙俱下，从而不断在生活的渗透中影响着人们的思维方式、知识结构和价值观念。思想政治教育者和受教育者之间的界限不再如以往那么清晰，思想政治教育载体变得更加多样和新鲜，思想政治教育方式也变得异常灵活。

---

① 近年来，邱柏生教授借用生态学研究生命主体与其所在环境之间相互作用及关系的理论与方法，提出了思想政治教育的生态问题，并在一系列文章中阐述了思想政治教育生态的理论框架和学科体系。研究思想政治教育的生态环境不是指这一学科以往对社会环境的组成要素的一般研究，即静态的研究，而是突出了对全部社会因素之间在一定条件下的协调整合关系的动态研究。其强调关系性、动态性、整体性等具有生态特性的研究思维，显然是一种研究方法的新尝试。

在利益多元化背景下，面对利益主体多样化、利益客体丰富化、利益关系复杂化和利益观念活跃化的社会现实，思想政治教育要正视挑战、认清问题的实质，这是一项有着强烈现实要求的重大时代课题。思想政治教育应该从利益视角出发，从构成要素的各个方面入手，提高实效性、针对性、科学性，实现思想政治教育的转型与创新。

第四章 利益多元化背景下思想政治教育的内容拓展

思想政治教育的内容是根据时代发展的要求、受教育者的实际,教育者传递给受教育者的价值规范和价值体系的总称。随着时代发展和人的生存状况的发展,思想政治教育的内容也要与时俱进。当代利益多元化的兴起与发展为思想政治教育学科发展带来了难得的发展契机。在利益多元化背景下,思想政治教育学科自身由此也面临着利益观内容调整的挑战。思想政治教育要积极利用利益多元化带来的有利条件,及时在利益观内容方面予以拓展和创新,以主动解答新时代利益问题提出的一系列新课题,以优化和促进个体的人的利益和谐生存及人与人之间的利益和谐。因此,思想政治教育要突出面向利益主体的新型利益观:"个体利益、群体利益与类利益"辩证统一的利益观教育;面向利益内容的新型利益观:"经济利益、政治利益、文化利益、社会利益和生态利益"辩证统一的利益观教育;面向利益实现层次的新型利益观:"现实利益与长远利益"辩证统一的利益观教育。

一、面向利益主体的利益观教育

(一)个体利益、群体利益和类利益的关系

人是个体属性、群体属性和类属性的现实统一,人同时具有的这三重属

性构成了人的整体性的统一,这也决定了人具有三重利益诉求。思想政治教育作为一种育人、为人的活动,必须体现人的属性要求,实现人的多重利益。

1. 个体利益、群体利益和类利益的含义

(1) 个体利益

所谓个人利益是指一定时代、一定社会制度下个人社会生活各种需要的总和。每个社会成员的个人利益具有历史性和时代性,从利益内容上来看,它具有多样性和多层次性包括经济利益、政治利益、精神利益等。从本质上来看,个人利益在本质上是一定时代和社会的人际关系,首先是生产关系的集中反映。从个人利益的地位来看,个人利益是个人从事生产活动的直接动因,个人利益是较之社会利益更为基本的利益形式,这是因为:个人利益是社会利益的内容,而社会利益只是它的存在方式;个人利益是社会发展的动因和活力之一;是个人存在和个人价值的肯定和确证方式。从性质上来看,个人利益有正当与非正当之分。判断个人利益的道德属性要看实现手段正当与否,追求的利益目标合理与否。把个人利益分为正当的与非正当的两种形式,认为正当的个人利益是个人为满足自身生存和发展的需要,是生产发展、社会进步的促进因素。非正当的个人利益正好相反,是社会生产关系的消极方面,是生产发展、社会进步的阻碍因素。

(2) 群体利益

群体属于社会学的概念,对此,学者有不同的观点:有的强调社会群体的共同利益或共同价值。郭湛认为:"一个人群共同体的形成和维持是以某种共同利益或共同价值为联系的纽带的,或者说是某种共同利益或共同价值使他们凝聚在一起。"[①] 王思斌认为:"社会群体是指人们通过互动而形成的、由某种社会关系联结起来的共同体,在这个共同体中,成员具有共同身份和某种团结感以及共同的期待。"[②] 有的强调群体的社会关系性和心理上的交互

[①] 郭湛:《论社会群体及其主体性》,载《理论探讨》,1992年第6期。
[②] 王思斌:《社会学教程》,北京大学出版社2003年版,第109页。

作用。刘豪兴认为:"社会群体是人们通过某种社会关系联结起来进行共同活动和感情交流的集体。它是社会和个人的中介。"① 可见对群体的理解侧重于既要强调其形成的社会关系和物质利益基础,又要强调其心理互动和共有观念。群体可定义为:一定数量的人们通过一定的社会关系,以某种共同利益为基础,并在心理上有一定的交互作用,且具有共同目的和行为准则的共同体。② 群体利益就是,指通过一定的社会互动和社会关系结合起来的共同体的共同利益。群体利益既可以包括民族、阶级、国家、人类命运共同体的利益,也可以包括国内不同阶级、阶层、不同社会群体之间的利益。

(3) 类利益

类利益从利益主体角度看是人类共同体的利益,类利益作为一般和整体,是由组成人类社会的各个民族的利益相互影响、相互作用、相互渗透而形成的新的利益,是各个民族利益相互影响的合力,它是一种新的、系统的利益。尽管当前民族界限尚未取消,各个民族间在多方面仍存在很大差异,真正的类主体尚未生成,但却是阻挡不了类利益的发展趋势。高青海认为:"类,以个体的差异为内涵,属于多样性和否定性的统一概念。"③ 因此,理解类利益是以承认各个民族国家的利益差别为前提的。二者的一体化趋势可以概括为群体利益、各个民族利益的逐渐普遍类化、类利益正反合三个阶段。从深层次来看,人是类存在物。人在意识中能够自觉地把自身当作类看待。在马克思看来,人的类本质就是自由自觉的活动,即人通过劳动实践活动,能够超越自然的限制,能够扬弃资本主义条件下的异化,以达到人与自然、人与人、人与自身的本质统一,实现人的自然属性、社会属性和精神属性三者的融合。也就是说,如今在这样一个开放的社会中,人的类本质的超越性必将跳出狭隘的民族利益,走向自觉的类利益。当然,在目前这个阶

---

① 刘豪兴:《社会学概论》,高等教育出版社2009年版,第123页。
② 刘艳芳、孙娜:《社会群体及中国社会群体利益矛盾研究述评》,载《河北学刊》,2011年第9期。
③ 高青海等:《人的"类生命"与"类哲学"》,吉林人民出版社1998年版,第37页。

段，民族国家利益与人类利益既相一致又有差别。既要反对离开民族利益的抽象人类利益，又要反对不顾全人类利益的狭隘民族利益。在实现民族利益的同时，必须注意解决人类所面临的共同问题，为人类进步做出应有的贡献。

2. 个体利益、群体利益和类利益辩证统一的关系

个体、群体和类之间的诉求与实践所表现出的一致与分歧，合作与分离，和谐与紧张，构成了现代社会的经济、政治、文化、生态、生活领域的现实内容。这也是一个历来思想家们在理论上遇到的难题之一。在传统的社会研究中，一直存在着个体主义与整体主义的对立悖论而难于解决。马克思主义以辩证的思维方式，关系性的方法论原则，科学地说明了三者之间的辩证统一关系。

类的利益、群体的利益、个体的利益之间，既有差异也有统一。"类的利益之中包含着群体的利益，群体的利益之中包含着个体的利益，当然，类的利益之中也包含着个体的利益，但同时，个体的利益并不直接与群体的利益完全重合、群体的利益也并不直接与类的利益完全重合，个体的利益当然更不直接与类的利益重合，它们之间有差异、有分离。从文化道义的角度来讲，类的利益高于群体的利益，群体的利益高于个体的利益，但从人的现实功利角度来讲，个体利益又最感性、最直接、最真实，其次才是离它较近的群体利益，再次才是类的利益。人作为自然属性与社会属性统一并以社会属性统领自然属性的存在物，其行为当然不只为个体肉体存在，更要体现其存在的社会价值，因此，个体在追求自身利益的同时，一定要考虑到群体的、类的利益，只有如此，人才是一个完整的、真正的、有尊严的人，才不是一具行尸走肉。"① 全球化使各个国家、民族在争取自身利益的同时，不再也不能仅仅停留于单方面利益的实现上，而是要将自身利益融入整个人类的类利益这一整体中来考虑。当下，习近平提出的"一带一路"建设是构建人类命

---

① 易小明：《从人的利益诉求看先进伦理文化建设》，载《河南师范大学学报（哲学社会科学版）》，2013年第2期。

运共同体的伟大探索和实践，同时也蕴含了体现时代精神的发展理念，引领着新时期国际合作的新方向，为人类命运共同体建设提供了强大的理念领导力。① 关注全球利益，这是全球化时代各利益主体共生共存性日益彰显的客观要求和理性选择。

（二）"个体、群体与类利益"辩证统一的利益观教育内容

1. 思想政治教育体现"个体、群体和类利益"诉求的必要性

（1）新时期思想政治教育体现个体的利益诉求

正视人的个体存在的现实利益诉求，在西方历史进程中也历经了一个艰苦卓绝的斗争过程。西方社会自文艺复兴以来才开始丢弃神本确立人本为基本精神，以个体实现个性解放、世俗的欢乐、自由平等为突出特征，其强劲的个体化精神气质，反映的是对个体的感性欲求的尊重，是对人的合理自利性的充分肯定，它表现出强大的人本力量在整个西方历史进程中发挥着巨大能量，推进了整个经济社会的快速发展，也极大地推进人的不断解放。

以个人主义为价值核心的西方德育文化，是以承认人的自利性，肯定人的利益驱动，尊重人的个体性为前提的，从而激发了人的能动性和创造性，它为西方社会发展提供强大的推动力量。西方学校德育文化体现和倡导个人利益：一是在肯定个人利益的驱动下，鼓励自主创新，这为工业和市场经济的迅猛发展带来强大动力。二是私营企业成为独立自主自为的个体，政府不再干涉且立法保护，这就为经济发展提供了价值观的支持。

我国传统思想政治教育对人的个体性重视不够，对个体利益尊重不够，新时期思想政治教育开展的前提就是在于尊重合理的个体利益。党的十一届三中全会以后，市场经济的建立，个体成长为利益主体，要求对人的个体性重视，对个体利益尊重，激励和调动了人们积极性，为人们不断进取建立长效机制，提高了整个社会的活力和动力，从而极大地推动了经济的快速发

---

① 赵柯：《"一带一路"：为人类命运共同体建设提供理念领导力》，中国网，2017年7月19日。

展。思想政治教育开展的前提就是在于尊重合理的个体利益，塑造具有合法追求利益动机的"经济人"，塑造出具有良好社会责任的"经济人"。

新时期思想政治教育建设正视人的自利性，并努力引导人的自利性向着合理健康的方向发展。人的个体存在的现实需要，决定人必然具有自利性，对人的合理自利性的充分肯定，表现出强大的人本力量，推进了整个经济社会的快速发展，也极大地推进人的不断解放。承认人的自利性，肯定人的利益诉求，从而激发了人的能动性和创造性。思想政治教育体现和倡导个人的合理利益：一是在肯定个人利益的驱动下，鼓励自主创新，这为市场经济的迅猛发展带来强大动力。二是私营企业成为独立自主自为的个体，政府立法保护，这就为经济发展提供了价值观的支持。同时新时期思想政治教育在处理好个人之利、他人之利和社会之利的关系基础上，强调实现三者的有机统一。

（2）新时期思想政治教育体现群体的利益诉求

思想政治教育本身的群体性价值和功能，决定了思想政治教育体现群体利益。

在新时期思想政治教育体现群体的利益诉求中，最突出的是群体利益的民族性和阶级性。在群体利益的表现中，思想政治教育要体现和处理好国际间的不同民族国家的利益关系。民族作为一个有共同语言、共同地域、共同经济生活、共同心理素质的稳定的共同体，共同的民族精神是其生成的一个重要特征。同时，思想政治教育作为社会主流意识形态的宣扬者，它是一定社会物质生产的政治和经济的反映，因此，思想政治教育具有一定的阶级性，在阶级对立的社会时代中，思想政治教育所宣扬的意识形态往往反映了统治阶级的意志。在世界交往格局中，各民族群体日益频繁的交往条件下，思想政治教育不仅要体现本民族国家群体的利益，也要尊重其他民族国家的利益，我们反对任何形式的霸权主义，新时期思想政治教育和谐世界的理念体现着对交往中的不同民族群体利益的关照和尊重，它完全有利于和谐世界的生成与发展。

在新时期思想政治教育体现群体的利益诉求中也要体现和处理好国内不同阶级、不同社会群体之间的利益关系。人类社会存在这样一个基本事实：即生活着的人们既存在着利益的一致，也存在着利益的冲突。"之所以存在利益的一致，是因为人们的和平相处和相互合作，可以使所有的人比他们孤立活动生活得更好；之所以存在利益的冲突，是因为人们对有限的资源和合作的成果都比较敏感，渴望能够分得更多的利益和好处。随着社会结构的转型，市场经济的深入展开，我国社会多元的利益群体已经形成并有继续扩大和分化的趋势，这既是市场经济建立的基础，同时又是市场经济不断完善的结果。"[①] 在新的历史背景下，思想政治教育要将个人的命运与中华民族的命运相结合，将实现国家富强、民族振兴和人民幸福的中华民族复兴的中国梦与每个人的梦想结合起来。在建设社会主义和谐社会的大背景下，思想政治教育不仅要体现管理者群体的利益，也要体现被管理者群体的意愿，还要兼顾不同阶层、不同社会群体的利益，否则将导致利益分化和利益冲突，不利于社会的和谐发展和中华民族伟大复兴的中国梦的实现。

（3）新时期思想政治教育体现类的利益诉求

人的类存在具有客观性。马克思指出："通过实践创造对象世界，改造无机界，人证明自己是有意识的类存在物，就是说是这样一种存在物，它把类看作自己的本质，或者说把自身看作类存在物。"[②]

人的类存在的客观性决定类利益的客观性。罗马俱乐部在《增长的极限》一书中提到，物质生产的无限制增长造成了资源危机和环境危机，从而威胁整个人类的生存。显而易见，罗马俱乐部试图对全人类共同利益存在的肯定，并引起大家的关注。在此之前的《罗素—爱因斯坦宣言》，也关注到了全人类共同利益的存在的事实证明，并对人类改变思维方式的必要性做过简明的强调。当然，就是在现如今，有学者认为，当今时代真正的类主体尚

[①] 易小明：《从人的利益诉求看先进伦理文化建设》，载《河南师范大学学报（哲学社会科学版）》，2013 年第 2 期。

[②] 《马克思恩格斯文集》第 1 卷，人民出版社 2009 年版，第 162 页。

未生成，现实的利益主体主要是群体、个体。随着经济、文化的全球化发展，全球化步伐的加快，绝大多数国家都已经关注到类利益的存在和发展，类利益由于其业已产生的根基不断壮大，已脱离了虚幻的想象阶段，正在不断成长着，随着它的壮大，终有一天会生长成强大的类主体。

世界进入新时期以来，人类面临着一系列全球性问题：人口、气候、核武器、资源、粮食、不平衡等，面对这些问题，要求各个民族国家相互协作，着眼人类整体立场，必须全球通力合作，从人类整体的胸怀和视野进行综合治理方才有效。韩庆祥认为，当今中国引领世界发展的"人类命运共同体"理念是合作共赢、和平发展，即以合作共赢、和平发展的理念引导整个世界经济全球化的发展趋向。合作共赢理念是这样形成的：第一个环节是世界多样；第二个环节是平等包容；第三个环节是文明互鉴；最后一个环节是共享普惠。人们对全人类共同利益的关注与日俱增，相关研究逐渐成为学术讨论的热点。

思想政治教育立足于全球化视野，提倡"不是消除不同的价值观，而是提倡更好地理解、更好地尊重别的文化"。开始注重共生观的利益教育。所谓共生就是不仅看到人类内部不同民族国家之间的利益共生，同时也强调人与自然之间的利益共生。就从生态角度来看，人就是这个系统中的一员，人与该系统是一种一损共损、一荣共荣的共生关系，因此，人类在追求自我利益的同时，必须要兼顾到整个生态系统的利益，人类整体利益的真正实现，必然内在地要求处理好人与自然的关系。

2. "个体、群体和类利益"辩证统一利益观教育的具体内容

相对于调节利益主体的利益观念来说，树立正确的利益观，我们必须坚持马克思主义利益观。"个体、群体和类利益"辩证统一利益观教育的具体内容，就是要坚持社会主义集体主义利益观和社会主义义利观。

任何社会都需要主导价值观，"历史经验证明，一个民族或国家如果失去统一的价值目标，就会陷入相对主义和由此带来的行为非理性主义与分散

主义的混乱不堪，使民族和民众丧失共同的理想、信念和精神凝聚力"①。在利益多元化背景下，多元利益观并存已成为昭然若揭的事实。问题的关键不在于是否承认利益观的多样化存在，而是思想政治教育应倡导什么样的利益观作为社会主导利益观，来使不同利益主体之间达成利益观的共识和一致，来消弭人们在利益关系问题上的迷失。现阶段，社会主导利益观仍然必须坚持集体主义的导向，用新集体主义利益观来充实、改造传统集体主义利益观。

"义"与"利"的关系问题是不同的利益主体必然面对的问题。二者都是利益主体进行价值评价的基本标准。"所谓义利观，是指人们关于如何对待道德伦理和利益两者关系的思想、看法，是如何处理利益问题的价值取向、功利态度、思维方式。"② 利益多元化条件下，义利观问题变得更加突出，新时期的思想政治教育要特别重视义利观教育。

（1）社会主义集体主义利益观

"在市场社会中，个人特殊性的无限张扬就如同一棵芒刺，通过刺痛来唤醒人们关注普遍性，关注共同的底线价值。在处理个人与社会的关系上，坚持和倡导集体主义价值观，既要做到对传统计划经济体制下集体主义价值观的扬弃，又要根据社会主义市场经济的发展中出现的新情况、新问题用新的观点来理解和阐释这一价值观。"③ 具体来说，新时期思想政治教育所提倡的社会主义集体主义利益观，应特别注意以下几点。

第一，要坚持集体与个人的互动原则。集体主义的理论核心是集体与个人的关系问题。作为构成一对关系的两个方面，其地位是平等的，二者在这一关系中处于互动状态，集体主义对二者同时具有制约作用。市场经济条件

---

① 万俊人：《比照与透析—中西伦理学的现代视野》，广东人民出版社1998年版，第375页。
② 贾海丽：《经济利益多元化视角下思想政治教育创新研究》，河北师范大学2009年博士论文。
③ 巩克菊、丁燕：《个人与社会和谐发展的再认识——种思想政治教育维度的解读》，载《山东青年政治学院学报》，2011年第3期。

下集体主义的建构就是坚持集体与个人的融合与互动原则。集体与个人之间双向制衡在同一个有机融合体中,同时两者又在同一个有机融合体中对对方发生规制作用,从而保证了这一有机体的调节功能的双向真实有效性,克服了传统集体主义价值原则仅仅对个人起制约作用,而对集体一味顺从的片面性。在这一有机的融合体中,个人是集体中的个人,集体是个人的集体,双方保持高度的互动关系,并且由于个人与集体的真实、合理的存在,客观上可以避免"虚幻的集体"的存在以及个人对集体名义的盗用。①

第二,要坚持个人的正当利益与集体利益的有机统一。既要通过个人正当利益的实现来体现集体主义原则,又要通过集体利益的实现来保障个人利益。市场经济是以利益作为人们行为的驱动器和联结人们的纽带,功利原则是处理个人与集体之间、人与人之间关系的一个重要原则。集体主义作为马克思主义处理个人与社会关系问题的基本利益观,它强调个人利益与社会利益的统一性。集体主义原则是双向的,从集体的角度来说,要求个人利益服从集体利益,这是大前提,但同时,集体应尽可能地满足个人的正当利益,使个人的尊严、价值、权利得到最好的实现,为个人的全面发展创造条件。也就是说,集体主义的价值原则尽管突出了社会普遍利益与价值的优先地位,但是这种强调和突出并不是没有前提的,而是以"真实的集体利益"和"正当的个人利益"为基础的,它首先肯定个人正当利益存在的合法性。②

因此,如何在个体价值高扬以及异质的个体价值维度得到彰显的同时,又能以某种共同的价值取向作为社会秩序的基础,是思想政治教育发挥实效性一个关键性问题。"笔者认为,思想政治教育能够达成价值共识,可取的共同的价值取向就是我们所论述的市场经济条件下的集体主义价值观。"③ 我

---

① 巩克菊、丁燕:《个人与社会和谐发展的再认识——一种思想政治教育维度的解读》,载《山东青年政治学院学报》,2011年第3期。
② 巩克菊、丁燕:《个人与社会和谐发展的再认识——种思想政治教育维度的解读》,载《山东青年政治学院学报》,2011年第3期。
③ 巩克菊、丁燕《个人与社会和谐发展的再认识——种思想政治教育维度的解读》,载《山东青年政治学院学报》,2011年第3期。

国当前的社会主义初级阶段的集体与马克思主义经典作家所设想的"真实的集体"还存在差距。但是千里之行,始于足下。从邓小平的"三个有利于"到江泽民的"三个代表"到"以人为本"的全面协调可持续的科学发展观与"和谐社会"的提出,再到习近平提出的"加强爱国主义、集体主义、社会主义教育,引导我国人民树立和坚持正确的历史观、民族观、国家观、文化观,增强做中国人的骨气和底气"①,"一脉相承地展现了市场经济条件下集体主义的新路向,给我们从实践和理论的结合上构筑集体主义以发展两个文明,提供了强大的理论武器"②。

(2) 社会主义义利观

2001年《公民道德建设实施纲要》提出了新的社会主义义利观,既克服了传统义利观"重义轻利"的局限,又克服了市场经济"重利轻义"的自发倾向。既强调要尊重和保护个人的合法权益,又主张把谋取个人利益与自觉承担社会责任结合起来,树立关注类利益、把国家和人民利益放在首位,同时又尊重个人合法权益的"义"和"利"统一的新义利观。新社会主义义利观把"义""利"看成是辩证统一的关系,一方面,它坚持"利"是"义"的现实物质基础,另一方面它坚持"义"是"利"的内在价值要求,强调"义"(即社会利益、人民利益,类利益)是个人生存和发展的前提条件,反对个人主义和损人利己、见利忘义的不道德行为。③ 利益多元化条件下,思想政治教育要创新社会主义义利观教育内容。

第一,坚持"经济人"与"道德人"的有机统一。

市场经济的本性要求健全的市场经济主体不仅应有明确的利益观念、效益意识,而且应具有平等、互利、诚信等基本的市场道德,应该是"经济人"和"道德人"的统一。马克思、恩格斯认为:"既然正确理解的利益是

---

① 习近平:《习近平论爱国主义——十八大以来重要论述摘编》,载《党建》,2016年第2期。
② 万光侠等著:《思想政治教育的人学基础》,人民出版社2006年版,第144—145页。
③ 李铁:《当代大学生社会主义义利观教育探析》,东北师范大学2007年硕士论文。

全部道德的原则,那就必须使人们的私人利益符合于人类的利益。"① 而在自由市场经济时期,利益与道德分离,金钱征服和统治了整个世界。马克思把拜金主义贬低为"金钱是人的劳动和人的存在的同人相异化的本质;这种异己的本质统治了人,而人则向它顶礼膜拜。"② 人们追逐利益、追逐金钱,迷失人的本性,道德成为经济的衍生品,道德向利益屈服,在经济行为中人的道德判断能力失调。当人的价值理想和道德规范受到金钱的侵蚀,道德行为选择必然完全屈从于经济利益。表现为:个人利益高于集体利益,集体利益高于人类(社会)利益。在金钱的诱惑下,为了一己之私不惜损害集体利益和人类(社会)利益,为了小集团利益不惜损害国家利益,并且所谓小集团小团体利益不过是个人利己主义的变换形式。邓小平指出:"每个人都应该有他一定的物质利益,但是这绝不是提倡各人抛开国家、集体和别人,专门为自己的物质利益奋斗,绝不是提倡各人都向'钱'看。要是那样,社会主义和资本主义还有什么区别? 我们从来主张,在社会主义社会中,国家、集体和个人的利益在根本上是一致的,如果有矛盾,个人的利益要服从国家和集体的利益。为了国家和集体的利益,为了人民大众的利益,一切有革命觉悟的先进分子必要时都应当牺牲自己的利益。"③ 思想政治教育培育的"个人、集体与类利益"辩证统一的利益理性就在于:在经济行为中自觉调整与道德行为的关系,从而实现经济人和道德人的统一。

第二,坚持求利目的与求利手段的辩证统一。

社会主义义利观在对传统义利观批判继承的基础之上,对求利目的与求利手段的关系进行了全新的阐释。马克思、恩格斯指出:"每个人只有把自己当作自为的存在才把自己变成为他的存在,而他人只有把自己当作自为的存在才把自己变成为前一个人的存在——这种相互关联是一个必然的事实,

---

① 《马克思恩格斯文集》第 1 卷,人民出版社 2009 年版,第 335 页。
② 《马克思恩格斯文集》第 1 卷,人民出版社 2009 年版,第 52 页。
③ 《邓小平文选》第 2 卷,人民出版社 1994 年版,第 337 页。

它作为交换的自然条件是交换的前提。"① 可见，利益实现的手段和目的之间是相互作用、相互制约、相互转化的。

社会主义义利观肯定"利"，但坚持求利目的与求利手段的辩证统一，主张"取利要合义"，取利要合法合理，防止谋利不择手段、不论方式、铤而走险、唯利是图的极端做法。"它一方面承认正当个人利益存在的合理性，另一方面强调一个基本前提，就是追逐个人利益的途径应合义合法。强调个人利益的合理性，是对社会提出的要求；强调个人利益的正当性，则是对利益个体的规范和约束。不损害国家、集体利益和他人的合法权益是个人利益具有正当性的首要条件。"② 也就是说，个人利益的实现必须依靠正当手段，才能具有正当性。社会主义承认人们物质追求、个人利益存在的客观性和正当性，并提倡和鼓励一部分人、一部分地区先富起来。但有一个基本前提，就是谋利取财之道要合理合法。现阶段我们提倡的可谋之"利"是："通过诚实劳动而获取的个人正当的物质利益；受到宪法、法律保护的公民个人合法利益；与整体利益、长远利益不相违反的局部利益、眼前利益。"③ 因此，利益主体在追求利益的过程中，既要看到目的合理性，又要看到手段合理性，只有将二者有机地结合起来，才能坚持既注重经济效益又注重社会效益的具有社会主义市场经济特点的利益取向。

思想政治教育在实践中提倡追求利益与保持高尚品德相统一，就是提倡：追求正当的个人利益遵循的前提是不损害他人、集体、社会利益；做到利己但不损人、利己又能利人；做到追利不缺德、见利不忘义。用正当、合法的手段去追求合理合法的利益，在实现个人价值的过程中，遵守职业道德，维护社会公德，保持高尚品德。在追求利益的过程中把讲奉献、克己奉公、忠于职守、乐于助人这些基本的品德贯彻其中，绝不放松对个人主观世

---

① 《马克思恩格斯全集》第30卷，人民出版社1995年版，第198页。
② 刘世明：《树立正确的利益观》，载《天津师范大学学报（社会科学版）》，2004年第1期。
③ 李铁：《当代大学生社会主义义利观探析》，东北师范大学2007年硕士学位论文。

界的改造。同时,思想政治教育在实践中还要与那种只从自己利益考虑、损人利己等不良现象作坚决的斗争,明辨是非,扬善除恶,弘扬正气,这样才能使个人与社会共同发展,促进社会的和谐发展。

二、面向利益内容的利益观教育

利益是一个十分庞杂的体系,主体所追求的利益是多种利益的综合,从中国特色社会主义利益范畴的内涵看,利益已经扩展为包含经济利益、政治利益、文化利益、社会利益和生态利益在内的具有丰富内容的概念。

(一)"经济、政治、文化、社会和生态利益"之间的关系

1. 经济利益、政治利益、文化利益、社会利益和生态利益的含义

(1) 经济利益

经济利益是指在一定社会经济形态中满足人们经济需要的生产成果。是维持人们生存和发展的基础,是人们首要的、第一位的利益需求。马克思指出,人类生存的第一个前提是:"人们为了能够'创造历史',必须能够生活。但是为了生活,首先就需要吃喝住穿以及其他一些东西。因此第一个历史活动就是生产满足这些需要的资料,即生产物质生活本身。"① 目前,对我国人民群众来说,经济利益是人们进行各种社会活动的动因。在社会主义市场经济条件下,马克思主义利益理论得到了新的发展,个人物质利益得到了尊重,各利益主体在市场规则的约束下自由追逐自己的经济利益。现阶段,在国家经济得到快速发展,综合国力显著增强的前提下,应使人民群众的经济收入增加、人民群众社会福利和物质生活条件不断得到相应提高,吃、喝、住、穿、行的基本生活需要得到满足,现在正在向小康和全面小康迈进,追求更有品质的生活,吃得好、穿得美、住得舒适的利益需求,成为中

---

① 《马克思恩格斯文集》第1卷,人民出版社2009年版,第531页。

国特色社会主义的主要任务。

（2）政治利益

政治是人们当家做主，参与或监督国家公共事务的权利，是政治主体在政治领域中追求的权力、权利、地位、荣誉、声望等的利益。对广大人民群众来说，他们的政治利益是依照宪法和法律充分享有的各种民主权利，如当家做主、依法管理国家和社会事务、参与管理经济和文化事业的各种民主政治权益等。十六大报告指出："发展社会主义民主政治，建设社会主义政治文明，是全面建设小康社会的重要目标。"① 中国特色社会主义政治利益要得以实现和维护，就要在宪法和法律范围内，不断满足人民民主政治权益的要求。就是在坚持四项基本原则的前提下，使人民群众充分享有宪法赋予的各项民主权利，在管理国家和社会事务方面发挥更加重要的作用。通过加强制度建设，实现民主政治的制度化、规范化和程序化，健全民主制度，丰富民主形式，扩大公民有序的政治参与，来保证人民依法实行民主选举、民主决策、民主管理和民主监督，尊重和保障人权，使人民真正享有广泛的权利和自由。

（3）文化利益

文化利益是人类精神需要的满足。文化利益是多方面的，包括语言、文学、艺术、教育、科学等等精神领域的利益。2001年党的文件中第一次确认了文化利益："在社会不断发展进步的基础上，使人民群众不断获得切实的经济、政治、文化利益"②。"可以从主体性、客体性、关系性三方面进行理解：中国特色社会主义文化利益的主体，是在经济社会发展中从事文化活动的利益的承担者、追求者、实现者和享有者，它可以是人，也可以是由人组成的各种组织，如企业、事业单位等；中国特色社会主义文化利益的客体，主要指广大人民群众为满足自己的精神文化性需要而生产的各种具体的对象物，它具有十分丰富的内容；从关系性看，中国特色社会主义文化利益，是

---

① 《江泽民文选》第3卷，人民出版社2006年版，第553页。
② 《江泽民文选》第3卷，人民出版社2006年版，第279页。

人们对精神文化产品的需要之间的满足与被满足的关系。"① 习近平指出，在现阶段实现人民群众的文化利益，就是在坚持以马克思主义为指导的前提下，大力发展面向现代化、面向世界、面向未来的，民族的科学的大众的社会主义文化，使人民群众的思想道德素质、教育科学文化水平和精神生活质量得到相应提高。

(4) 社会利益

社会利益是一个富有张力的概念。一是对社会的不同理解导致对"社会利益"的不同认识。如果将"社会"作广义理解，社会利益就是人类社会存在的一切利益，是利益概念的上位概念。如果将"社会"作为狭义理解，社会是基于共同利益而互相联系起来的人群，或是以共同物质活动为基础而相互联系的人们的总体。社会利益是一个相对的概念。笔者认同社会利益与国家利益均是类利益的下位概念。社会利益是一定时空范围内的社会全体成员，在一定社会物质生活条件下，基于一定的社会目标而对诸种社会要素和社会状态的共同需要所体现的利益形态。二是从社会利益包含的内容来看，社会利益也有广义和狭义之分，作为与经济利益、政治利益、文化利益并列的社会利益，则是指狭义的社会利益。中国特色社会主义的社会利益，就是十七大报告所指出的"努力使全体人民学有所教、劳有所得、病有所医、老有所养、住有所居"②。就是民生的改善、教育的优先发展、就业路径的扩大、覆盖城乡居民的社会保障体系和基本医疗卫生制度的基本建立、全民健康水平的提高、社会管理的完善等。

(5) 生态利益

生态利益"就是指人类修复和还原生态系统而产生的对人类有用的价值或功能。因为这种价值和功能依附于生态本身，因此，叫生态利益"③。生态就是人类赖以生存的自然环境状态，利益就是从生态环境获取资源和能源给

---

① 张思军：《中国特色社会主义利益观》，电子科技大学2011年博士学位论文。
② 《十七大以来重要文献选编》（上），中央文献出版社2009年版，第804页。
③ 李永宁：《生态利益国家法律补偿机制研究》，长安大学2011年博士学位论文。

人带来的好处。社会科学把静态的生态环境或者动态的生态系统与利益相联系，组合成生态利益。"传统的利益理论仅局限于从社会性视域来研究利益问题，却将利益问题的自然基础及其属性——生态环境、人与自然的关系排斥在外，因此人们没有认识到生态利益的重要性，对生态利益的忽视，导致了人们在追逐利益时对自然环境的掠夺和破坏，人与自然的关系矛盾日益严重，致使生态危机的出现。"① 十八大报告把"生态文明"提升为全面建设小康社会的五大目标之一，成为贯穿政治、经济、文化、社会、生态建设"五位一体"的战略任务，"建设生态文明，是关系人民福祉、关乎民族未来的长远大计。面对资源约束趋紧、环境污染严重、生态系统退化的严峻形势，必须树立尊重自然、顺应自然、保护自然的生态文明理念，把生态文明建设放在突出地位，融入经济建设、政治建设、文化建设、社会建设各方面和全过程，努力建设美丽中国，实现中华民族永续发展"②。生态利益进入到一个值得高度重视的新阶段。在利益分化时代保护生态环境就必须转变思想观念和思维方式，引导广大人民群众广泛参与到对保护生态环境的队伍中来，营造齐心协力共同建设生态中国的大环境，全体人民树立节约意识、环保意识、生态意识，构建生态利益观成为时代的要求。

2. 经济利益、政治利益、文化利益、社会利益和生态利益辩证统一的关系

利益并非是经济利益的代名词，还包括政治利益、文化利益、社会利益和生态利益。利益内容的多种形态源于人的需求的多样性。现实生活中人们需要的内容是多种多样的，人们追求的首要利益是经济利益，但随着社会的进步和人类文明的发展，在追求物质利益的基础上，人们对非物质利益的追求将会愈来愈迫切，利益诉求的全面化是必然。正如汤因比所说的："人不仅仅是靠面包过活的，无论人的物质生活可能被提高多高，也无法满足他在

---

① 黎深海：《利益分化时代与生态环境保护的思考》，福建师范大学2010年博士学位论文。
② 胡锦涛：《坚定不移沿着中国特色社会主义道路前进 为全面建成小康社会而奋斗——在中国共产党第十八次全国代表大会上的报告》，人民出版社2012年版，第39页。

精神上对社会公平的需要。"① 人类需要"食物、衣服、住所、健康、安全、教育、消遣、美感"② 人们满足这些需要的过程，就是提供劳务、获取收入，通过交换，实现经济利益、政治利益、文化利益、社会利益和生态利益的过程。人类活动的不同领域都有利益的存在形式。在经济领域，经济利益表现为工资、利润、资本、不动产等经济主体的行动目的；在政治领域，政治利益表现为权利、权力、声望、荣誉等政治主体的活动目标；在文化领域，文化利益表现为教育、真理、美感等具有终极意义的价值；在社会领域，社会利益表现为教育、就业、住房、社会保障、医疗卫生等与民生息息相关的公众性、公用性、公益性和非营利性的内容。在生态领域，生态利益表现为人与自然和谐相处所产生的可持续发展的利益。

十六大以来，中国共产党不断扩展利益的内涵，认为人民群众的利益不仅局限于物质利益，还包括政治、文化、社会、生态等的全方位的利益要求。党的十六大提出经济建设、政治建设、文化建设"三位一体"格局的发展，重视人的经济、政治和文化权益发展。十七大提出"四位一体"总体布局的新内容。开始注重按照共同建设、共同享有的原则，以改善民生为重点，解决好人民群众最关心、最直接、最现实的社会利益问题。再到十八大"必须更加自觉地把以人为本作为深入贯彻落实科学发展观的核心立场，全面落实经济建设、政治建设、文化建设、社会建设、生态文明建设五位一体总体布局"③，十八大纳入生态文明建设，提出要从源头扭转生态环境恶化趋势，为人民创造良好生产生活环境，努力建设美丽中国，实现中华民族永续发展的生态利益问题。

经济利益、政治利益、文化利益、社会利益和生态利益是一个有机整体，其中经济利益是根本，政治利益是保证，文化利益是灵魂，社会利益是

---

① ［英］汤因比：《文明经受着考验》，浙江人民出版社1991年版，第24页。
② ［法］弗里德里克·巴师夏：《和谐经济论》，中国社会科学出版社1995年版，第12页。
③ 胡锦涛：《坚定不移沿着中国特色社会主义道路前进 为全面建成小康社会而奋斗——在中国共产党第十八次全国代表大会上的报告》，人民出版社2012年版，第8页。

条件，生态利益是基础。经济利益、社会利益指物质生活水平的提高，涉及人的生存问题，是人的物质要求的反映；政治利益是指政治地位的提高和民主权利的保障，关系人的社会地位和权利问题，是人的社会需求的反映；文化利益指教育科学水平和精神生活质量的提高，影响人的精神生活状况，是人的精神需求的反映；生态利益是人与自然的相互关系，是人与自然之间和谐相处，代际之间利益关系的反映。它们之间是相互依赖和互相制约、相互影响和相互促进的内在互动关系。比如社会利益具有统合功能和辐射作用，它的实现：在经济建设方面，不仅要求社会物质财富在量上不断增加，生产力和科技水平不断提高，还要求处理好人与自然的关系，实现人与自然的和谐发展；处理好人与人之间的关系，实现人与人之间的平等友爱；处理好效率与公平的关系，在强调效率的同时更加注重社会公平与正义；在政治建设方面，不仅要求建设好政治意识、政治制度和政治行为，还要要立足于我们党所处的历史方位和时代赋予的历史使命，从党和国家长治久安的高度，确定国家可持续发展的宏观战略，加强党的执政能力建设；在文化建设方面，要将文化建设的各方面，如产品开发、商品设计、经营理念等，置于社会建设的系统工程，将文化内涵的赋予，文化品位的提升，文化吸引力的增强，贯穿于整个社会建设的大局，在不断丰富民族文化宝库的过程中，为社会建设提供精神动力；在生态建设方面，要体现人与自然和谐的理念，要面向未来，实现可持续发展。再如生态利益的实现，建设有序的生态运行机制和良好的生态环境是需要物质的、精神的、制度的方面成果的总和为保障。同时，反过来大力推进生态文明建设，是涉及生产方式和生活方式根本性变革的战略任务，必须把生态文明建设的理念、原则、目标等深刻融入和全面贯穿到我国经济、政治、文化、社会建设的各方面和全过程，用生态观来观察人与自然以及人与人的关系，积极改善和优化人与自然、人与人的关系。

利益是具体的、历史的，不同的主体有不同的利益诉求，不同时空同一主体所追求的利益也是不断变化的。经济利益、社会利益是人们最基本的利益要求；政治利益是一种较高层次的利益要求；文化利益、生态利益是人们最高层面和长远层面的利益要求。正如马克思所说，"人以其需要的无限性和广泛性区别于其他一切动物"①。只有实现经济利益、政治利益、文化利益、社会利益和生态利益之间的动态和谐，不断推进发展，社会系统才能真正实现利益和谐。

（二）"经济、政治、文化、社会和生态利益"辩证统一的利益观教育内容

社会主义和谐社会不是无矛盾、无差别的社会，而是在差异的基础上实现和谐的社会。"和谐社会的特征是：共识、包容、互动、双赢、共生，即和谐社会是有共同发展目标和价值观的社会。"② 构建社会主义和谐社会就是要对各种不和谐的现象进行调整和解决，在保证人民不断获得经济利益的同时，保障他们不断获得政治利益、文化利益、社会利益和生态利益是构建和谐的利益关系的重要内容。和谐利益观对建构和谐社会有积极的作用。思想政治教育进行"经济、政治、文化、社会和生态利益"辩证统一的利益观教育的具体内容就在于进行和谐利益观教育。

一是提倡和谐利益观，要关注利益的全面性。人的利益的一个重要方面是经济利益，同时包括其他利益。经济利益是政治利益、文化利益和其他利益的根本，经济利益是人民生活中最敏感的神经，没有经济利益为前提，人们衣食住行不能得到保障，一切空话都是无用的。必须给人民以看得见的物质福利，否则很难发挥强大的利益整合功能，在和谐利益观中首先着眼于现实的人的物质文化生活需要。同时着眼于促进人的素质提高和人的全面发展。在社会发展进步的基础上，不断发展先进生产力和先进文化，人民群众不断得到切实的政治利益、文化利益、社会利益和生态利益，享受到经济社会发展的全面成果。

---

① 《马克思恩格斯全集》第49卷，人民出版社1982年版，第130页。
② 张艳涛：《和谐社会的文化意蕴》，载《求实》，2005年第8期。

二是提倡和谐利益观，要关注利益实现的动态层次性。经济利益、社会利益涉及人的生存，是人们最基本的利益要求；政治利益是一种较高层次的利益要求；文化利益、生态利益是人们最高层面和长远层面的利益要求。人民群众的根本利益有着丰富而具体的内涵，而且是发展变化的。随着经济社会的发展，人民群众的物质生活方面的需求在增长，同时，其他方面的更高层次的需求包括政治权益、文化权益、社会权益、生态环境等需求也在增长。"比如，在民主政治权益方面，人们的权利意识也不断增强，对于维护自身权益，扩大政治参与的需求也日益增强，希望自己的知情权、参与权、选择权、监督权得到充分尊重，要求行使更多民主权利；在社会权益方面，人民群众已不满足一些简单的、不完善的公共服务，而是要求获得较好的社会服务和社会保障。过去，我们对人民利益的认识侧重于经济利益方面，我们的社会主义建设总体布局也主要是从经济发展考虑的。随着时代的发展进步，人民群众其他方面的利益需求不断增强。这就要求我们以与时俱进的眼光来看待人民群众不断发展的利益需求，正确把握人民群众在新的历史起点上的新期待。"① 就拿人们对生态利益需求的增长来看，这不仅是一场经济领域的发展模式的一场变革，更是一场思想观念的深度调整和变革。

三是提倡和谐利益观，要关注利益人本性。提倡和谐利益观就是要以实现人的全面发展为目标。经济发展、政治发展、社会发展、文化发展和生态发展都是围绕人这一历史主体的存在、发展以及人格和个性的完善而展开的。提倡和谐利益观，关注利益人本性，思想政治教育要做到：一是坚持和体现关心人、尊重人、爱护人、发展人和完善人的思想以及维护人权、尊重和保护社会成员的合法利益，反映人的愿望和要求。二是突出人的发展。人类自身的生存和发展不仅仅是物质层面的需求，还有精神层面的需求。马克思认为人只有解决吃穿住行等基本物质生活需要之后，才能从事政治、经济、文化等活动。思想政治教育以人为本，肯定人的价值和意义，作为"一

---

① 温宪元：《全面把握"五位一体"总布局》，载《光明日报》，2012年12月11日。

种尊重人、理解人、肯定人的价值，开掘人的潜能，发挥人的主观能动性，给人以更多选择和创造机会的人生哲学"①，不断提高人的思想道德素养，促进人的现代化综合素质的提高，实现人的全面发展。三是思想政治教育以保障人的根本利益为出发点和归宿点，宣扬党的执政理念中利益共享、普惠的理念，让发展成果惠及全体人民。

四是提倡和谐利益观，要关注利益的相关性。社会主义和谐社会的基本特征要求从我国的实际出发坚持统筹兼顾，协调各方利益关系。思想政治教育提倡和谐利益观，关注利益的相关性：一是要贯彻科学发展、社会和谐的理念。我国已经进入科学发展的新阶段，我国社会的发展是经济、政治、文化、社会和生态有机统一体的发展，这是贯彻落实科学发展观和构建和谐社会内在统一的理念。我们要改变过去"物本主义"的发展理念，实现经济又好又快发展，实现社会可持续发展，重视发展的全面性、整体性和前瞻性理念和思路，实现社会发展的全面、协调、可持续。二是要在动态中实现人民群众的经济、政治、文化社会和生态利益的统筹兼顾，协调发展。思想政治教育要把发展是否满足人民群众日益增长的物质文化生活需要，作为评判人民群众利益实现的衡量尺度。

三、面向利益实现层次的利益观教育

（一）眼前利益与长远利益的关系

1. 眼前利益与长远利益的含义

（1）眼前利益

眼前利益就是人们用以满足物质文化需要的现成的利益。是主体在一定的时间期限内就能够实现或者已经出现在主体面前的利益。眼前利益是现实

---

① ［美］英格尔斯：《人的现代化》，殷陆君编译，四川人民出版社1985年版，第4页。

的、具体的、短期的、个别的利益,是具有当下直接的现实性的利益。主体谋求利益的主要动因是以眼前现实的利益为目标,是以实实在在看得见、摸得着的利益为动力的。一定社会、一定历史时期的利益是不是能够成为可以实现的眼前利益,取决于社会达到的生产力水平。

(2) 长远利益

长远利益就是主体在时间、距离和实现的层次上都在一定的未来、一定的远方、一定的高度上可以实现的利益。它是以可能性、未来性、应然性,理想性与主体发生关系。长远利益是潜在的、可能的、理想的利益。主体对长远利益的认识和需要追求是与社会发展的程度、对人类自身的认知水平、对自然环境的了解程度密切联系的。

2. 眼前利益与长远利益的关系

在长远利益和眼前利益的关系中,眼前利益是基础,眼前利益一般与生存利益相联系,没有眼前利益,人们目前的需要不能得到满足,不能保障人们的生存,也就谈不上与未来发展有关的长远利益。一般说来,眼前利益是激励群众行动的主要动因,群众总是根据目前的需要来确定自己所追求的利益目标。没有眼前利益的实现,主体就难以生存,因而根本谈不上主体发展的需要、社会发展的长远利益。在长远利益和眼前利益的关系中,长远利益更根本、更重要。长远利益与发展利益相联系。

在我国目前处理眼前利益与长远利益的关系时,主要存在两对矛盾:一是发展经济与保护环境的矛盾。在以经济建设为中心任务的社会主义市场经济转型过程中,人与自然的矛盾就以经济利益与生态利益的矛盾凸显出来。过去我们片面追求经济效益的提高,却忽视了资源的有效利用和环境的保护,忽视了自然环境本身存在的价值。发展中的不平衡、不协调和不可持续成为当前最为突出的重点问题。二是共产主义理想信念的动摇与缺失问题。拥有坚定的理想信念,站位才能更高,眼界才能更宽,心胸才能更广,习近平形象地将"理想信念喻为共产党人精神上的钙"①。有人将共产主义理想看作遥不可及、不可能实现的愿望,甚至动摇或否定共产主义理想信念;有人贪图眼前享受,在眼前利益中沉醉和迷失,丧失对未来美好共产主义理想的追求。在这样的情况下,坚定共产主义理想、巩固社会主义信念既是思想政治教育面临的重要课题,又是思想政治教育的基本内容。在处理长远利益和眼前利益的关系时,要反对两种倾向:一是只顾眼前利益,不顾长远利益的倾向。由于长远利益是指向未来的,是具有前瞻性的利益,它是普通群众的眼光和视野所不能及的,致使在处理长远利益和眼前利益时,常会发生脱节,尤其是当眼前利益与长远利益发生矛盾时,一些人会只顾眼前利益而不顾及长远利益,使人们的行为活动陷入短视和盲目性之中。二是只注重长远利益,忽视人民群众的现实利益。在追求长远利益之时,时刻不能忘记人们的眼前利益,否则,对长远利益的追求就会失去动力而流于空想。

(二)"眼前利益与长远利益"辩证统一的利益观教育内容

针对我国目前处理眼前利益与长远利益关系时存在的主要矛盾,"眼前利益与长远利益"辩证统一的利益观教育的具体内容表现为进行共产主义理想教育。共产主义理想是包含着现实利益的理想,我们追求的现实利益也是符合共产主义理想的利益。只有把理想和现实有机地结合起来,在发展社会主义市场经济的过程中始终保持高尚的理想信念,才能不被单纯的物欲所羁绊。江泽民指出:"如果只讲物质利益,只讲金钱,不讲理想,不讲道德,人们就会失去共同的奋斗目标,失去行为的正确规范。"② 现阶段思想政治教育必须理直气壮地宣扬共产主义的理想教育。

在人类社会发展的历史长河中,追求理想的社会秩序、和谐的存在状态,构成了人类进步的旗帜,社会发展的方向。马克思主义者,共产党人所

---

① 李维:《习近平重要论述学习笔记》,人民出版社 2014 年版,第 18 页。
② 《江泽民文选》第 3 卷,人民出版社 2006 年版,第 278 页。

追求的理想社会状态就是共产主义。然而，随着国际上经济全球化的到来，国际共产主义运动陷入"低潮"，加上西方思想文化的侵袭，马克思主义、共产主义的吸引力在一定程度上呈现下降之趋势；而在国内，随着市场经济体制的建立，在功利原则的消极影响下，也出现了有些党员干部对马克思主义、共产主义理想信念动摇的问题。根据中国社会科学院对我国普通民众目前信仰现状的调查显示，在全体被调查者中，"有信仰"人员只占28.10%，明确表示"没有信仰者"占36.09%，如果把"曾有过信仰"者也视为目前没有信仰，那么"没有信仰"者达到58.33%，超过了被调查者的一半。[①] 从2003年的数据中，我们应该警醒。虽然2003年到2018年间有这种状况有了改善，但在现实中那些消解共产主义理想、反对马克思主义、割裂社会主义在中国实践的思想，我们必须坚决予以抵制。

第一，共产主义远大理想既为当下中国特色社会主义事业的实践活动设定了奋斗目标，也提供了参照体系和评价标准。也就是说，衡量当下实践成败与否的关键，在于是否朝着共产主义的理想目标进一步迈进，在于是否为共产主义的实现奠定了新的基础。在此参照系的综合考量下，正确处理坚持共产主义理想性与现实性的辩证关系，在共产主义远大理想的指导下推进中国特色社会主义共同理想的实现，在推动现阶段具体理想实现的过程中逐步接近远大理想，也有助于进一步完善中国特色社会主义建设事业在社会主义初级阶段，由于体制等不完善造成的弊端和盲点。倘若缺乏共产主义远大理想的指引，没有共产主义远大理想的参照和标准，那么改革开放事业的实践就会因缺乏导向坐标，而走一些弯路，甚至在前进的航向上迷途，尤其是在市场化的今天，会导致物化和短期化行为滥觞，功利主义和实用主义横行。

第二，用共产主义信念塑造共产党人的政治灵魂。政治灵魂是全国人民的旗帜和方向，用共产主义信念塑造共产党人，有助于增强党的创造力和战

[①] 张建军、李立：《关于"德育困境"的思考》，载《增强高校思想政治教育实效性探索》，2003年第2期。

斗力，增强党在世界情势发生深刻变化的历史进程中掌控各种风险的能力，增强党在国内外风云变幻中成为全国人民的主心骨的能力。邓小平针对中国共产党由革命党向执政党历史地位的深刻变化，强调："我们马克思主义者过去闹革命，就是为社会主义、共产主义崇高理想而奋斗。现在我们搞经济改革，仍然要坚持社会主义道路，坚持共产主义的远大理想。"①

现阶段思想政治教育在宣扬共产主义的理想教育时，要做到遵循共产主义理想教育的层次性。

第一，关注我国在不同的利益领域呈现出多层次和多趋向的复杂状况。现阶段人民群众最关心、最直接、最现实的眼前利益问题集中表现为一是人们对食、住、医等最原始、最基本的需要，这是最强烈的不可避免的最低层次需要，也是推动人们行动的强大动力。而对此需要的表现与要求也有层次之分，贫困地区要求解决温饱，而温饱地区则要求解决危害食品安全与健康的社会因素；无房户想买得起房，有房户怕有钱买不到称心的好房；无医保的盼望能看得起病，看得起病的希望提高医疗质量。

第二，关注教育者个体品德结构的层次性。由于受教育者的知识水平、认识能力和身心发展情况不同，使其政治觉悟有高有低、思想道德水平不尽一致，他们所能接受的教育内容的深度、广度等也因此有所不同。

第三，承认社会主义初级阶段利益观体系本身具有的层次性。第一层次为社会公共生活准则，即全体公民为维护社会正常工作生活秩序，必须遵循最简单最起码的公共道德规范。这种道德准则是社会公共现实利益关系的反映和体现，是社会道德的最低层次，具有共同性、群众性等特点。第二层次为社会主义道德。它是中间层次，是反映或体现社会主义社会新型人际关系的基础。其内涵也是十分丰富的，如集体主义等；第三层次为共产主义道德，如公而忘私、勇于献身、必要时不惜牺牲自己的生命等，这是最高层次的道德。一般而言，对不同的利益主体，这种道德教育要求层次是要区别对

---

① 《邓小平文选》第3卷，人民出版社1993年版，第116页。

待的,比如对共产党员干部等先进分子的要求,就要以共产主义道德标准进行要求,对于普通民众就要降低要求,贴近他们的思想和生活实际。思想政治教育利益观内容构建中要贯彻层次性原则,必须针对受教育者本身的思想状况和层次,以现实为基础,分类制定内容,分层实施,形成多层次的内容体系结构。

第五章　利益多元化背景下思想政治教育的方法论原则构建

"工欲善其事，必先利其器"，思想政治教育的"器"就是方法。思想政治教育的任务是育人，是改善人的认知、情绪和情感、完善人的个性和社会适应性。思想政治教育作为精神领域的活动，方法是其活动过程的关键所在。毛泽东认为："我们不但要提出任务，而且要解决完成任务的方法问题。我们的任务是过河，但是没有桥或没有船就不能过。不解决桥或船的问题，过河就是一句空话。不解决方法问题，任务也只是瞎说一顿。"① "思想政治教育方法就是教育者在对受教育者进行思想政治教育过程中所采用的思想方法和工作方法，或者说是教育者为了达到一定的目的对受教育者采用的手段和方式。"② 思想政治教育方法论，"简言之，它是关于思想政治教育方法的理论学说，内在地涵盖其诸方法的体系和形态"③。思想政治教育方法论原则是指在运用和实施思想政治教育方法时所应该遵循的一些共同准则，它是依据现实需要和时代发展要求，以及在思想政治教育自身目的和任务的共同关照下遵循的一些共同准则。在当代中国利益多元化背景下，利益多元化引发了价值的多元化。从利益维度来考察现代人本思想政治教育，研究思想政治教育与人的利益的关系问题，就具有了方法论意义。但本书限于课题的研究

---

① 《毛泽东选集》第 1 卷，人民出版社 1991 年版，第 139 页。
② 郑永廷：《思想政治教育方法论》，高等教育出版社 1999 年版，第 3 页。
③ 邹绍清：《当代思想政治教育方法论发展研究》，人民出版社 2013 年版，第 26 页。

范围，并不能系统全面地研究思想政治教育利益方法论体系，而只能就思想政治教育与利益的关系问题，提出思想政治教育利益论的一般方法论原则。

一、物质鼓励与精神鼓励相结合的原则

（一）人的利益是物质利益与精神利益的统一

从利益角度审视整个人类社会，人的利益是以人的需要为基础，体现物质利益与精神利益相统一的一种社会关系性存在。

1. 物质利益、精神利益的内涵

物质利益是指能够满足人的物质需求的物质实在。在一般情况下，人们往往把对消费资料的占有，称为日常生活的物质利益，一般表现在吃、穿、住、行、用五个方面。精神利益是人在社会关系中所表现出来的精神需要及其实现，它是以满足人的精神需要为内容的利益的类别，"它是人的精神需求的实现，是一个动态的过程，其内容非常丰富，包括情感、尊重、名誉、求知、社会交往、对各种精神文化成果的享有、实现自身价值及理想、信念及信仰的获得与坚持等内容，甚至现实的各种社会性的精神生活条件、各种精神价值等也都属于精神利益的范畴"[①]。

2. 物质利益和精神利益的辩证统一关系

物质利益与精神利益满足的是人的不同需要，是人所追求的两种不同种类的利益。但是这种划分只是在理论上的区分，在实际生活中，物质利益与精神利益常常密切地联系在一起，二者的关系是对立统一的关系。

第一，物质利益决定精神利益，物质利益是精神利益的基础。在人的利益体系中，最重要、最基本的是物质利益，物质利益是决定其他利益的基础。人既有衣、食、住、行等物质资料方面的物质利益要求，也有维护人的

---

① 郭萍：《论人的全面发展中的精神利益》，山东师范大学2012年硕士学位论文。

尊严、享受本人应有的权利，促进自己的发展及价值实现等精神利益要求。精神从一开始就很"倒霉"，总是受到物质的"纠缠"，精神利益离不开物质利益而单独存在。人的精神利益的满足，离不开一定的物质基础并以一定的物质形态作为载体。没有一定的物质利益作保证，精神需求就难以得到顺利升华，也就无法创造出或得到高层次的精神利益。

第二，精神利益对人的物质利益具有反作用。虽然人的物质利益是精神利益的基础，但人的精神利益的满足状况又反过来对人的物质利益的发展产生重要的影响。它对物质利益既有积极的促进作用，也会产生消极的阻碍作用，但积极作用是占主导的。这表现在：一是许多社会变革也都是以思想认识上的变革为先导。在人类社会发展的历史中，正是人们对道德、情感、公平、正义和社会秩序的追求的种种精神利益要求，人的社会关系才会日益改善；二是人们对理想、信念的追求常常会成为人们从事生产劳动的强大精神动力；三是人的精神利益促使人的认识的扩展，从而不断从深度和广度上推动着人的生产实践活动。人们为了满足求知的精神需要，会不断地去认识对象，从而获得真理，并以真理指导人的生产实践活动。有时候有些精神利益对社会消极影响，是由于对精神利益不恰当追求导致的后果。

第三，物质利益与精神利益相互渗透、互相补充。一是物质利益与精神利益是相互渗透的，物质利益的实现包含有精神利益的获得，纯粹的物质利益和纯粹的精神利益是不存在的。人所要求的物质生活必然渗透着人的各种精神性的要素，精神利益与物质利益的相互渗透也可以从利益的对象方面得到证明，没有精神利益的物质利益的追求，只能是人的肉体生存需要的满足。二是物质利益与精神利益互相补充。人的需要是由人的物质需要和精神需要共同组成的一个总需求，"在解决二者之间的关系时，中国传统的儒家思想主张'存天理，灭人欲'。陈亮、叶适则主张'理欲统一'，即物质利益和精神利益共同发展。在西方，古希腊时期的伊壁鸠鲁认为在一定的物质生活的基础上求得心灵的宁静就是幸福"①。随着生产力水平的提高，人的物质利益得到了越来越充分的满足，人的精神利益要求也随之越来越高。对物质利益和精神利益的追求与享有构成人的物质生活和精神生活的主要内容。二者缺一不可，恰当地处理好二者的关系，有利于提高人们的生活质量，有利于人的全面发展和社会进步。

（二）物质鼓励与精神鼓励相结合是思想政治教育的方法论诉求

1. 正确把握思想政治教育中物质鼓励与精神鼓励之间的关系

人的存在是物质利益与精神利益相统一的共在就决定了思想政治教育的开展必须重视物质利益与精神利益的重要问题，并处理好二者的辩证统一关系。思想政治教育所采取的物质鼓励，就是关照和尊重人民群众的实际物质利益问题，满足人民群众正当合理的物质利益需求，着重点是人们的物质利益需求；精神鼓励是用科学理论去教育、影响、改变人的思想和立场，不断提高人的思想觉悟，提高人们认识世界和改造世界的能力，着重点是人的精神利益需求。物质鼓励与精神鼓励相结合的方法论原则，就是在思想政治教育过程中，处理好物质利益与精神利益辩证统一关系，实现物质利益与精神利益的正确结合。由于人们的物质利益与精神利益需求存在需求层次方面的差异，在思想政治教育过程中，缺乏精神鼓励的物质鼓励，只能停留在物质利益追求的层次，易导致人为物役；缺乏物质鼓励的精神鼓励，也只能是空洞的说教。可见物质鼓励和精神鼓励并不是截然分开的，两者相辅相成，互为转化、互为促进。所以，必须采用物质鼓励与精神鼓励相结合的方法论原则，妥善解决群众合理的物质需要，同时发挥精神鼓励的积极作用，实现物质到精神的转变。

思想政治教育是精神领域的实践活动，但绝不是否定物质利益的"精神万能论"。社会存在决定社会意识，社会意识能动反作用于社会存在，这是

---

① 靳国军、李新梅：《试论物质利益与精神利益的关系》，载《辽宁省社会主义学院学报》，2006年第5期。

马克思主义的基本观点。毛泽东指出："物质可以变精神，精神可以变物质。""代表先进阶级的正确思想一旦被群众掌握，就会变成改造社会、改造世界的物质力量。"① 即是说，精神因素对于物质生产活动具有反作用，但精神因素不能代替物质因素。在思想政治教育过程中，只强调奉献精神和牺牲精神，不关心人的需要，忽略人的物质利益需求，过分夸大人的精神作用，有时甚至对人民群众追求改善物质文化生活的正当要求不仅不给予关心和解决，甚至当作个人主义进行指责，这种做法只能阻碍思想政治教育顺利开展，降低思想政治教育效果。

在思想政治教育中充分尊重和关注人们的物质利益追求，对人要有物质利益关怀，但反对庸俗的"唯物质利益论"。不重视思想教育，忽视理想信念、道德情操在人的全面发展中的重要作用，唯物质利益论把眼光局限于某些细小的利益上，人们就会以实惠为准绳，践行物质主义人生观。尤其是现如今人们的物质需要得到一定程度的满足，精神境界将难以提升、精神需求得不到解决的大环境下，更是对思想政治教育工作提出新的挑战。

思想政治教育贯彻物质鼓励与精神鼓励相结合的方法论原则时，既不能把人看成是单纯的经济人，片面强调物质利益刺激，而否定必要的思想教育；又不能把人看成是纯粹的意识的人，片面强调意识形态的教育，忽略人的物质利益。只有克服这两种错误倾向，施行物质鼓励与精神鼓励二者正确结合的思想政治教育工作，确保人对物质和精神两方面需求的正确实现，才能充分展现思想政治教育凝聚人心、调动人的积极性、激发人的创造性的巨大威力。思想政治教育的最终目的，就是启发、引导人民群众认识自己的物质利益和精神利益，在党的领导下，为实现和发展自己的利益而奋斗。实践证明，只有关心群众物质利益，真心为群众办实事、办好事，才有资格教育群众、引导群众；只有把提高人们的思想认识同解决实际问题结合起来，思想政治教育才会有很强的说服力和感染力。对思想政治教育的本质有了清醒

---

① 《毛泽东文集》第 8 卷，人民出版社 1999 年版，第 320 页。

的认识,就会增强思想政治教育中坚持物质利益与精神利益相统一的自觉性。

2. 思想政治教育贯彻物质鼓励与精神鼓励相结合的方法论原则的重要意义

(1) 充分调动和持久保持人的积极性。物质鼓励与精神鼓励相结合是贯彻落实思想政治教育利益问题的典型方法论原则。思想政治教育的一项重要任务是调动广大群众的积极性,为此,必须在思想政治教育过程中坚持物质鼓励与精神鼓励相结合,在思想政治教育中做到既见"物",又见"人"。邓小平在谈到利益调动人的积极性问题时指出:"除了精神上的鼓励,还要采取其他一些鼓励措施,包括改善他们的物质待遇。……这不仅是科学界、教育界的问题,而且是整个国家的重大政策问题。"① 邓小平还专门提到思想政治教育在提高人民的积极性应该采取的方法论原则就是:"我们实行精神鼓励为主、物质鼓励为辅的方针。……这是必要的。但物质鼓励也不能缺少。"②

思想政治教育采用物质鼓励与精神鼓励相结合的方法论原则调动人的积极性时,具体的做法是:一是将典型教育与物质激励相结合;二是引导人们通过诚实劳动、合法经营、科技致富等正当途径获得物质利益,从而提高人们的思想觉悟,把人们的思想和情绪调整到有利于社会主义现代化建设上来,使人们形成一种公正、合理、和谐的利益关系;三是关注社会弱势群体,关心贫苦人民群众的切身利益。对社会弱者,尽量满足他们对物质利益的合理需求,多为群众办实事,可以通过动员社会捐助或给予司法援助的途径来提供特殊关照,化解贫富悬殊利益矛盾,从而最大限度地发挥人民群众的积极性和创造性。

(2) 贯彻以人为本,促进人的全面发展

经历了传统思想政治教育把人当作社会发展工具的阴霾时期,新时期思

---

① 《邓小平文选》第 2 卷,人民出版社 1994 年版,第 51 页。
② 《邓小平文选》第 2 卷,人民出版社 1994 年版,第 102 页。

想政治教育重新审视人本身。把人作为完整的人来看，人具有自然属性和精神属性双重特性，人具有生存和发展的要求。人的物质利益，就是满足人们吃喝穿住等维持生命有机体存在的利益，它在一定程度上体现的是人的自然属性，体现生存层次；但人要成为人，要成为全面发展的人，还要在满足物质利益的基础上实现人精神利益，正是"有意识的生命活动把人同动物的生命活动直接区别开来"①。在马克思主义的人学视野里，人的全面发展是指人的本质的全面丰富和展示，是实现人的社会本质，充分占有社会关系，全面满足人的合理需要，丰富人的社会生活。促进人的全面发展就个体层面来说，是指人的物质利益和精神利益的协调、全面发展。

思想政治教育贯彻物质鼓励与精神鼓励相结合的方法论原则就是实现人的全面发展。坚持物质鼓励，是满足人的物质利益，这是实现人的全面发展的基本起点，正如马克思所说，"忧心忡忡的穷人甚至对最美丽的景色都没有什么感觉"②。但仅有物质利益的重视也不等于实现了人的全面发展，还必须贯彻精神鼓励，实现人的精神利益。不同历史时期人的精神利益也是不相同的，由于精神利益对物质利益具有依赖性，随着物质利益的丰富，到今天，精神利益已经成为社会生活必不可少的部分并呈多样化发展趋势。江泽民提出："物质贫乏不是社会主义，精神空虚也不是社会主义。社会主义不仅要使人民物质生活丰富，而且要使人民精神生活充实……一个国家要强盛，必须在物质上和精神上都先进；一个国家在精神上挨饿，那么迟早在物质上也要挨饿。"③ 思想政治教育要根据物质生活和精神生活的发展，坚持物质鼓励与精神鼓励相结合的方法论原则，实现人的全面发展目标，既要保证人们的物质利益，也要实现人的精神利益，与时俱进地向前推进。

（三）坚持物质鼓励与精神鼓励相结合的原则要与时俱进

中国共产党自成立以来，在思想政治教育过程中就坚持物质鼓励与精神

---

① 《马克思恩格斯文集》第 1 卷，人民出版社 2009 年版，第 162 页。
② 《马克思恩格斯全集》第 42 卷，人民出版社 1979 年版，第 226 页。
③ 《江泽民文选》第 1 卷，人民出版社 2006 年版，第 621 页。

鼓励相结合的原则,引导群众在不同的历史时期,针对不同的中心工作任务,正确认识自己的利益并为之奋斗。

1. 坚持物质鼓励与精神鼓励相结合的原则的成功经验

(1) 党在成立之初,针对工农大众,实施把工农大众的切身利益与党的奋斗目标相结合的原则

1921年,中共一大明确了思想政治教育的对象、任务和方针。之后,围绕反帝反封建的中心任务,通过各种途径,对工农大众开展思想政治教育,贯彻了把工农大众的切身利益与党的奋斗目标结合起来的原则,既提高了工农大众的阶级觉悟,又扩大了党的政治影响,有效推动了工农运动的发展。1926年毛泽东在广州农民运动讲习所强调了中国农民问题对中国革命重要性。他认为,农民是中国革命的根本力量,要想解放中国,首先要考虑大多数农民的利益,开始了对农民的启蒙,发动农民参加革命斗争。后来中共中央的特别会议也明确党的任务就是以解放农民问题为主干。在发动农民参加革命斗争的过程中,各地的党员直接参与农民运动,各地农会开展了减轻农民经济负担、减租减税的活动,激发了农民生产的积极性;同时对农民进行党的奋斗目标宣传教育,提高了农民的阶级觉悟,扩大了党的政治影响。

(2) 在革命战争年代,针对党群、官兵,实施思想政治教育与农民、士兵的物质利益相结合的原则

在官兵关系上,"八七"会议后,秋收起义的部队在毛泽东等人的带领下,进行了"三湾改编"。部队实行民主制度,实行经济公开,官兵在衣着、伙食上待遇平等。1929年的"古田会议"指出军官要看护士兵,尊重士兵的人格,关心士兵政治进步和生活状况,保障士兵的民主权利。后来,总政治部多次强调军队的民主制度,要求政工干部了解战士的心理,关心战士生活中遇到的实际问题,比如关心战士的伙食与思想教育相结合。由于军队中坚持了思想政治教育联系士兵的生活实际、官兵平等,这种人民军队的新型官兵关系,增强了革命战争年代军队的战斗力。

在党群关系上,自中国共产党成立之初就认识到中国革命的根本问题是

农民问题。从中共二大到中共五大一直就把解决农民的土地问题作为党的重要工作之一。红军尊重人民群众，遵守群众纪律，维护群众利益，争取广大人民群众的支持，共同完成革命任务。在解放战争时期，解放区的土地改革，就是在放手发动农民、开展土地革命运动、打土豪分田地的同时，开展思想政治教育。让农民得到实惠的切身利益的同时，提高了阶级觉悟，长期被压迫的革命精神才点燃起来，掀起了参军和支援前线斗争的热情，保证了战争的胜利。

(3) 在中华人民共和国成立初期，针对工作重心的转变，实施思想政治教育与满足民众合法利益相结合

在国民经济恢复时期，围绕"三大运动"，展开了思想政治教育工作：一是开展了以爱国主义与国际主义为主题的抗美援朝思想宣传工作，并调动一切积极因素，团结一切可以团结的力量，为国家财政经济状况好转打下坚实基础。二是在"镇反"运动中，增强广大人民群众的阶级观念，提高干部的政治觉悟，保证了"镇反"运动的顺利进行。三是在解放区土地改革运动中，通过从满足人民最根本的利益需求，到春耕生产、肥料种子、收成等最为细节之处的组织和领导，增强了农民生产的积极性。在思想上动员、鼓励农民参加土地改革运动，增强他们反封建主义教育的同时，注重为人民办实事，使政府与人民团结在一起。

在社会主义改造时期，思想政治教育直接体现为对广大群众进行过渡时期总路线的宣传和教育。原因在于"总路线的实行是和人民生活的一切方面都有关系的，所以我们应该通过各阶级各民族人民生活中一切重大问题来生动有力地进行总路线的宣传和教育"①，并制定了在总路线宣传教育时的方针政策，"光讲社会主义、共产主义几个字不能解决问题，必须联系到当前的具体任务和具体政策"，避免"陷入一般化、抽象化、空喊政治口号，不着

---

① 中央宣传部办公厅：《党的宣传工作会议概况和文献（1951—1992）》，中共中央党校出版社1994年版，第64页。

实际，不能解决群众中的具体思想问题"①。

（4）改革开放以来，针对人们利益日益多样化，实施追求个人正当利益，处理复杂利益关系与提升人们的精神境界相结合

在社会主义市场经济发展的过程中，市场的主体性要求，思想政治教育开始承认个人正当、合理的利益，并把思想政治教育与解决群众的实际问题相结合，以人民利益标准来检验思想政治教育的效益。在社会主义义利观、集体主义利益观教育中，都运用贯彻了物质鼓励与精神鼓励相结合的原则，在教育方法上更加注重关注人民群众现实利益需求和群众疾苦，满足人们合理利益需求，教育和引导人们追求个人正当利益、正确处理复杂利益关系，提升人们的思想觉悟和精神境界。

反观中国共产党自成立以来的思想政治教育历程，我们就发现当思想政治教育尊重人的利益是精神与物质利益的双重存在，围绕不同历史时期的中心工作，落实物质鼓励与精神鼓励相结合的方法论原则时，思想政治教育就在凝聚人心、提高积极性方面取得重大成功。当然总结经验教训目的是为了继续前行，正如邓小平指出："时间不同了，条件不同了，对象不同了，因此解决问题的方法也不同。"②

2. 坚持物质鼓励与精神鼓励相结合原则的新时代要求

新世纪思想政治教育面临的国际国内环境、面对的主客观条件都发生了巨大变化，思想政治教育坚持物质鼓励与精神鼓励相结合的原则应随着思想政治教育环境和教育对象新变化而不断与时俱进，不断探索和创新。

（1）承认差异，坚持先进性与广泛性的统一

国内改革开放的深入推进，处于转型之中的思想政治教育对象的需求日益多样化，使人们思想文化活动的选择性、多变性增强。由于思想观念的背后是利益，我们必须承认在社会主义市场经济条件下经济利益的多样化所带

---

① 中央宣传部办公厅：《党的宣传工作会议概况和文献（1951—1992）》，中共中央党校出版社1994年版，第61页。
② 《邓小平文选》第2卷，人民出版社1994年版，第119页。

来的多种意识形态的改变,承认人们在思想觉悟、道德水平和精神文明需求方面的差异。

思想政治教育在贯彻物质鼓励与精神鼓励相结合的原则时,必须根据当代中国社会转型的新情况及时应答,表现在思想政治教育方法上:一是进行利益分析,思想政治教育者要据实际需要对思想政治教育对象的利益需求进行定性、定量分析,分析不同行为主体利益需求的对象、类别和特点。"思想政治工作者必须对各利益群体和利益个体有清醒的认识,对每一种利益分配方案可能带来的影响要有足够的估计和正确的判断,做到胸中有数、有的放矢。要分析不同行为主体利益追求的特殊性;透视人们的真实思想状况,不为表面现象所迷惑。"① 二是尊重差异,进行差别化教育。要使人们认识到,多种经济成分的出现导致人们有不同的利益需求。经济利益多样化、生活方式多样化就会致使人们的价值观念、思维方式也是多样和有差异的,要根据实际情况,进行有针对性的差别化教育。三是要坚持先进性和广泛性要求的统一。邓小平要求我们在贯彻物质鼓励与精神鼓励相结合的原则时要有区别对待,不搞整齐划一。要在干部、党员和其他先进群众中大力提倡和发扬奉献精神,鼓励先进;还要考虑到不同群体的现状和特点,对于普通群众要实行普遍性标准,照顾大多数。

(2) 设定利益目标,坚持生存与发展的一致性

在今天这样一个人们利益意识非常强烈、利益追求十分凸显、利益关系相对复杂、利益格局深刻调整的现实社会生活中,人们的利益追求是多种多样的,而且往往带有盲目性、片面性和无止境的特点。就是要在对行为主体进行利益分析的基础上,通盘考虑,兼顾各方,协调好多种利益追求和利益目标之间的矛盾,具体到物质鼓励与精神鼓励相结合的原则来说,其所设定利益目标就是:协调好物质利益与精神利益之间的关系,在满足人们基本的物质需要的基础上,引导和鼓励人们去追求更高层次的精神需要。比如中国

---

① 况猛:《对正确贯彻物质利益原则的几点思考》,载《思想政治工作研究》,2003年第9期。

梦就是当今思想政治教育工作的崭新课题。"中国梦承载着全体中国人民的共同梦想和希望，体现了全中国人民的利益，凝结着无数仁人志士的不懈追求和奋斗精神。"① 中国梦既是历史现实的更是未来长远的，它提出了阶段性目标和未来发展方向，体现了党和人民的历史担当和使命高层次追求，又与人民的生活实际息息相关。如果缺少这种利益目标设定，在市场物欲环境的诱惑下，就容易诱发人们的欲望，纵容私欲膨胀，使人们的利益追求误入歧途和着眼于斤斤计较在低层次的泥潭中。

人作为一种生物性的存在，决定了他首先必须满足自身最基本的生存需要，比如物质需要、生理需要，否则其他的一切发展和进步都无从谈起。特别是在当前我国正处于社会转型期，政策法规还不完善，物质条件相对落后，利益主体多元化、利益矛盾多样化、利益关系复杂化的新时期，开展思想政治教育必须坚持物质鼓励与精神鼓励相结合的原则，必须满足人们合理正当的物质利益，离开了对人们切身物质利益真心实意的关心，忽视了人们的生存问题，思想政治工作就成了一句空话。另一方面，人又是社会化的人，是不断追求发展，不断生成的人，这是人之为人的特殊本质。由此，人在追求物质利益的同时，还在追求社会的、文化的价值如理想信念、道德情操、审美体验等；人的实践活动也不是仅仅只考虑物质利益最大化这一狭隘目标，同时也必须关注社会的、个人的全面发展与进步。而任何人的社会化过程都是对现存的社会关系、社会精神生活、社会文化、社会传统、社会规范等不断领悟和内化的过程。毫无疑问，这种社会化和对人的自我完善和发展的诉求不是自然而然发生的，它离不开社会对人的引导、帮助和教育，离不开思想政治教育的精神鼓励和精神指引。

---

① 习近平：《中国梦，人民的梦——国家主席习近平在十二届全国人大一次会议闭幕会讲话侧记》，载《人民日报》，2013年3月18日。

二、现实性与超越性相结合的原则

从利益目标的角度来审视人的利益，人的利益目标不是单一的，而是一个目标体系。在实际生活中利益目标具有一定的层次性，人的利益是现实利益与超越利益的统一。思想政治教育的目的，就是启发、引导人民群众认识自己的现实利益和长远利益，实践证明，只有把提高人们的思想认识，实现人的全面发展同解决实际利益问题结合起来，思想政治教育才会有很强的说服力和感染力。对思想政治教育的目的和实现的利益目标有了清醒的认识，就会增强思想政治教育中坚持现实性与超越性相结合的方法论原则。

（一）人的利益是现实利益与超越利益的统一

1. 现实利益的内涵及内容

研究现实的人的现实利益，我们就要弄清楚什么是现实的人，哪些是现实的人的现实利益？

何谓现实的人呢？现实的人是马克思主义人学的前提。"现实的个人，是他们的活动和他们的物质生活条件，包括他们得到的现成的和由他们自己的活动所创造出来的物质生活条件。"[①] "他们是什么样的，这同他们的生产是一致的——既和他们生产什么一致，又和他们怎样生产一致，因而个人是什么样的，这取决于他们进行生产的物质条件。"[②] 物质利益是现实的个人生存的前提，现实的个人首先是从事物质生产实际活动的人。其次，现实的个人的存在和发展离不开社会，他总是处在既定的社会关系中，物质生活条件中，又是不断创造社会关系，不断生成新的物质生活条件的人。再次，现实的个人是历史的，动态发展和不断生成的，社会物质生产活动不同，生成的社会关系不同，现实的人的特性就不同。

---

① 《马克思恩格斯文集》第2卷，人民出版社2009年版，第520页。
② 《马克思恩格斯文集》第2卷，人民出版社2009年版，第520页。

从现实的人的特性出发，现实的人的现实利益就不是脱离现实生活语境的利益。对我国人民来说，现实利益目标不是一个具体的事物，它是相对于共产主义的最终目标而言的，它是相对于人的自由全面充分发展的解放目标而言的。共产主义社会是一个长期的历史过程，不可能一蹴而就，必须将其分解成许多现实的利益目标。如果从现实的个人存在个体层次上讲：马克思主义的基本观点就是首先满足吃穿住行等这些最基本的物质生活资料，然后才能从事其他的活动。现实生活中还包括许多与人们的现实利益更为紧密的一些目标。如实现人们对政治利益的需要，满足人们对公平的需要，注重对人们生活质量的提高的需要，关注医疗、就业、教育等民生问题等，这些都是十分现实的利益。从现实的个人存在的社会层次来讲，我国社会主义建设的过程中，先后设定了实现"小康"实现"全面小康""贯彻落实科学发展观、构建社会主义和谐社会""实现中国梦""两个一百年奋斗目标"等利益目标，这些都是社会的现实利益目标，这些目标是从现实的个人的现实利益是属于一定的物质生活条件、一定的社会形态和社会结构的大的方面讲的。

2. 超越利益的内涵及内容

在实现人的利益的过程中，仅仅看到现实的人的现实利益是远远不够的，还要看到人具有的超越利益。超越利益就是指在人的社会实践活动中形成和表现出来的，通过实践将可能性转化为现实性，使人得到不断否定、不断更新，不断向更高一级利益目标迈进的利益。这说明：一是人对超越利益的追求是永无止境的；二是人的超越利益不是一成不变的，是动态发展的，是随着客观现实的变化而不断变化。超越利益要求人们有长远的眼光，在其实现和追求的过程中，不能只看到现实利益而忽略了长远利益，更不能只为了实现当前的现实利益而损坏了对长远利益追求的有利条件。

社会主义的最终利益目标是共产主义，中国共产党在《中国共产党章程》中明确指出，"党的最终奋斗目标是实现共产主义的社会制度"，其理想模式是"自由人的联合体"。实现共产主义的社会制度是人类最大的和最终的利益所在，实现共产主义是最重要的理想信念内容。马克思、恩格斯预测，共产主义社会可分为两个阶段，即第一阶段和更高级阶段。共产主义第一阶段是"刚刚从资本主义社会产生出来的，因此它在各方面，在经济、道德和精神方面都带有着它脱胎出来的那个旧社会的痕迹"①。共产主义高级阶段，生产力高度发达，集体财富能够满足全体社会成员的需要；劳动不再是谋生的手段，劳动本身成为生活的需要；实行各尽所能，按需分配；消除旧的社会分工，实现真正的社会公平；实现个人全面而自由的发展。

共产主义的社会制度具体落实到人的根本利益上，就是要实现"人的自由而全面发展"。人的全面发展，是马克思恩格斯追求的理想目标。马克思恩格斯是在两种意义上使用"人的自由而全面的发展"的。其一，从共产主义的本质特征来说明。马克思和恩格斯在《共产党宣言》中指出，代替那存在着阶级和阶级对立的资产阶级旧社会的，将是这样一个联合体，在那里，每个人的自由发展是一切人自由发展的条件。而这正是我们所追求的和谐社会的最高境界。其二，从个人的发展过程来说明。在马克思和恩格斯的阐释中，人的自由而全面的发展是一个逐步提高、不断发展的过程。他们主张，人的自由而全面的发展是与生产力的发展成正比的，真正实现是在共产主义社会阶段，在那里人们的物质财富极大丰富、精神境界极大提高。但同时，马克思、恩格斯认为，人的发展在社会发展的每一个阶段都在进行着，这就是第二种意义的个人能力、素质和社会关系的进步和发展过程。

3. 现实利益与超越利益的辩证统一关系

人的现实利益与超越利益具有同样重要的地位和作用。关于两者之间的关系和重要性问题，江泽民指出："全党同志既要树立共产主义的远大理想，坚定信念，以高尚的思想道德要求和鞭策自己，更要脚踏实地地为实现党在现阶段的基本纲领而不懈努力，扎扎实实地做好现阶段的每一项工作。忘记远大理想而只顾眼前，就会失去前进方向；离开现实工作而空谈远大理想，

---

① 《马克思恩格斯选集》第3卷，人民出版社1995年版，第304页。

就会脱离实际。"① 习近平强调:"我们既要坚定走中国特色社会主义道路的信念,也要胸怀共产主义的崇高理想,矢志不移贯彻执行党在社会主义初级阶段的基本路线和基本纲领,做好当前每一项工作。革命理想高于天。没有远大理想,不是合格的共产党员;离开现实工作而空谈远大理想,也不是合格的共产党员。"② 在思想政治教育过程中,要看到人的现实利益与超越利益具有同样重要的地位和作用,处理好二者之间的辩证统一关系,并遵循这一重要方法论原则,既要把社会形态的共产主义、个人发展形态的人的全面发展当作超越指向性利益目标,又立足当下人们的现实利益目标,把二者有机结合起来。现实利益和超越利益相结合的原则要求在思想政治教育过程中,既要从现实出发,运用现实的手段来满足人的现实利益;又要看到人的超越性要求,用发展的眼光,满足人们不断发展的利益需求,实现超越利益。

(二) 现实性与超越性相结合是思想政治教育的方法论诉求

1. 现实性与超越性相结合的利益原则的含义

现实性体现的是唯物主义客观性。所谓现实性,就是指人生存的客观的物质条件,就是人的现实利益的实现。现实性原则要求思想政治教育必须立足于现实的人的现实利益,否则就是脱离实际,成为空话。在思想政治教育过程中,若仅注重现实的人的现实利益是一种短视的做法,更要看到人不断突破、不断否定自我的超越性。"超越性是指在人的社会实践活动中形成和表现出来的,通过实践将可能性转化为现实性,使人得到不断否定、不断更新的特性。"③ 人既是现实的,总是生存在现实物质条件中,满足现实利益的需求;又是不断超越的,不满足于当下的生活状态,不断摆脱客观物质条件控制,实现人的超越性需求。由此决定了人们超越性需求是动态发展,不是

---

① 《江泽民文选》第 3 卷,人民出版社 2006 年版,第 293 页。
② 习近平:《关于〈关于新形势下党内政治生活的若干准则〉和〈中国共产党党内监督条例〉的说明》,载《人民日报》,2016 年 11 月 3 日。
③ 郭萍:《论人的全面发展中的精神利益》,山东师范大学 2012 年硕士学位论文。

一成不变的。超越性原则要求思想政治教育必须要有长远和发展的眼光，不能只看到当前的现实利益而忽视了长远的更高层次的超越利益。现实性与超越性相结合的利益原则就是思想政治教育过程中立足于现实的人的现实利益，同时又要看到人的超越性特性，有长远和发展的眼光，引导人们追求长远的更高层次的超越利益。

2. 思想政治教育贯彻现实性与超越性相结合的方法论原则的重要意义

以人的现实利益与超越利益的重要性和二者之间的辩证统一关系为依据，思想政治教育贯彻现实性与超越性相结合的方法论原则的重要意义在于：

(1) 超越"重占有"的自我观，提升自我的生存境界

"所谓'重占有'的自我观就是'我所占有的和所消费的即是我'的观点。这种观点认为幸福生活就是无止境地追求现实生活的感性的物质享受。但物质享受是单向性的，一味地追求这些东西，会使人遗忘自己本身的存在，使人的生存充满空虚感和迷茫感。吉登斯说：在晚期现代性的背景下，个人的无意义感，即那种觉得生活没有提供任何价值的东西的感受，成为根本性的心理问题。"[1]

"这种'重占有'的自我观必然导致两对关系的对立：一是从自我内部来看，造成个体物质追求对精神追求，物质生活对精神生活单向性支配关系；二是从外部来看，必然造成索取与给予，权利与责任的紧张关系。人的存在除了物质需要的满足之外，还应当具有自我实现的价值需要，人应该在多种价值的满足中寻求生活的意义感，占有式的自我观只能使人丧失更高层次的需要和追求。同时，人的需要并不仅仅体现为我的向度，同时还具有一种非我性的特征。从一定意义上说，人的利益需要的满足，就是对现实世界的一种索取过程，任何索取都应当以对对象世界的给予为补偿，索取与给

---

[1] 巩克菊、丁燕：《个人与社会和谐发展的再认识——一种思想政治教育维度的解读》，载《山东青年政治学院学报》，2011年第3期。

予、权利与责任之间应当是一种对等的、关系化的过程。"①

"思想政治教育一方面应发挥其对超越利益教化的作用，注重修养人的'内在的善'，提升人的精神追求，为合理的自我观的建立提供可靠的精神支撑；另一方面，要强化自我对他者、对社会以及对自我以外的所有的外部世界的责任意识教育，使自我承认外部的道德要求和对他者的道德承诺，将他者不仅仅看作是自己的对象加以占有和利用，而是将他者看作是生活中共生共亡的伙伴。因此，只有在责、权、利的统一中才能形成合理的自我观，才能凸显自我存在的价值和意义，促进个人与社会和谐发展。"②

(2) 树立长远眼光，解决现代人利益行为的物化和短期化问题

改革开放以来，中国社会市场经济发展的成就与问题，都与人们对于自身物质利益和社会地位的强烈追求有关。人们追求自身的利益，具有积极的意义，但由于扩大和没有规制约束好市场的逐利本性，个人在利益行为上损人利己、投机钻营的现象相当普遍地发生；同时，由于体制转轨和个人能力因素，社会利益分化和不平衡加剧，再就是，由于社会发展，片面以经济为指标，单纯以 GDP 的累积，不惜破坏生态为代价，道德也出现滑坡，人们越来越追求感官、感性化生活，社会风气庸俗化。当然，以经济建设为中心这是我们很长一段时间内必须坚持的，它的重要性也是不言而喻的，没有经济的发展，生产力的增长，一切都会是空中楼阁。但是经济发展并不是唯经济发展，还要与其他相协调。当期经济发展中暴露的功利和短视，却足以表明我们的利益观念有着浓厚的物化性质和实用性特征。社会越是功利化，越是短期化，人们利益观念越被物品充斥，越属于"外物"。

思想政治教育贯彻现实性与超越性相结合的方法论原则，应在对人的利益的现实关切中寄寓着超越现实的终极性关怀，在改造世界的主张中体现着

---

① 巩克菊、丁燕：《个人与社会和谐发展的再认识——一种思想政治教育维度的解读》，载《山东青年政治学院学报》，2011 年第 3 期。
② 巩克菊、丁燕：《个人与社会和谐发展的再认识——一种思想政治教育维度的解读》，载《山东青年政治学院学报》，2011 年第 3 期。

实现人生意义的旨趣所在。思想政治教育除了直面现实的物质需要，还要关注精神追求和精神素养，有了对真善美的追求，人们就不会由于囿于物欲之中而失去自信自尊；不会为外物奴役而心迷意乱，急功近利。

(三) 贯彻现实性与超越性相结合的方法论原则的基本要求

1. 处理好现实性与超越性之间的张力要求

张力是物理学中用于计算分子间引力的一个名词，它是指分子间的引力，张力越大，能量越大。所谓思想政治教育张力要求就是指要看到人的现实性与超越性是不可分割地联系在一起，而又能够相对地分化开来并关注到二者之间呈现出的张力，思想政治教育方法论应遵循现实性与超越性内在张力相适应的准则。

从利益维度审视，基于人的利益存在的事实就是：人一方面要维持肉体生命从而不得不进行生产劳动，满足人的现实利益；另一方面，人又希望摆脱一切外在的束缚和强制而使自身能力的发展成为目的，实现人的超越利益。这是人的现实利益与超越利益所具有存在论性质的矛盾，但正是基于这个现实性与超越性存在的矛盾，人类才不断地从必然王国走向自由王国。

思想政治教育遵循现实性与超越性内在张力要求，就能做到对人的现实利益与超越利益给予历史性的理解，这种历史性的理解就是人的利益既是现实的，也是超越的。当我们以此为思想方法展开思想政治教育利益理论研究时，就可以看得更加高远和深透：我们就把人的利益放在人们具体特殊的实践活动方式与人类生成发展的总体性的历史这两个向度之间反复展开；就可以看到两者之间的张力，并能在历史的维度中扩大，释放更大的能量。当我们运用这样的方法时，我们思想政治教育工作者既可以深入到人类历史的过去，又可以展望人类的未来；尤为重要的是我们可以从过去和未来返回到当下的人的历史境遇，从而不断地深化着对于人类的利益问题的透视，并对当下历史境遇中现代人利益观做出合理的建构。

2. 处理好现实性与超越性之间的发展要求

无论对于社会现代化还是人的现代化过程来说,无论是反观中国社会发展的状况,还是剖析西方发展的事实来看,实践都给了我们这样的忠告:人们的现实利益与超越性需求是不断动态发展的,并且在发展过程中呈现出这样的中轴线规律:人们的现实利益动态发展,并且现实利益越是得到相对的满足,人们对超越性的要求就会越多,并且层次越高,程度越强烈。

我们主张,在人的利益问题上要处理好现实性与超越性之间的发展关系,并不否认当代人由于过度追求物欲和私利而呈现出来的极端个人主义行为,也不否认人们常说的生活意义感的丧失感受。或者正如西方学者所说的人的自由与意义的背叛关系。在西方资本主义社会,经济活动被认为是从人的现实的利己出发的,但在资本主义发展、壮大、完善的过程中越来越发现,要保证长久的个人现实利益,必须施以秩序、道德规范、思想信仰的引导。正如制度变迁伦理的创始人诺斯所说:"社会强有力的道德和伦理法则是使经济体制可行的社会稳定的要素。"① 从这个意义上来说,由伦理和道德反映出来的意识形态对人们行为约束是可能和必要的,同时也是强有力的。在发展社会主义市场经济过程中,个人合理的现实利益得到肯定,与此同时,人们的逐利意识和逐利行为凸显,市场经济在道德领域的超越性需求也出现了负面影响。在这样的局面下,人的素质、精神水平、人对生活意义需求等就显得尤为重要。

思想政治教育就是要立足于现实性与超越性之间的发展要求,解决人的生活的现实意义问题。人的生活的现实意义不能回避理想、信仰等超越性需求。"理想产生于人的活动的目的性,是能够实现的合理利益的想象,在人的行动中发挥着向导和动力的作用;信仰则源自于人对周围世界的相信和信赖,是令人崇敬并自觉遵循的信念,在人的生活中发挥着支柱和准则的作用。而在终极意义上,理想和信仰是同一的,作为人的精神活动的最高形

---

① [美]道格拉斯·C. 诺斯:《经济史中的结构与变迁》,陈郁、罗华平等译,上海人民出版社1994年版,第51页。

式,它们都指向人的至上的存在或价值。"① 思想政治教育要重视开发人的潜能、发展人的天性、和谐人际关系构建。如对此重视不够,或处置不当,宗教或者其他的超越领域就会乘虚而入,我们不想将这个领域拱手让出,那就必须遵循人的现实性与超越性之间的发展要求,在人的超越性需求方面就精神现象和人的精神生活营造出令人信服和满意的说法。对于共产党员来说,"共产主义远大理想和中国特色社会主义共同理想,是中国共产党人的精神支柱和政治灵魂,也是保持党的团结统一的思想基础。必须高度重视思想政治建设,把坚定理想信念作为开展党内政治生活的首要任务"②。

三、灌输与内化相结合的利益观教育方法论原则

(一)利益观教育上"灌输与内化"的统一

1. 灌输方法的含义

现代汉语词典对"灌输"的解释是"灌注输送思想、知识等"。把灌输同思想政治教育结合,认为"思想政治工作中的灌输,就是把思想工作对象需要有而又尚未有的思想,从外面传播、输入到其头脑中去,变成他们自己的思想,主张进行正面的宣传、教育、启发和引导,使革命的理论、先进的政治意识和道德伦理,由工作者输送给工作对象,为广大干部群众所掌握,帮助他们树立政治信仰,提高政治觉悟,坚定政治立场,保持正确的政治方向,并以此作为行动的规范和依据"③。"灌输"作为一种思想政治教育的方式方法,应该说本身并无褒贬之分。

"灌输"是马克思主义经典思想家强调的一个重要的原则。马克思指出:

---

① 张曙光:《马克思主义哲学研究应有的现实性与超越性—一种基于人的存在及其历史境遇的思考与批评》,载《中国社会科学》,2006年第4期。
② 习近平:《关于〈关于新形势下党内政治生活的若干准则〉和〈中国共产党党内监督条例〉的说明》,载《人民日报》,2016年11月3日。
③ 王萍:《关于"灌输论"研究综述》,载《探索》,2005年第4期。

"批判的武器当然不能代替武器的批判,物质力量只能用物质力量来摧毁;但是理论一经群众掌握,也会变成物质力量。"① 列宁也指出:"工人本来也不可能有社会民主主义的意识。这种意识只能从外面灌输进去。"② 国际共产主义运动史,正是通过灌输,马克思主义理论才成为指导世界各国工人阶级运动的指导思想,并与世界各国工人阶级运动相结合,发挥着重要作用。完全可以这样说,如果不把马克思主义理论从外面灌输到工人运动中去,就不可能有国际共产主义的运动,社会主义就不能在众多国土上生根开花。灌输论是无产阶级政党进行思想政治教育的指导思想和原则,在建立无产阶级革命政权和社会主义建设的过程中曾发挥了巨大的作用。我们现如今所处的时代与马克思主义经典作家所处的时代有了很大变化,但"灌输"一直是马克思主义理论所遵循的一项原则,"灌输在人们的生活里无处不有。一个人一生都在不停地接受着他人的灌输、社会的灌输、各种各样的灌输。不是来自正面的灌输,就是来自反面的灌输"③。灌输时刻在发挥它的作用。在新时代,我们的思想政治教育必须灌输,所要探寻的问题的关键并不在于是否要坚持"灌输",而是如何坚持"灌输";如何发展马克思主义的灌输理论,改善灌输方法,提高"灌输"水平;如何使"灌输"更为科学化的问题。

在如何看待灌输的问题上,学者们的诘难主要在于传统思想政治教育在贯彻灌输方法论原则是,经历了一个单一的片面理解和贯彻"灌输"的时期,凸显了传统思想政治教育在利益观教育上单一灌输方法的局限性。

2. 内化方法的含义

陈万柏、张耀灿认为,思想政治教育的内化"是指人们在思想政治教育过程中,将社会发展要求的思想、观念、规范纳入自己的态度体系,成为自己意识形态体系有机组成部分的过程"④。邱柏生认为:"内化是对社会影响

---

① 《马克思恩格斯文集》第 1 卷,人民出版社 2009 年版,第 11 页。
② 《列宁专题文集 论无产阶级政党》,人民出版社 2009 年版,第 76 页。
③ 王萍:《关于"灌输论"研究综述》,载《探索》,2005 年第 4 期。
④ 陈万柏、张耀灿:《思想政治教育学原理》第 2 版,高等教育出版社 2007 年版,第 11 页。

最持久、最稳定的反应,是指个体将社会所需求的准则和信念转化为个体意识,使之成为个体行为的动机。"① 徐志远指出:"思想政治教育内化,是指教育者运用一定的思想政治教育手段,将社会要求的政治观点、思想体系和道德规范灌输给受教育者,受教育者则在各种因素的作用下,以自己已有的认识水平为基础,自觉地选择、消化、吸收这些社会要求,从而转化为受教育者的个体意识。"② 从上述学者的研究可以看出,随着思想政治教育理论水平和实践能力的不断提高,思想政治教育内化含义的外延是个丰富和深入细致研究的过程:一是从最初对内化本身到对内化过程的关注,认为内化过程具有阶段性、动态性和系统性的特点;二是从最初的思想内化发展到思想、政治、道德观念三位一体共同发力的内化模式;三是从最初关注内化内在因素到注重对外部环境因素和主体认识水平的研究。尽管思想政治教育内化的外延是个扩大和纵深深入的过程,但思想政治教育内化概念精神实质大家都达成了共识,都在强调内化一定是在坚持以社会要求为前提下,具有明显的社会意识形态性的内化,内化不仅是个体行为的动机,也是内化主体不断完善和提升,从而创新、超越的过程。"内化主体在原有的认识水平基础上与内化客体相互影响、相互作用,实现内化主体思想观念、政治观点和道德规范体系不但更新、不断发展和不断完善,推动内化主体内在稳定的思想意识体系形成发展的过程、趋势和境界的有机统一体。"③

3. 内化与灌输的关系

思想政治教育采取的灌输社会规范的方式与注重内化的利益观教育的方式二者是有机统一的:一方面,思想政治教育必须采取灌输社会规范的方式。因为灌输社会规范的最大特点就是对人们的思想和行为产生约束力,现代社会高度发达的社会关系是需要人们良好的行为品质来维系的,灌输社会规范正是通过对人们的思想和行为的限制创造良好的社会关系的,从而促进

---

① 邱柏生:《思想教育接受学》,山西人民出版社1992年版,第18页。
② 徐志远:《现代思想政治教育学范畴研究》,人民出版社2009年版,第403页。
③ 卢鹏:《思想政治教育内化研究》,西南大学2012年硕士论文。

人的个性、能力和创造性的发展。另一方面，必须顺应时代发展的要求，思想政治教育必须采取注重个人个性、能力和创造性等综合素质培养，通过内化的方式提升人的综合素质的培养。但是，综合素质的培养是以人们对社会规范的全面认识和系统掌握为前提的，是离不开社会规范的灌输的，正是借助于思想政治教育的社会化过程灌输给个体的，受教育者在与教育者的交互作用的过程中，逐步掌握社会文化所认可的价值体系、社会规范，从而为人的正当行为提供充分的理由。并且只有这样，个人才能自觉地、创造性地运用社会规范促进个人与社会的发展。

灌输是思想政治教育内化过程中不可或缺的环节，是思想政治教育内化实现的内在原则和方法运用的综合体现。但有效的灌输必须要同内化主体的内在需求和内化环境的发展变化保持高度一致，确保思想政治教育内化的合规律性与合目的性的有机统一。在内化过程中，教育者处于主导地位，而这种主导作用最终通过科学的理论灌输体现出来。这就要求教育者坚持科学的灌输原则，运用合理的灌输方法将社会要求的思想观念、政治观点和道德规范等传授给受教育者。"从内化的目标来看，思想政治教育内化是为了帮助内化主体形成新的思想和良好的思想政治品德，其要求内化主体将个性发展与社会要求结合起来，形成符合时代发展和社会进步要求的思想观念和政治规范。"①

（二）现代境遇对利益观教育内化方法的新要求

从时代的角度来讲，随着改革开放和社会主义市场经济体制的建立，信息化与全球化时代的到来，思想政治教育利益问题凸显，思想政治教育在利益观教育上的内化方法要因时制宜，具体体现在：

1. 社会主义市场经济带来的利益观内化教育的新变化

随着市场经济利益问题日益突出，利益观日益多样，注重利益观内化教

---

① 卢鹏：《思想政治教育内化研究》，西南大学 2012 年硕士学位论文。

育的问题成为思想政治教育所要解决的一个重要课题。

一是在利益观内容上"用更多更具时代精神、更符合现代社会要求,尤其是符合社会主义市场经济要求的教育内容,来对受教育者实施教育和引导,是实现受教育者真正内化的迫切需要和必然选择"①。新时期所主张的利益观在内容上集中体现为中国特色社会主义集体主义利益观,是个人与集体辩证统一的关系型利益观,社会主义义利观和社会主义人民利益观。

二是思想政治教育在社会主义市场经济中的历史任务对利益观内化有了新要求。改革开放和中国特色社会主义的伟大实践,推动我国原有利益关系和利益格局深刻调整,新时期思想政治教育在市场经济中的历史性任务就是帮助人们确立正确的利益意识和利益观念,在于引导和规范人们的利益追求行为,在于建构和谐的利益关系从而促进人与人之间的关系和谐。为了完成这样的任务,这就决定了市场经济条件下对新时期利益观内化时,坚持的前提是对个人合理利益的承认和尊重,对个人追求物质、现实、发展利益要给予理论和道德的支持。

当然,一些人在强调思想政治教育、在注重利益观内化教育时又走向另一个极端,即否认采取灌输的方式向人们灌输政治思想、道德规范的必要性和重要性,不重视向人们系统地灌输社会主义核心利益观,即社会主义集体主义利益观的要求,导致出现了谋利意识和谋利行为,以及处理人际间利益关系时采取不合理的做法。因此,在思想政治教育采取的教育方式上,无论是过分强调单向灌输社会规范的方式,忽视受教育主体性需求,还是只一味迎合受教育者个性培养,否定灌输社会主义核心利益观的做法都是片面的,都不利于受教育者形成符合社会主义市场经济要求的利益观念。

2. 信息化时代带来的利益观内化教育的新变化

网络媒介的普及形成了思想政治教育内化的虚拟交往环境和虚拟教育环境。对利益观内化教育既提供了机遇又带来了挑战。一方面提供机遇:网络

---

① 卢鹏:《思想政治教育内化研究》,西南大学 2012 年硕士学位论文。

媒介的普及，拓展了思想政治教育利益观内化的空间，也改变了原来的传播媒介和载体，更拓宽了受教育者接收信息、了解社会情况的视野，培养了受教育者多元化的思维方式，最为关键的是改变了传统的接收单一教育者提供信息的局面，使内化的途径灵活，方式多样，并且不拘泥于时空的限制。另一方面带来挑战：一是网络的普及应用，拓宽和加快了信息流变的速度和广度，网络上的信息量极为丰富的同时，但也是泥沙俱在，在真假难辨信息面前，受教育者往往显得手足无措，也有些别有用心的社会思潮趁机涌入，也会影响思想政治教育内化的实际效果。二是虚拟交往环境、虚拟教育环境由于脱离社会现实环境的体验，在一定程度上不能发挥受教育者主观能动性，更无法提高他们积极适应现实环境变化的能力，从而导致思想政治教育内化目标与社会现实要求和客观环境的分离，影响内化主体内在心理的矛盾运动及其思想转化的顺利实现，导致思想政治教育内化主体对现实环境及其影响作用减弱。因此，思想政治教育既要利用信息时代内化虚拟环境积极的一面，也要预防其消极的一面。

（三）灌输与内化相结合的利益观教育原则是思想政治教育的方法论诉求

在现阶段，随着市场经济的繁荣，全球化的推进，网络技术的发展，适应新情况的要求，更需要培养人们有一个包括"社会内容"和"能力"的完整的思想政治品质结构。因此必须克服传统的、片面的思想政治教育的方式，实行灌输社会规范与内化生成的主体性培养相统一的教育方式，以使人们在对社会规范创造性地运用，增强人们辨别利益是非、处理好利益关系和提升自我修养的能力。

1. 利益观理论灌输要适应内化主体的利益发展需求，确保利益观理论灌输的必然性同内化主体利益发展的可能性相结合

思想政治教育利益观教育要向社会成员灌输的利益观理论就是社会主义集体利益观，社会主义人民利益观，社会主义义利观。正确有效的社会主义

利益观灌输要以满足受教育者的以尊重实现个人合理的利益需求为着眼点，同时真正有效的社会主义利益观内化"总是一定主体根据自身需要进行的内化。只有反映和契合一定主体的内在需要，才能为一定的主体所内化，成为推动和指导主体自觉满足自身需要活动的内在动力"①。思想政治教育利益观越有针对性、内化主体的内化意识就会增强、利益观的内化程度就会越深，致使产生的内化动力越大，思想政治教育内化效果也就越好。对此，习近平在高校思想政治工作会议上指出："做好高校思想政治工作，要因事而化、因时而进、因势而新……提升思想政治教育亲和力和针对性，满足学生成长发展需求和期待。"② 因此教育者在对受教育者进行利益观理论灌输时，应该做到：

一是变"单向灌输"为"双向沟通"。利益观教育内容要真正实现其价值，必须发挥教育者和受教育者的主动性，一方面教育者要转变理念，要与受教育者建立沟通、互动的关系，建构交互主体的互动模式；另一方面，要发挥和调动受教育者的主动性，尊重受教育者，关心受教育者，贴近受教育者的思想实际、生活实际，只有得到受教育者的积极响应和有效配合，才能从"口服"，得到"心服"，得到内心的认同和接纳，并自觉将传导的教育内容内化为稳定的思想意识体系。更为重要的目标也在于挖掘受教育者的内在潜能，帮助受教育者实现发展的要求。

二是遵循思想政治教育利益观教育的协同性。根据社会环境变化，将思想政治教育内化与整个社会大系统的交互作用协同起来，整合社会各个领域的资源。将利益观的内容确定下来的同时，制定利益观灌输计划，在实际实施灌输计划的实际操作过程中，要与变化了的社会实际情况相结合，因材施教，因地制宜，要充分考虑市场经济、全球化、信息化、改革开放、城乡发展等现实因素对受教育者思想观念、对受教育者认知方式等的影响，保证利

---

① 卢鹏：《思想政治教育内化研究》，西南大学2012年硕士论文。
② 《习近平在全国高校思想政治工作会议上强调：把思想政治工作贯穿教育教学全过程开创我国高等教育事业发展新局面》，载《人民日报》，2016年12月9日。

益观理论灌输所传导的客体信息顺利为受教育者所接纳。社会转型时期思想政治教育利益观的多样化、多重性和多变性特征更加突出,思想政治教育者既要根据变化了的环境相应地调整内化计划,又要掌握环境变化的客观规律创造新的内化环境,从而提高内化效果。

2. 灌输要适应时代变化的利益观要求,保证思想政治教育利益观内化的动态发展以符合时代发展潮流

从教育者利益观理论灌输的角度来讲,要保证理论灌输的目的性和高效性,必须要把时代变化同利益观理论灌输的目标性结合起来。为此,应该做到:

一是把握受教育者的谋利意识动向。从改革开放前的不敢言利,到改革开放后敢于言利,再到现在改革逐步深入过程中的积极求利,思想政治教育要把握社会利益意识的动向在受教育者的思想动向上的这些变化,从而在新时期在受教育者的谋利意识动向上尊重个人正当的利益追求给予充分的理论支持和道德肯定,才能科学地引导个人利益取向。

二是把握受教育者的利益价值取向。"个人利益的追求与满足是适应当前人们基本价值取向。"[①] 利益观理论灌输在对受教育者的利益价值取向发挥影响的关键是在尊重个人利益追求与满足中把握好三个方面:对个人利益与集体利益、国家利益关系的正确认识;对眼前利益与长远利益关系的正确处理;对不同利益主体的利益追求中,局部与长远利益的认识。可见,针对思想政治教育,教育者要掌握受教育者内在的利益价值判断,帮助其树立正确的利益观,这是思想政治教育利益观内化实现的关键所在。

---

① 杨永祺、赵秋静:《新时期利益原则的时代思考》,载《行政与法》,2007 年第 12 期。

第六章 利益多元化背景下思想政治教育的实现途径更新

一旦我们明确了人的利益与思想政治教育的内在关联，形成了对思想政治教育考察的利益维度，并由此视角来探讨思想政治教育实现途径更新问题时，其目的就是为了提高新时期思想政治教育实效性的利益向度，解决好思想政治教育的利益实现问题。思想政治教育是一种塑造人的实践活动，从利益维度看，这既包括对现实的利益个体的现实关照，也包括利益主体际间利益关系的协调；既包括对思想政治教育过程中内在的利益驱动的动态调适，也包括对思想政治教育外在的利益环境的优化。

一、培育利益主体

社会发展史是一部人类追求利益的历史，也是利益主体的利益理性成长的历史。从新时期思想政治教育的利益向度来看，对利益主体的培育是思想政治教育的出发点和落脚点。而利益主体所从事的生产活动或其他社会活动都是受其意识、观念，也就是受其利益理性所支配的。利益理性在个人的利益追求和主体际利益关系的处理上发挥着重要作用，换言之，人类总是在用利益理性来引导和规范个人的利益追求行为，调整主体间的利益关系。思想政治教育对利益主体的培育就是促进利益主体利益理性全面成长的过程。这主要的着力点在于两个方面：一是对个体的利益理性的培育；二是对主体际利益理性的培育。

(一) 个体利益理性的培育

1. 利益理性的含义

在哲学上，理性是表示人类认识的阶段和能力的范畴，是人类与动物根本区别的标志。人类运用理性来认识自然、社会和人自身，运用理性来制定计划、确立目标，从而使人类的实践活动达到合规律性和合目的性的统一。"利益理性是指人们对于利益、利益关系的全面和深刻的理性把握。"[1] 从对人类社会发展的不同发展阶段进行考察发现，人类的利益理性是一个不断成长发展的动态过程。在不同的历史时期，由于生产力发展水平、价值取向的差异，利益理性也呈现出不同的发展形态。戴锐和龚廷泰把利益主体的利益理性发展过程分为：利益人的前理性阶段、利益人片面理性化阶段和利益人的全面理性化阶段。从利益主体的利益理性成长发展进程来审视，思想政治教育对利益主体利益理性的培育在目标上就是要达到利益理性的完整形态，其具体内容包括："对利益的本质与作用的充分认识；对利益的内部结构（如经济利益与非经济利益、局部利益与整体利益、现实利益与超越利益等）及各要素之间关系的正确把握，强调物质利益的基础性和非物质利益的重要性；对利益主体（包括个体主体、群体主体、国家、社会整体乃至全人类）的全面关注与各种利益的全面兼顾，对利益实现的方式、手段与利益关系调整的全面理性化的追求，其主要指标是规范化（即对当前规范的遵循、对人与世界的终极关怀）、科学化（即遵循自然规律、经济规律和社会发展规律）。"[2]

---

[1] 戴锐、龚廷泰：《利益理性的成长与利益主体的形态发展》，载《南京社会科学》，2002年第1期。
[2] 戴锐、龚廷泰：《利益理性的成长与利益主体的形态发展》，载《南京社会科学》，2002年第1期。

2. 新时期思想政治教育对个体利益理性的培育路径

个体利益理性是从利益主体角度来着眼的，从现实的个人出发来追求利益理性成长的一种类型。个体利益理性就是用利益理性来引导个人的利益意识、观念，规范个人的利益行为。新时期思想政治教育对个体利益理性的培育包含两个方面：一是对现实的个体的现实关照和尊重，注重个体利益的实现；二是对于现实的个体的正确的利益意识和利益观念的培育，引导和规范个体的利益行为。

（1）承认现实的个人是"有需要的人和追求全面发展的人"① 这是新时期思想政治教育对个体利益理性培育的前提

现实的人是有需要的人，思想政治教育要尊重这些需要，这是培育个体利益理性的起点，个体合理需要的满足是实现思想政治教育效果的前提。从利益维度看，任何堪称有效的思想政治教育都必须是以现实的人的需要和发展来看待其价值，都要体现对现实的个体的利益的尊重和满足。多亚尔认为："如果 A 最低水平的需要都没有得到满足，那么她就根本没有能力做任何事情，包括那些期待她履行的特定行为。"② 自从实行社会主义市场经济以来，个体利益随着个体经济主体地位的认可而得到肯定，邓小平认为："一定要努力帮助群众解决一切能够解决的困难。暂时无法解决的困难，要耐心恳切地向群众解释清楚。"③ 江泽民认为："激励群众为实现自己的根本利益而奋斗，是我们党的传家宝。"④ 习近平指出："要把群众合理合法的利益诉求解决好，完善对维护群众切身利益具有重大作用的制度。"⑤ 由此，在现阶段不重视个人的合理需要和利益，那是不可能做好思想政治教育工作的，只有重视满足人的合理需要，才能增强思想政治教育实效性。

---

① 刘瑞平：《思想政治教育的逻辑起点》，载《光明日报》，2006 年 10 月 24 日。
② ［英］莱恩·多亚尔、伊恩·高夫著：《人的需要理论》，商务印书馆 2008 年版，第 122 页。
③ 《邓小平文选》第 2 卷，人民出版社 1994 年版，第 368 页。
④ 《十四大以来重要文献选编》（上），人民出版社 1996 年版，第 654 页。
⑤ 习近平：《要把群众合理合法的利益诉求解决好》，新华网，2014 年 1 月 8 日。

现实的人是全面发展的人，思想政治教育要以此为指导，这是培育个体利益理性的目标。促进人的全面发展是马克思主义的最高命题。马克思将人的全面发展在需要上就体现为需要的丰富性、多样性、全面性，是个体利益理性全面成长的过程，是"人以一种全面的方式，也就是说，作为一个完整的人，占有自己的全面的本质"①的过程。马克思主义认为，人的需要的发展与人的全面发展，人的个体利益理性的全面性在社会主义是内在统一的。马克思指出："我们已经看到，在社会主义的前提下，人的需要的丰富性，从而某种新的生产方式和某种新的生产对象具有何等的意义：人的本质力量的新的证明和人的本质的新的充实。"②由此，思想政治教育不是压抑人的需要，而是要重视并努力促进人的需要的发展，引导人的需要不断丰富和完善，这是促进人利益理性全面发展，提高思想政治教育效果的重要途径之一。

（2）助益于利益理性的全面成长，新时期思想政治教育要对当下个体片面利益理性进行扬弃

在市场经济日益发展的新时代，支配人的逐利行为的不再仅仅局限于物质需要的满足，而发展成为是否以获取经济物质利益的财富数量的多寡作为成功的衡量标准，这种片面的利益理性突出表现在对经济利益高扬，对非经济利益忽视。

无论是爱尔维修还是英国古典经济学家亚当·斯密，都论证了资本主义的市场经济活动是从个人利益出发的；不论是资本主义市场经济的产生、发展壮大阶段还是其完善时期，个人利益都得到了强调。在发展社会主义市场经济的条件下，对个人的物质利益追求给予认可和鼓励，个人合理的利益得到承认。但如今市场经济发展过程中问题的另一面又展现出来：在自由竞争条件下，追逐个人利益，最终能否促进公众利益的增长。无论是资本主义还是社会主义市场经济发展的事实是：人们对个人利益的追求并没有自动自觉

---

① 《马克思恩格斯文集》第1卷，人民出版社2009年版，第189页。
② 《马克思恩格斯文集》第1卷，人民出版社2009年版，第223页。

使社会效益最大化，相反地，人们在追求经济利益时，总是先注重自我的利益或者说是个人利益，这种片面的利益理性突出表现在对个体利益的偏重。

就市场经济来说，"市场机制的最大的失败是它无法考虑未来人们的利益，甚至也无法考虑在现有市场之外的现代人们的利益。市场具有一种强烈的短期倾向"①。这种被市场的短期利益倾向引导和塑造的个体利益理性，就会只关注于对当前利益的热衷，对长远利益的忽视；为了实现当前短期利益的最大化，而对利益实现的长远趋势、对人的超越利益缺乏关注和追求。这种片面的个体利益理性突出表现在利益眼光短视。

新时期思想政治教育要对上述个体片面的利益理性进行扬弃，助益于个体利益理性的全面成长。

一是对利益的内部结构及各要素之间关系的正确把握上，要强调物质利益的基础性，同时要关注非物质利益的重要性。如经济利益与非经济利益的关系处理上。个体利益理性的全面性成长就是在合理地、恰当地满足感性自然需求和道德理性需求过程中处理好经济利益与非经济利益的关系，达到物质利益的实现与精神利益的实现之间的基本平衡。从对以往片面的个体利益理性的扬弃来看，个体利益理性的全面成长不是对经济利益高扬，对非经济利益忽视，而恰恰在于是人对精神利益等非经济利益的追求，这是利益理性真正成熟的核心标志，是一种对善与美的追求。

二是引导个体形成社会主义利益观。主要是引导个体形成正确的义利观，确立既科学又注重发展的利益观，引导人们树立奉献观，确立正确的利益目标，在认识分析当前的利益矛盾基础上做好心理疏导。思想政治教育对于个体利益理性的全面成长就是引导个体形成正确的利益观。

三是对利益实现的方式、手段全面理性化的追求。思想政治教育要灌输利益实现的方式、手段的规范化要求，要形成对社会要求的利益行为的规范、规则的遵循，不能为了谋取私利不择手段，甚至道德败坏。同时还要有

---

① [美]理查德·布隆克：《质疑自由市场经济》，林季红译，江苏人民出版社2000年版，第181页。

对利益行为的科学化要求，要求利益行为要遵循自然规律、经济规律和社会发展规律的统一，形成对利益行为效益的优化发展；要求利益行为要有超越和长远眼光，实现对人和世界的终极关怀。

(二) 主体际利益理性的培育

胡塞尔首次提出"主体际"（intersubjectivity）的概念，是指主体之间的性质或关系。从利益维度来看，所谓"主体际"就是指利益主体的利益问题总是通过主体间的维度而得到解答。按照马克思的观点，"人的本质不是单个人所固有的抽象物，在其现实性上，它是一切社会关系的总和"①，各种社会关系的完善、人与人之间关系的和谐为理解和协调利益主体的利益问题提供了良好的社会基础。主体际利益理性的培育其着眼点就在于协调主体间的利益关系，而利益关系的和谐就在于主体际利益理性的全面成长之中来完成。或者说，对利益问题的解决总是应该放到社会利益关系之中去把握。新时期思想政治教育对主体际利益理性的培育就在于增强不同利益主体间利益关系的协调能力和协调程度。

1. 主体际利益理性培育的重要意义

如果说新时期思想政治教育对个体利益理性的培育主要在于解决个体利益的利益意识和谋利行为，从而达成个体利益和谐生存的能力的话，主体际利益理性的培育则侧重于对于利益主体间利益关系问题的解决，达成主体际和谐生存。

思想政治教育的价值是在主体际利益理性的培育过程中完成的。项久雨认为："思想政治教育的机制往往以其所蕴涵的价值主体的利益矛盾、冲突为根据，以解决这些矛盾、冲突为根据，以解决这些冲突为动力和目标，从而获得生成的空间。"② 从这个意义来看，主体际利益理性的培育是由思想政治教育的内在本质和价值决定的。思想政治教育价值的生成就是在对不同利

---

① 《马克思恩格斯文集》第 1 卷，人民出版社 2009 年版，第 501 页。
② 项久雨：《利益逻辑与思想政治教育价值的生成》，载《思想政治教育》，2008 年第 3 期。

益主体之间存在的差异、矛盾甚至对立的相互协调中完成的,思想政治教育总是离不开对利益主体间利益关系的协调。

主体际利益理性的培育在构建社会主义和谐社会这一历史课题中担当着重大使命。从利益的维度来看,构建社会主义和谐社会就是要统筹兼顾各方面利益又使各方面的利益各得其所,促进利益关系的和谐是构建社会主义和谐社会的核心所在,构建社会主义和谐社会的本质就是构建和谐的利益关系。由此主体际利益理性的培育在构建社会主义和谐社会中的历史责任在于:引导人们形成合理的利益观念,并能在与人民群众的根本利益发生偏差时自动纠偏;不同的利益主体博弈、协商、宽容理念增强;不同利益主体能在不同程度上超越本位利益,可以有长远和全局眼光,使利益矛盾得以缓解甚至消融。由此来看,主体际利益理性的培育意义在于主体间利益关系的发展,当然这种发展是在利益差异、矛盾甚至冲突中得到体现和实现的。

2. 新时期思想政治教育对主体际利益理性的培育路径

(1) 利益主体多元时代下的宽容观教育

主体际的关系范式是关于主体与主体的交往模式,是由主客体关系转换成了主体际关系,又由主体际关系转换成了更为科学的主客体关系,这是同一过程的不同方面,这一点,只有在人与人的关系中才能完成和实现,马克思主义从物质世界出发,通过生产的实践性和交往实践,打开了理解主体际性的思想范式的新理路,主体际总是在差异性基础上具有共同性、依存性、融通性的特点,这是培育主体际利益理性首先要确立的思维方式。

主体际利益理性所要求的宽容观是在主体际关系范式下,确立的具有现代意义的宽容观"容许他人有判断和行动的自由,对不同于自己或传统观点的见解能够耐心公正地予以容忍"[1]。古典宽容观是在主客二分思维模式下建立的,以承认利益一元化为前提的,对于利益追求、生活方式,只承认唯一正确的选择。而现代意义的宽容观是以利益主体多元化为根据,是允许差

---

[1] [美] 亨得里克·房龙:《宽容》,沙漠舟译,中国社会科学出版社2003年版,第12页。

异、互相兼容的宽容观。

尊重差异，是培育主体际利益理性中宽容观的基本精神。作为利益主体不论是个体主体、群体主体还是人类主体，在利益诉求上是会有差异的。承认他者的差异，就是要做到："必须像对待自己的多样性那样，像要求别人接受自己的多样性那样接受别人的多样性。这样，自己的差异才能受到别人的理解和尊重。"① 在我国经济体制深刻变革、社会结构深刻变动、利益格局深刻调整、利益关系日益复杂的背景下，容许不同利益主体有不同的利益诉求，容许有对不同生活方式的理解和追求，容许有不同的追求利益的行为，对异己的利益观念和利益行为有开放的心态，承认尊重差异应该是主体际利益理性中宽容观的基本精神。

但宽容不是放纵，不是没有利益尺度和标准，主体际利益理性中宽容是有限度的。其最底线的尺度是前文论述的社会主义集体主义利益观。社会主义集体主义利益观对所有利益主体来说，都是必须遵守的利益要求、利益义务，所有利益主体都应该先满足这一底线然后再去追求各自的利益。为此思想政治教育在培育主体际利益理性的宽容观时主张：一是对危害公共利益的行为不应该宽容。对社会存在和社会发展所要求的公共利益和公共价值，利益主体必须共同维护。二是损人利己的行为不应该宽容。追求利益可以肯定和鼓励，但必须以不损害他人为前提，不危害他人是利益行为的标准。

（2）利益主体多元时代下的商谈对话途径

利益多元化造就了利益观念的多样化和利益行为产生分歧的境遇。因此，在现代自由多元的社会，如何达成一种具有普遍约束力的利益行为规范，是思想政治教育要解决的重要紧迫问题。差异并不排斥共识，不同利益主体间要进行共同生活，必须在尊重多样性利益诉求的同时，有共同的利益规范。

在我国思想政治教育中，传统利益观得到全社会的普及主要靠外推型强

---

① 刘承军：《差异权：让理解和尊重超越宽容》，载《国外社会科学》，1995年第11期。

制灌输的途径，就是靠思想政治教育者进行宣讲，把利益观推行到社会生活的各个领域，并要求每个人予以遵守，否则会受到制裁。但在当今的民主自由多元的社会中，强制外在型灌输的途径已经难以行得通，必须加以时代性转换和创新。因此，利益主体多元时代下我们要培育主体际利益理性就必须考察新的渠道。内生型商谈对话途径就应运而生，具体做法体现在：

一是思想政治教育者深入到社会生活中，并展开大量社会调查，掌握复杂利益现象背后的本质和规律。

通过考察不同社会生活领域，找到哪些是逐渐得到不同利益主体的大多数人共同认可的利益原则和规范，哪些是能够协调不同利益主体间关系的规则，哪些是在社会生活实践中已经在发挥作用并由实践证明是切实可行的。实际上，从我国社会现实状况来看，在不同的生活领域已经产生了一些人们达成共识的利益原则和准则或者是观念，比如：经济领域利益正当，政治领域的利益公正，精神生活领域的利益发展，社会利益领域责任、诚信意识，生态领域的利益可持续等理念或者原则。对于逐渐得到不同利益主体都能认可的，思想政治教育者要运用各种手段充分挖掘，精心培育。

二是利益主体际商谈对话能力的培育。

在同质性很高的传统社会，人们生活封闭，生活方式相同，人们共享相同的价值观念，公认的利益观将人们维系在一起，社会共同体的精神基础牢固。但现今利益多元化的社会是以异质性为特征，人们的交往、社会关系越来越开阔和多样，"任何一种道德观念，都可能有相反的意见；对于任何一种解决问题的方案，都可能会有另一种选择"①。但利益主体要交往，建立起正常的利益关系，就必须承认和遵守共同的利益规范准则。但如何才达成对共同的利益规范准则的共识呢？现代社会发展的事实表明，具有对话协商沟通的能力，通过商谈途径在协调利益关系甚至利益矛盾和冲突中的作用越来越大。

---

① 甘绍平：《应用伦理学前沿问题研究》，江西人民出版社2002年版，第15—16页。

思想政治教育要培育利益主体际商谈对话能力就必须做到：一是尊重并认可在不同的利益追求下有各种不同的利益行动方案，不同的利益追求和不同的利益方案，不同的利益目标可以并列共存。二是必须设立一个共同的客观的利益集约准则，它是协调不同利益的基点，不同利益主体可以以此来审视各自的利益追求、利益目标、利益行为，从而为解决利益冲突提供一个标准。

二、调适利益矛盾

生产力是社会发展的根本动力，而利益推动生产和生活，是社会生产不断向前发展的内在动因。社会的变革和发展是为了满足人们物质文化的利益需要，为了调整人们之间的利益关系。在当今中国社会结构转型、利益时代凸显的新时期，如何调动各个利益主体的积极性，充分发挥利益的动力作用？如何协调各方面利益关系，构建社会主义和谐社会？这些都是需要解决的迫在眉睫的重大现实问题。由此，从思想政治教育的利益维度来看，利益驱动过程的调适是思想政治教育利益实现的重要一环。

（一）利益表达的畅通

"利益表达就是利益主体向社会、国家、政党、团体或他人主张自身或群体经济、政治、文化和社会利益，并希望得到承认、保护和实现的一种政治参与行为，是个人意志的重要表达方式。"[1] 对于利益表达的研究，学界主要的研究集中在四个方面：一是从利益表达主体的角度，探讨了新兴阶层利益表达，农民工利益表达等不同利益主体利益表达的特点。二是从利益表达的渠道，分析了人民代表大会制度、信访、大众传媒、司法等利益表达的渠道。三是对于利益表达的功能主要侧重于利益表达具有经济、政治、社会等

---

[1] 张思军：《中国特色社会主义利益观研究》，电子科技大学2011年博士学位论文。

功能的研究。四是从动态过程层面，把利益表达看作一个动态的过程。在学者们研究的基础上，利益表达的诸多问题与思想政治教育利益维度的考察不谋而合地契合在一起，把利益表达纳入到思想政治教育过程中来，必然会做到二者的共赢。

1. 利益表达在思想政治教育利益实现中的重要作用

现实的人孜孜追求的利益需求和谋取利益的行为是思想政治教育实践活动发生的基础和根源，它推动着思想政治教育随着时代的进步不断向前发展。利益表达在利益多元化的新时期，成为一种必然需要：一是由于不同的利益主体的利益诉求丰富多样，存在差别化需求，不同的利益主体为了增进自身的利益，实现自己的利益需求，各个利益主体会在各种场合、通过不同的方式、途径和渠道来进行自己的利益表达活动，不同利益主体这时候就会主动要求参与到与自身利益密切相关的公共政策、国家事务的制定和决策中来，从而使自己的利益诉求反映到决策层，引起关注，在决策中枢中得到体现，利益表达的诉求增强。二是在利益多元化格局下，在多元的利益诉求中，各个利益主体会在利益链条上的各个环节进行利益较量、利益权衡，在这个过程中，也需要不同利益的主张者进行沟通、对话和协商。这种维护自身利益的需求在和其他利益主体进行博弈时，就会自然使利益主体产生利益表达和利益沟通的动机。三是利益诉求的不同，会使利益关系紧张，为了化解不同利益主体间的利益矛盾、协调利益关系，作为一种沟通手段的利益表达必然应时而出、应运而生。利益表达在思想政治教育利益实现中发挥的作用体现在如下几个方面。

（1）通过利益表达，了解不同利益主体的不同诉求，使思想政治教育所倡导的利益观念更加有力。人们追求利益的行为总是通过对利益的认识，总是通过利益观念和利益动机来推动。社会生活中往往是这样的：有什么样的利益观念就会有什么样的利益行为。而利益观念不是自发形成的，需要长期的教育引导才能形成。思想政治教育要帮助人们形成正确的利益观念，从而引导人们正确认识到不同利益客体、利益内容、利益实现层次之间的关系，认识到利益与理想信仰、与自身价值追求的关系，从而帮助人们正确处理社会利益与个人利益、超越利益与眼前利益、整体利益与局部利益的辩证关系。而在这个过程中，思想政治教育者可以让受教育者明晰合法利益与违法利益、了解合理利益诉求与不合理利益诉求、区分正当权益与不正当权益的界限。而在现实中受教育者隶属于不同的利益群体，不同利益主体的利益关注点往往是从自身的需要和诉求出发的，彼此之间缺乏沟通，而不同利益主体的利益表达，就是在博弈的过程中了解利益主体之间的不同诉求，促进相互理解，从而消融不合理的利益诉求，在正确的利益观念的指导下从事合理的利益行为。

（2）通过利益表达，形成多元化的利益诉求机制，思想政治教育调节利益行为更加有力。利益主体自主的利益表达是争取保护和实现自身利益的第一步，为实现自身利益提供自我选择和发展的基础。利益主体自主的利益表达的第二步是为主体多元化的利益需求和偏好提供了诉说和表达平台，让多元利益群体在看似冲突和矛盾的互动过程中争取利益博弈的协调与均衡，从而形成多元化的利益诉求机制。思想政治教育通过利益主体利益表达的合理利用，推动利益主体对合理利益追求的认同和支持，并通过各种手段来激励合理、进步的利益活动；思想政治教育也会通过思想引导，抵制利益主体不正当的利益追求。

（3）通过利益表达，形成利益主体关系的利益协调，思想政治教育化解利益矛盾更加有力。利益表达助益于思想政治教育化解利益矛盾：一是整合不同利益主体的多元化利益诉求。不同的利益主体，由于利益诉求不同，就会产生利益分歧；同一主体随着社会地位的变化、境遇的变化，利益需求也会发生变化。而利益表达的过程是化解、消融利益冲突，将社会不同利益主体的利益要求、同一主体的多样化利益要求，进行综合的过程。通过利益表达，可以使不同利益主体之间进行充分的协商，不同的价值判断结合，在不同利益主体之间博弈，协商、交流、交锋、交融、交互作用下形成最终的合力，寻求符合最大公约数的利益。二是通过思想政治教育的中介，协调政府与公众利益矛盾。通过利益主体的利益表达,思想政治教育者可以将各种利益群体表达利益诉求的主张收集起来,在上情下达、下情上达的沟通过程中,帮助政府决策部门获得更多关于公众诉求的信息,从而有利于政府与不同利益主体的互动,更有助于政府及时了解真实的群众利益诉求情况,从而根据变化了的新情况,在立法、决策、管理等过程中根据不同利益主体需求做出有针对性的决策,缓和政府与公众利益诉求的矛盾。三是当现实利益和理想利益、个人利益和群体利益、经济利益与自然环境利益、人类眼前利益与子孙后代的长远利益等利益关系发生矛盾的时候,当面对利益得失做出权衡和选择的时候,思想政治教育在让受教育者利益表达过程中,要对其进行利益的引导和协调,帮助其分清利益关系中的根本和重点,通过思想的引导、利益观的教育来辨别是非。

2. 思想政治教育过程中利益表达途径的优化

从利益表达途径和程序的制度化、法制化建设来看,思想政治教育中的利益表达有其限度,但是合理有效的政治制度、政治决策建立形成之前思想政治教育过程中的利益表达就在发挥作用,"如果国家和社会中存在开放的、有序的公众参与途径和程序,使社会成员的利益和价值诉求等得到合理表达,则社会变迁导致的利益冲突和矛盾更有可能被吸收"[①]。同时,正是在这个过程中,思想政治教育中的利益表达就对合理有效的政治制度、政治决策、立法等的形成起着预先的作用。由利益表达的过程来看,思想政治教育的过程就是开始经由利益表达,收集利益诉求,然后进行辨别和利益综合,再提交到政府进行政策制定,最后政策执行、政策反馈再回到利益表达的一个循环过程。

(1) 倾听利益需求

利益需求的提出,并传达给政府决策机构,是思想政治教育者应该尽到的本分。多元利益主体,利益表达的过程,是不同利益群体进行利益博弈的

---

① 吕艳华:《思想政治教育公众参与探析》,载《求实》,2013年第4期。

过程，也是思想政治教育者吸纳各种不同利益需求过程，正是不同社会主体的利益需求，构成政府决策和制定政策的动力和压力，思想政治教育过程应发挥不同利益诉求的讲坛作用，应该倾听不同社会主体表达利益的诉求。没有利益表达的刺激，政府系统就无法做出正确合理、符合人民群众利益诉求的反应，有效的政治过程也就无法运作。因此，思想政治教育要真正发挥联系群众和政府的中间人作用，一定要倾听、关注不同利益主体的利益需求，让思想政治教育真正成为下情上达、上情下达、上下沟通互动的表达通道。唯有如此，反映人民群众根本利益的诉求才能转变为可行的政策制度，利益综合政策制定、政策的执行和反馈，才能作为利益表达过程的延伸，才能有序、合理地运转起来。

党的十七大报告中明确提出："加强和改进思想政治工作，注重人文关怀和心理疏导，用正确方式处理人际关系。"① 思想政治教育视野下的倾听利益需求是做到人文关怀和心理疏导的重要方式，"在思想政治工作中，帮助人们进行一定的心理调适，使其不良情绪得到宣泄，心理压力得到缓解，或者为进一步实施思想影响创造必要的健康心理条件，或者在进行心理调适的过程中解决思想问题"②。郝继明认为："构建科学有效的利益诉求表达能为各种不满情绪提供宣泄途径，使抱怨、不满限制在法制轨道之内，不会破坏社会的稳定发展。"③ 思想政治教育就在发挥着由"包办利益表达"转向"由人民自己表达"的过程中，起着缓冲利益矛盾、宣泄不满情绪的作用，这种人文关怀的力量是无比巨大的。

（2）综合利益需求

多元利益群体的利益表达过程是思想政治教育者对不同利益主体的利益

---

① 胡锦涛：《高举中国特色社会主义伟大旗帜为夺取全面建设小康社会新胜利而奋斗——在中国共产党第十七次全国代表大会上的报告》，人民出版社2007年版，第35页。
② 沈壮海、李岩：《注重人文关怀和心理疏导——创新思想政治工作的新要求》，载《思想政治工作研究》，2008年第2期。
③ 郝继明：《无缝隙政府理念与和谐社会利益诉求机制的构建》，载《学习与实践》，2007年第4期。

需求信息进行加工、整理和合理化，从而为公共政策的决策提供依据的过程。这样看来，思想政治教育过程中的利益表达实际上构成政府进行均衡合理的公共政策决策、维护社会稳定和谐的重要一环。但是不同利益群体总是从自身出发来表达利益需求、利益愿望，这就需要思想政治教育者具有较高的专业素质，较强的社会责任感，能够进行综合、辨别。其中辨别的标准，就是邓小平的"三个有利于"的利益标准。

在综合利益需求过程中，在思想政治教育要充分肯定利益主体的正当的、合理的、现实的利益要求和愿望的基础上，尽可能予以满足，对一时没有条件满足的利益要求，则要通过耐心、细致的思想工作去化解利益主体的情绪，争取得到他们的理解。而对那些超越现实条件或与现实相矛盾的利益要求，则需要通过思想政治工作去矫正。还要引导群众认识到什么是正确、合理的、现实的利益要求，什么是不正确的、不合理的、不现实的利益要求，引导群众不仅要追求正当的、合理的、现实的利益，而且要通过合法的形式来表达。

中国社会转变仍在继续，不同利益主体的利益观念、利益追求和利益关系格局还在演变，思想政治教育过程中要实现平等化的利益表达权利、增强主体化的利益表达意识、诉诸理性化的利益表达方式、开辟合理化的利益表达渠道、形成法治化的利益表达制度，才能使得利益主体有效参与思想政治教育过程，才能为政府合理性公共政策制定提供依据，才能在新的利益格局下使得利益良序发展。

（二）利益矛盾的协调

在前文的论述中我们就利益主体、利益客体之间的复杂利益关系做出了论述，并分析了思想政治教育在利益个体和利益主体际之间发挥利益功能的独特性表现，在本章节中，就利益驱动过程来说，实现思想政治教育对人的利益的优化，还在于对利益关系中激化的利益矛盾的协调。

1. 利益矛盾的主要表现

当前改革进程已进入攻坚克难的关键期，随着利益分化的显性化与扩大化，利益矛盾和冲突也日益凸显。在我国，利益分化的过程与改革的过程是同步的。改革开放打破了既往的利益格局和利益关系，使得整个社会的利益在新的原则下进行着重组和转型。在市场经济条件下，利益主体之间的利益差别和分化最开始表现在经济利益层面，从而迅速在生活方式等其他方面的社会关系中也开始形成新型的利益分化。在这个发展过程中，利益总量是在以前所未有的速度迅速累积的同时，利益差别和利益分化也在不断拉大，突出表现为城乡之间、区域之间、行业之间、不同阶层之间、利益客体结构及内容之间、经济与社会之间发展不平衡。当前的利益矛盾集中体现在如下几个地方。

（1）贫富差距已成为我国各种社会矛盾的重要源头之一

目前在贫富差距矛盾中，反映较强烈的问题是：一是一部分人通过钻现行管理体制不完善的空子，采取不正当手段、不合理的利益目标，甚至以损害国家、集体、他人的利益所获得高收入乃至暴利造成的收入差距。二是一些合法的高收入者，偷税漏税，收入太高，由于对其收入的监督与调节不利，造成收入差距。三是在一些垄断性行业中，利用市场竞争中的资源优势获得高额收入。四是在利用再分配手段调节收入差距方面，有些地方落实不到位。如在尊重知识、尊重人才方面，仍有缺陷和不足，致使知识、人才得不到足够重视，收入与其才能得不到相匹配的收入差距问题。四是社会上涌现出一批弱势群体。比如农村贫困人口、城镇贫困群体、城市农民工、失业或者无业人员、老年贫困人口、失地农民等。贫富分化的社会差距过大，对社会稳定是一种伤害，会引发社会矛盾和问题。

（2）党群、干群利益矛盾

在市场经济体制还尚待进一步完善过程中，当政府介入市场，分配机制有时就会产生扭曲，就会出现以权力、人情、系网为媒介进行的资源配置，分配不公问题就会产生。权钱交易、以权谋利，权力市场化、权力资本化，不仅在一定程度上冲击市场秩序，扰乱市场竞争，还造成国有资产成为权力的附庸，被任意摆布。这不仅扰乱了市场发展的宏观环境，引发资源、机会的不公平配置，更重要在于严重败坏了社会风气和党风，危害了政府在民众中的信任度和公信力，破坏党群、干群关系，引发人民群众对政府、对党的不满情绪。其实，这样的党群、干群关系也是中国共产党执政的大敌，当少数党的领导干部以及某些政府部门，只是为少数人、少数利益集团谋利的时候，其就会失去人心民意，那他丧失权力的合法性和正当性的时期也就会不远了。

（3）劳资利益矛盾

劳资利益矛盾主要就是工人的合法权利和正当利益得不到保障。这主要体现在我国多种所有制企业之中，比如私有制企业、合资企业等，也体现在一些进城务工的农民工所从事的建筑企业中。这些单位，有时候置法律、规章制度、道德于不顾，随意克扣、拖欠工人工资，强迫工人加班加点，这些工人往往生活条件艰苦，没有社会和安全保障。这些不正常现象亵渎法律、道德和人性，扰乱经济秩序，造成劳资利益关系紧张，易诱发利益矛盾。这些现象与社会主义本质、与社会主义制度相违背。

2. 思想政治教育过程中利益矛盾协调途径的优化

调整和化解利益矛盾，是我国社会稳定和谐发展的基础，是推动经济社会发展的动力，构建社会主义和谐社会的过程就是妥善处理各种利益矛盾，不断消弭各种利益冲突，增加利益关系和谐的过程，在这一过程中要正视利益分化和利益矛盾，找出调整和化解利益矛盾的方法，思想政治教育针对现阶段的利益矛盾，发挥自身优势，对利益矛盾协调的途径主要体现如下。

（1）构建有共识的合理利益关系

利益主体之间利益关系的调整和化解是解决社会矛盾的有效方法，因此建立利益主体之间合理的利益关系成为调整和化解利益矛盾的根本，而构建利益主体之间合理的利益关系的关键就在于利益主体之间达成价值共识。

那么，什么样的利益关系是合理的有助于化解利益矛盾的呢？从前文的论述分析中，我们知道利益关系会有正、反、合三种状态。合理的利益关系是对处于"反"状态的利益关系的优化，从新世纪新阶段的阶段性特征来看，主要有这样的特征：一是利益主体利益的获取，利益目标合理，利益手段恰当。是以诚实劳动、合法经营，以促进社会发展为前提的获利。在索取与获益之间，私利与公利之间要有平衡，要以财富获取正当，是在承担对他人、对社会责任前提下的合理所得。二是利益主体之间互惠互利，在公平竞争中获利，利益主体之间地位、机会、权利平等，利益差别是在公平竞争中适度产生。三是收入差距保持在合理的限度和范围内，即基尼系数保持和控制在世界通用的范围内：0.3—0.4。

思想政治教育达成哪些价值共识才有利于构筑合理的利益关系呢？一是对社会主义本质和社会主义制度的认同。对于社会主义制度，从毛泽东第一代领导集体确立和形成，到邓小平时代开启的对中国特色社会主义制度的发展、完善，再到习近平主张的发展成更加定型的中国特色社会主义制度，再到为人类更美好社会制度提供中国方案，这是一个社会主义制度实践、不断成长的历程，是一个社会主义制度为中国、为世界做出探索和贡献的实践过程。无论是贫富悬殊利益矛盾，还是党群、干群利益矛盾，还是劳资利益矛盾，这些都是与社会主义的本质与制度相背离的，都是与社会主义的价值目标和价值关怀"以人为本"和"全心全意为人民服务"的宗旨相偏离，是与共同富裕的目标相偏离。因此，思想政治教育要宣扬社会主义制度的价值追求，要有制度自信，要有中国主张、中国定力，要借鉴人类政治文明的有益成果，但绝不受任何外国的颐指气使。宣扬社会主义的本质，形成对社会主义制度的共识。二是对利益观的共识。包括在处理个人利益与集体利益关系上的社会主义集体主义利益观的认同，也包括在处理经济利益与道德关系上的社会主义义利观的认同；还包括对中国共产党执政根基的社会主义人民利益观的认同。三是对国家、社会、个人三个层次的社会主义核心价值观的认同，把社会主义核心价值观教育旗帜鲜明地提出来，充分体现了以习近平为核心的党中央领导对历史经验的科学总结和对当今国际国内形势的准确判断。习近平要求要使核心价值观的影响像空气一样无所不在、无时不有,把党心、民心凝聚起来,在价值多元化的基础上统一人民思想,保持社会和谐。社会主义核心价值观贯穿于生活的各个领域和层面,思想政治教育要对其进行与生活实际相结合的解读和阐释,引领和指导建构合理的利益关系。

(2) 构筑预警与治理相结合的思想政治教育手段

当前正确处理人民内部矛盾,在继续深化经济、政治、文化等体制改革,完善社会保障制度,健全利益协调机制、加强党的执政能力建设的同时,思想政治教育也要发挥自身具有的特殊优势和功能,加大工作力度,为化解利益矛盾、构建和谐社会方面有所作为。

一是在预防发生利益冲突事件时,各级领导干部和思想政治教育工作者要敏锐掌握社会舆情,洞察利益矛盾易发点、摩擦点,对于易引发社会矛盾的热点和难点问题及时体察和掌握,对利益矛盾问题早预防、早发现。

二是在化解利益矛盾时,思想政治教育一方面,在工作方式上可以采取柔性管理的方式,通过疏导的办法,加强沟通和说服教育,调控、缓解、消除人们的不良情绪,把人民内部的利益矛盾尽量化解在可控状态和范围内,防止利益矛盾扩大和激化。另一方面,针对不同的利益主体要有不同的要求。针对领导干部,要廉洁奉公,勤政为民,不搞形式主义、官僚主义,不以权谋私,以公正无私的形象,以为百姓解决实际困难的作风密切党群、干群关系;针对群众,要历史地、动态地看待利益差异,要看到改革的成果有一个政策转化的动态发展过程,顾全改革大局,维护安定团结。在表达利益诉求时,要理性合法,避免采取过激和越轨行为。习近平总书记多次强调:"要通过教育引导、舆论宣传、文化熏陶、实践养成、制度保障等,使社会主义核心价值观内化为人们的精神追求,外化为人们的自觉行动。"[①] 这为搞好思想政治教育构筑预警与治理相结合的思想政治教育手段提供了理论指南。

---

① 陈桂花、王东维:《论习近平系列讲话中的思想政治教育元素》,载《思想政治工作研究》,2014 年第 8 期。

(三) 利益共享的实现

利益共享就是共同享有利益发展的成果。利益共享是社会主义的本质体现，社会主义发展的根本目的就是让发展成果由人民共享，利益共享反映的是处理利益关系的一种状态，是实现利益关系和谐，构建社会主义和谐社会的重要目标。

1. 利益共享在思想政治教育利益实现中的作用

第一，确立了思想政治教育在协调利益关系上的价值目标。

确立"科学发展—利益共享—社会和谐"作为协调利益关系的价值目标，这是思想政治教育贯彻落实科学发展观的目的所在，胡锦涛指出，我们强调科学发展就是"不断满足人民群众日益增长的物质文化需要，让发展的成果惠及全体人民"[①]。确立"科学发展—利益共享—社会和谐"作为协调利益关系的价值目标，是思想政治教育促进社会和谐的内在要求，坚持利益共享，对于化解利益主体需求的多样化所引发的矛盾和问题，对于缓解利益分配差别所引起的不满，对于构建和谐的利益关系，都起着至关重要的作用。确立"科学发展—利益共享—社会和谐"作为协调利益关系的价值目标，是思想政治教育反映社会主义本质的集中表现。社会主义的本质是实现共同富裕，改革开放40年，在蛋糕做大的同时，要兼顾不同地区、不同人群之间的收入差距，才能克服收入差距扩大的趋势，实现分配公平和利益共享。发展成果由人民共享作为协调利益关系的价值目标必须贯穿于思想政治教育的全过程。

第二，确立了思想政治教育在协调利益关系上的判断尺度。

在新的发展时期，让发展成果惠及全体人民，让人民共享社会改革发展的利益成果，使所有的劳动者都过上最美好、最幸福的生活是协调利益关系的价值目标。生活在我们伟大祖国和伟大时代的中国人民，共同享有人生出

---

① 《十六大以来重要文献选编》（中），中央文献出版社2006年版，第235页。

彩的机会，共同享有梦想成真的机会，共同享有同祖国和时代一起成长与进步的机会。为了实现这一目标，在思想政治教育过程中以什么标准作为利益关系和谐的判断尺度呢？正如邓小平指出的那样："各项工作都要有助于建设有中国特色的社会主义，都要以是否有助于人民的富裕幸福，是否有助于国家的兴旺发达，作为衡量做得对或不对的标准。"① 正如习近平所强调的那样："我们要随时随刻倾听人民呼声、回应人民期待，保证人民平等参与、平等发展权利，维护社会公平正义，在学有所教、劳有所得、病有所医、老有所养、住有所居上持续取得新进展，不断实现好、维护好、发展好最广大人民根本利益，使发展成果更多更公平惠及全体人民，在经济社会不断发展的基础上，朝着共同富裕方向稳步前进。"② 思想政治教育利益功能的实现就是在面对利益主体日益分化、利益博弈的局面日益复杂的条件下，以利益分配体现社会公平，利益是否能惠及全民为判断尺度，着力解决好人民群众最关心、最直接、最现实的利益问题，协调好人们之间的丰富复杂的利益关系，使社会安定和谐。

2. 思想政治教育过程中利益共享途径的优化

第一，以利益共享为导向，利益分配实现合理化。

利益分配实现合理化，是利益共享的具体要求和体现。思想政治教育以利益共享为导向，尊重每一个个体的利益诉求，把每一个公民都作为平等的主体去对待，在改革开放的过程中，注重社会资源公平合理分配，注重机会权利的公平平等，充分调动社会成员的积极性，使社会充满尊重、祥和、共融的氛围，洋溢着生机和活力。思想政治教育以利益共享为导向，尊重每一个劳动者的劳动能力和劳动付出，获得应得的劳动成果，抵制不劳而获、投机取巧，使人们通过自身的努力和贡献，能各得其所，各得所得，社会秩序才能良好健康运行，社会才能安定团结，利益关系才能达到和谐的状态。

---

① 《邓小平文选》第3卷，人民出版社1993年版，第23页。
② 习近平：《在第十二届全国人民代表大会第一次会议上的讲话》，载《人民日报》，2013年3月17日。

第二，以利益共享为导向，提高发展质量。

提高发展质量，是利益共享在转变发展观念，创新发展方式，落实发展成果诸方面的展现。利益共享是体现在社会发展的全过程的，不仅是经济、政治、文化领域；也是社会、生态等各领域的发展要求。同时这些领域的利益共享成果也是随着社会主义事业的发展、社会的进步、人民群众利益需求的动态发展，而不断发展变化的。作为思想政治教育者来说，在政策制定上落实权为民所用、情为民所系、利为民所谋的理念，而要落实这一理念，就要做到体察群众不断发展变化的利益要求，在满足物质利益需求的基础上，在文化权益、教育公平及环境发展等方面都要做到利益共享，特别是当下针对我们城乡之间、区域之间发展不平衡的状况，如何使更多的人在不同的利益领域共享发展成果，提升发展质量就显得尤为重要。思想政治教育者要针对社会现实，敢于担当，影响社会发展理念和治理方式，并把利益共享贯彻到发展的各个领域。

三、优化利益环境

思想政治教育作为精神实践活动，对人的思想发展及其教育的影响都是在具体的社会历史中开展的，由此，就要受到具体社会中诸多因素的影响，不管人们承认与否，环境都客观地影响着思想政治教育活动的开展。"所谓思想政治教育环境是影响人的思想形成和发展，影响思想政治教育活动运行的一切外部因素的总和。"① 思想政治教育环境的优化就是以人的思想发展及其教育为目标而对环境所做的要求，同时思想政治教育也能发挥反作用于这样环境目标。思想政治教育利益环境的优化，就是从利益维度，既创造一个有利于思想政治教育活动开展和人的思想提升的外部利益存在，又发挥思想政治教育反作用于利益环境的目标所在。思想政治教育利益环境的优化精神

---

① 张耀灿、郑永廷、刘书林、吴潜涛等：《现代思想政治教育学》，人民出版社2001年版，第234页。

就在于深化积极成分,使之对人的思想发展及其教育产生正面的影响;剔除和改造产生不良影响的成分;提升利益环境的层次。由此,我们考察了社会结构中经济、政治、文化、社会、生态利益环境的优化与思想政治教育利益实现的向度。

(一) 利益正当的物质文明要求

1. 利益正当是物质文明领域的利益要求

现阶段,我国经济、政治、文化、社会、生态的发展各有特点,每个具体的领域内都会有利益的侧重方面。从我国的现实出发,我们要在每个具体领域内探讨利益要求和标准,物质文明领域的利益要求主要体现为经济利益正当。从个体角度来看主要体现为利益目标和利益手段的正当,从社会角度来看主要体现在利益分配的正当,包括利益分配过程和分配结果正当。

(1) 利益目标和利益手段的正当

利益目标的正当就是在社会主义市场经济中追求的利益目标要具有人民性和人文内涵的价值目标导向,这是社会主义市场经济具有的本质要求。一方面,社会主义市场经济的利益主体利益发展的目标具有人民性。正如习近平在十八届五中全会上强调的"必须坚持以人民为中心的发展思想,把增进人民福祉、促进人的全面发展作为发展的出发点和落脚点,发展人民民主,维护社会公平正义,保障人民平等参与、平等发展权利,充分调动人民积极性、主动性、创造性"[①]。利益主体设定的利益目标与中国特色社会主义事业的发展相一致,与广大人民群众的利益相一致。当确定自己利益发展的目标时,利益考量的标准就是是否能做到自己的利益目标把利己与利人民统一起来,这样的利益目标的确定是与社会主义市场经济以"'鼓励个体、增强整体'的新的利益追求方式,取代传统的'否定个体、保证整体'的利益追求方式"[②]相适应。另一方面,社会主义市场经济的利益主体赋予市场经济利

[①]《习近平总书记系列重要讲话读本》,学习出版社,人民出版社2016年版。
[②] 白琳:《和谐社会利益共享的政治经济学思考》,载《求实》,2007年第6期。

益目标具有多层次的人文内涵，使利益目标的追求在实现人与自然、人的需要与发展、人的物质需要与精神需要的辩证统一。因此要规定利益目标正当合法的标准就是，共同的人民利益标准、利益目标的设定和考量就是实现好、维护好和发展好最广大人民群众的利益，并把取缔非法收入、保护合法收入作为利益目标正当的是非问题去对待。

利益手段的正当就是在追求自身利益的时候，采取的手段和方式方法合法、合理的问题。在当今市场经济社会中，个人谋利意识和谋利行为得到尊重和认可，谋求利益的愿望人人皆有，但并非都能如愿以偿，关键是如何去做，以什么样的态度和手段去获取。现实的生活是一部分人为追求自身利益最大化，不讲诚信、丧失道德、不择手段的行为时有发生，如：关系到每一个人健康的食品安全问题，饮水安全问题，空气质量问题；对于不讲诚信的假冒伪劣商品、药品等。如果无视利益谋取的手段和行为，任由市场主体追求自身利益最大化，结果就会导致：人们之间争夺利益，使所有人彼此处在现实的或潜在的对抗之中，造成人与人关系紧张；当所有的人设法尽可能多地利用资源去获取利益的时候，常常无度地侵犯自然界，以牺牲人类的持续发展为代价，造成人与自然关系的紧张；所有的人处于利益争夺的洪流之中，常常身不由己，迷失自我，人完全为利益、外物所驱使，造成人与自身关系的紧张。因此在市场化利益诉求高扬的社会，应该界定利益手段的正当，既要规定利益手段正当合法的标准，又要界定利益正当合理的限度。对于危害他人生存、权利的利益行为要坚决反对，并予以抵制和清除；对于危害公共利益的行为手段要坚决反对，并且为官者要做到不为某些利益相关者谋私利，遵守公共准则，依法办事，对于社会存在和发展的公共利益共同维护。

（2）利益分配过程和分配结果的正当

利益分配过程的正当，就是按劳分配原则的贯彻实施。按劳分配原则就是按劳动的数量和质量进行分配，按贡献的大小进行分配，多劳多得、少劳少得，这既是对一个人的劳动成果及权利的充分尊重，又对利益获得提出了衡量标准。当把劳动作为衡量人们获得报酬的依据，对社会做出的贡献越大，获得的劳动报酬就越多；贡献越小，获得的劳动报酬就越少。按劳分配能充分调动人们的劳动积极性，促使人们为社会多做贡献，获得更多的劳动报酬，提高自身的生活水平。人们在提高自身生活水平的同时，也为经济的发展贡献了力量，促进了经济的发展。由此可见，利益正当是只有在个人通过自己的劳动，只有对社会做出的贡献和社会对劳动者的满足之间达到相称的时候才能实现。按劳分配原则反对平均主义分配方式，因为它抹杀了劳动和报酬的差别，侵害了劳动者的劳动成果，鼓励了一部分占有另一部分人的劳动成果，造成了劳者不获、获者不劳或者按官位、按资格分配的现象，人们干多干少一个样、干与不干一个样，不能激发劳动者的积极性和创造性，按劳分配原则体现了劳动、贡献与所得之间利益正当分配过程的要求。

利益分配结果的正当就是反对两极分化，实现共同富裕。传统社会主义在分配结果上搞平均主义，认为无差别的平均才是社会主义的特征，这种观念挫伤了人们劳动的积极性，影响了经济社会的发展，阻碍了社会的进步。无差别的平均主义忽视了劳动者的工作态度、忽略了劳动者工作效率、工作效果的差异，只注重强调利益结果的平均的分配，单从结果来看大家都是一样的，平均的，但实际上是抹杀了劳动积极性和创造性，利益分配的结果是违背利益正当要求的。社会主义利益分配结果的正当反对传统社会主义在分配结果上搞平均主义。同时我们提倡的利益分配结果的正当是实现共同富裕。实现共同富裕不是同步富裕，是允许鼓励一部分劳动者凭自己的能力、努力和对社会的贡献先富起来，并发挥这种勤劳致富的示范作用。鼓励东部地区率先富裕起来，先富裕的地区要通过资金、技术、政策的支持帮助落后地区实现共同富裕，全国人民互帮互助最终共同富裕。社会主义本质和目标是共同富裕。随着利益分化的深化，改革开放的深入发展，我们提倡的利益分配结果的正当还是克服贫富悬殊、防范两极分化。"如果我们的政策导致两极分化，我们就失败了；如果产生了什么新的资产阶级，那我们就真是走了邪路了。"① 如果不能消除两极分化，各种社会矛盾会出现，利益分配结果就是不正当。

2. 思想政治教育实现利益正当的路径选择

（1）增强共同利益的利益目标认同，强化谋取利益手段的合法合理

恩格斯认为："共同利益不是仅仅作为一种'普遍的东西'存在于观念之中，而首先是作为彼此有了分工的个人之间的相互依存关系存在于现实之中。"② 思想政治教育要增强人们对共同利益的目标认同，处理好个人利益存在与共同利益存在的关系。共同利益存在于人与人之间的相互关系之中，但它的根源在于个人利益的存在，它是在个人利益实现过程中产生的，它也是个人社会性生存的根本因素。与个人利益相比，共同利益的不同之处在于，是维系人们生存发展所必需的社会关系模式。共同利益所抽象出来的人类社会的普适条件，保障了个人实现自身利益的机会。因而，增强共同利益目标认同，是化解利益矛盾、促进和谐的有效手段。共同利益虽然是利益主体实现联合的基础，然而，现实中的利益矛盾和冲突的一个重要方面却是个人利益与共同利益的矛盾和冲突。因此，在追求个人利益和实现共同利益时所采取的手段时，思想政治教育要加强意识形态宣传思想工作，使个人利益与共同利益这两方面实现很好的融合。

思想政治教育在强调谋取利益手段的合法合理方面，提倡做到以下三点：一是既要把人民和社会的共同利益放在首位，又鼓励大胆公开追求自身的合法私利。二是要把共同利益作为不同利益主体间团结协作的纽带，增进不同利益主体间的开放性、包容性，增强求同存异、和睦共生能力。三是确定利益边界的界限和准则。利益主体在追求、创造和实现利益的过程中，必须以不伤害他人利益、不损害公共利益为前提，以不危及他人利益和公共利益作为利益谋取行为的边界，采取合理合法的手段去追求实现自己的利益，这是中国特色社会主义利益获取的基本准则，是一个关涉到利益良性运行的

---

① 《邓小平文选》第3卷，人民出版社1993年版，第111页。
② 《马克思恩格斯文集》第1卷，人民出版社2009年版，第536页。

重大问题。

(2) 尊重利益分配过程的效率与公平，强化利益分配结果的共建共享

分配领域的劳动效率就是产出与投入的比率，作为社会主义国家，重视提高劳动效率，以发挥劳动者的主动性、积极性与创造性，分配领域的公平就是在获得与自己的劳动贡献相联系、相对等的收入分配合理的同时，注重人与人之间的公平的关系。社会主义的分配公平是与社会主义经济制度相联系的，是惠及全体劳动人民的公平。在分配关系中，一定要处理好与分配直接挂钩的劳动效率与劳动分配公平的关系。思想政治教育一方面提高劳动者素质和能力，鼓励人们诚实劳动、合法经营的做法，提高劳动效率，培育和保持积极进取的社会心态。另一方面要在利益分配公平方面确定科学合理的利益预期，既让人们看到社会主义初级阶段的长期性和艰巨性，有通过自身努力获取利益的希望，也要看清利益公平的实现获取需要有一个过程。

社会成员在共建社会过程中共享社会发展成果是马克思主义理论的基本价值。"由社会全体成员组成的共同联合体来共同地和有计划地利用生产力；把生产发展到能够满足所有人的需要的规模；结束牺牲一些人的利益来满足另一些人的需要的状况；彻底消灭阶级和阶级对立；通过消除旧的分工，通过产业知识培训、变换工种、所有人共同享受大家创造出来的福利，通过城乡的融合，使社会全体成员的才能得到全面发展。"[①] 可见，恩格斯认为利益共享的主体是社会共同利益的创造者，利益共享的客体是社会共同利益。利益共享是历史的产物，社会主义的"利益共享是利益主体在合理差异和互惠互利基础上形成的对社会共同利益的公平享有"[②]。社会主义的利益共享不等于利益的平均占有，而是在合理范围之内有差别地享有。思想政治教育一方面要明确发展是为了谁的问题。社会主义发展的成果是为了人民，发展成果必须惠及全体人民。另一方面要明确发展的尺度和衡量标准。利益的分配不能使少数人享有发展成果，而使大多数人背负发展的代价，要着力解决全体

---

① 《马克思恩格斯文集》第 1 卷，人民出版社 2009 年版，第 689 页。
② 张思军：《中国特色社会主义利益观研究》，电子科技大学 2011 年博士学位论文。

人民的富裕幸福问题。互联网"＋"、移动互联、万物互联、生态互联的进程催生出了一个新的经济体系，叫共享经济。其目的是整合线下的闲散物品、劳动力、教育医疗资源等，让人们公平享有社会资源，同时参与各方各自以不同的方式付出和受益，共同获得经济红利。开放共享、跨界融合，共连接、共创造、共享有是其基本精神，移动互联的大数据是其实现的媒介。思想政治教育要根据这种新经济现象的出现，分析其共享利益和共享文化的精神实质，抵制在共享经济中出现的不良行为和现象，对利益共享和共享理念加以引导和教育。

(二) 利益公正的政治文明要求

1. 利益公正是政治文明领域的利益要求

我国的政治文明的主要体现在党的执政能力的增强、人民民主权利的切实保障、法治化水平的不断提高。从利益维度来看，政治文明领域的利益要求就是利益公正。

(1) 利益公正的含义

古今中外，很多学者多对公正做出过不同的阐述和论证，但一致的共识是公正就是公平、正义。"因为一方面人类需要社会合作，人与人之间具有利益的一致性；另一方面，个体的私己性，使社会成员之间又会产生一定的利益冲突，所以，维护社会的公共性，协调社会成员之间的利益，就需要一个共同的大家都遵守的规则，这就是社会的公正原则。"① 关于正义，罗尔斯是这样阐述的："虽然一个社会是一种为了相互利益的合作冒险，它却同时具有利益冲突和利益的一致的特色。由于社会合作使所有人都能过一种比他们各自努力、单独生存所能过的更好的生活，就存在一种利益的一致；又由于人们谁也不会对怎样分配他们的合作所产生的较大利益无动于衷（因为为追求他们的目的，每个人都想要较大而非较小的份额），这样就又存在一种

---

① 冯建军：《论公正》，载《河南师范大学学报（哲学社会科学版）》，2007年第5期。

利益的冲突。如此就需要一些原则来指导人们在决定利益划分的各种不同的社会安排中进行选择,来签署一份有关恰当的分配份额的协议。这些要求标明了正义的作用。"① 利益公正就是营造一个良好、公平的社会环境,让每一个利益主体在追求自身利益最大化的过程中,能够感受到自己:受到了公正的待遇。

(2) 利益公正在政治文明领域的具体体现

第一,机会公正。就是通过公平合理的制度安排,消除一切歧视和不平等的制度性障碍,使人人都能获得与自己能力相适应的发展机会,使人人都能真正成为决定自己命运的主人,通过参与国家事务,成为政治主人。比如教育机会的公正,工作机会的公正等。

第二,过程公正。对广大人民群众来说,过程公正就是在宪法和法律范围内,通过丰富民主形式、扩大公民有序的政治参与。党的十八届三中全会提出了健全民主制度,深化政治体制改革的任务,一是坚持人民主体地位,推进人民代表大会制度与时俱进;二是推进协商民主广泛多层制度化发展,有关经济社会重大发展问题和涉及群众切身利益的实际问题,在全社会展开协商,坚持协商于决策之前和决策之中;三是发展基层民主,畅通民主渠道,健全基层选举、议事、公开、述职、问责等机制,开展多种新式的基层民主协商,推进基层协商制度化。②

第三,结果公正。在社会主义市场经济条件下,人们的利益呈现出新的分配方式和分配结果。中国特色社会主义通过制度设计,能够保障社会的经济利益、政治利益和其他利益在全体社会成员之间合理而平等的分配,使社会成员在文明的制度安排下各得其所,互爱互信。对现阶段的结果公正来说,应该强调和重视对社会成员尤其是"弱势群体"利益有效的维护和积极关注。这是现阶段保证社会公平,倡导社会正义的最关键内容。

---

① [美] 罗尔斯:《正义论》,何怀宏等译,中国社会科学出版社 1988 年版,第 126 页。
② 《中共中央关于全面深化改革若干重大问题的决定》,人民出版社 2013 年版。

2. 思想政治教育实现利益公正的路径更新

（1）提高公众参与能力

"一个公民利益需求无法有效表达、不满情绪无法及时发泄、社会成员的不安全感愈来愈明显、不信任感越来越强烈的政治与社会共同体是难以保持本身之内聚力的。在这种情况下，一旦遇到剧烈的经济动荡或严重的外部冲击，共同体原有的社会矛盾与冲突就有可能加剧，而共同体的发展必然陷入极大的困境。就此而言，在经济发展的基础上，建立健全民主制度机制，是转型国家实现社会利益整合，求得社会和谐与政治稳定的必由之途。"①

社会主义政治文明就是以保证人民当家做主作为根本，把增强党和国家活力、调动人民积极性作为目标，扩大社会主义民主，加快建设社会主义法治国家。社会大众公民权利意识特别是民主、法治意识在不断增强。实际上，中国现代化的进程就是一个不断摆脱传统社会等级约束与人身依附而逐步确认社会成员主体地位的过程。思想政治教育要观照当下公民意识的觉醒与民主意识的显现，要提高公众参政意识，拓展人民民主的途径，只有这样才能实现政治文明领域的利益公正。公众参与能力提高，可以有效监督权力，防止权力异化。中华人民共和国的一切权力属于人民是对我国政治权力归属的界定，提高公众的参与能力是实现权力所属的重要途径。通过这一途径的有效推进还可以有效监督权力。相反，如果权力监督乏力，政治权力就会越界渗入市场，权力关系化、特权化、商品化现象就会出现，使得一些政治权力异化，成为偏袒部分所有者，沦为个人或小团体谋私利的工具，导致人民整体利益和价值的流失。2013年11月召开的党的十八届三中全会通过了《中共中央关于全面深化改革若干重大问题的决定》，在提高公众参与能力、强化权力运行制约和监督体系方面，提出了一些新的思路与举措，创新有效预防和化解社会矛盾体制，特别是建立畅通有序的诉求表达、心理干预、矛盾调处、权益保障机制，使群众问题能反映、矛盾能化解、权益有保

---

① 王锡锌主编：《公众参与与中国新公共运动的兴起》，中国法制出版社2008年版，第13—14页。

障，并且要改革行政复议体制与信访工作制度。只有实现人民民主的途径不断拓展，才能有效遏制马克思所说的政治权力异化的发生和蔓延。

（2）保障弱势群体，体现社会主义本质

社会弱势群体是市场竞争作用的产物，帮助社会弱势群体走出困境是一项长期、系统的工程，需要社会各界的共同努力。阶层或群体的这种极化现象严重，就会导致既得利益群体和弱势群体之间的彼此隔阂、互不信任，进一步激发社会矛盾。弱势群体的产生是与社会主义的本质背道而驰的，它只是一个阶段性的产物，经济、政治等各方面都要施以援手，对于政治体制改革的有效推进来说，社会贫富差距不应过于悬殊，两极分化应得到有效调节，社会结构应具有大致的平等性与同质性。针对弱势群体在思想上的治理而言，就是唤起弱势群体自身全面发展的需要，这就需要思想政治教育的介入。从根本价值追求上来说做好弱势群体的思想政治教育工作，是维护社会稳定、全面建设小康社会、构建社会主义和谐社会、体现社会主义本质的需要。思想政治教育要发挥自身优势，以积极有效的思想政治教育转变社会弱势群体的思想观念，激发其精神活力，在解决实际利益困难中关键是授之以渔，解决其思想上的困惑，提高其自身素质，激发其奋斗活力。

（三）利益发展的精神文明要求

精神文明主要体现为先进文化的繁荣与发展、社会主义成员思想道德水平和文化素质的不断提高。从利益的维度来看，精神文明领域的利益要求就是利益发展，尤其是文化利益的发展。

1. 利益发展是精神文明领域的利益要求

（1）利益发展的含义

精神文明领域利益发展的根本原因是人民群众对自己精神文化利益的诉求，推动精神文明领域利益发展的决定性力量是人民群众为自己精神利益奋斗的行动。在精神文明领域利益发展内涵可以从利益主体、利益客体和利益关系维度来看，利益发展的主体，是在经济社会发展中，从事精神文化活动的利益的承担者、追求者、实现者和享有者。利益发展的客体，主要指广大人民群众为满足自己的精神文化性需要而生产的各种具体的对象物，它具有十分丰富的内容；从关系性看，利益发展体现的是人们对精神文化产品的需要之间的满足与被满足的关系。由此来看，在精神文明领域的利益发展是历史的、动态的、具有主体性的特征。

(2) 利益发展在精神文明领域的具体体现

人的存在不仅仅是追求物质需要的满足，更能体现人之所以为人的就在于对精神世界追求的需要和满足。随着社会生产力的发展和物质文明的进步，人们不断提高自己对物质、精神生活需要的能力。"所谓精神文明，不但是指教育、科学、文化，而且是指共产主义的思想、理想、信念、道德、纪律，革命的立场和原则，人与人的同志式关系，等等。"[①] 综合起来看，在精神文明领域里体现出的利益发展对利益主体来讲就是人的思想道德和科学文化素质的综合素质的发展和提高，其最终目标是实现人的自由全面的发展。就利益发展的客体来看就是精神文化产品，比如文学、影视作品，文化活动等，这些精神产品有些成为广大人民群众树立正确的人生观、世界观和价值观的生动教材，有些成为对广大人民群众进行爱国主义、集体主义、共产主义理想道德教育的直观体验，有些成为人民群众对真、善、美追求的人生享受。对于利益发展体现出来的关系方面，一是存在着社会总体精神文化生活与落后的生产之间的矛盾关系，解决此问题，必须大力繁荣文化事业，创新文化体制，丰富文化产品，挖掘中国优秀传统文化的优势，走文化自信、文化自强、文化自觉的道路，实现文化大繁荣大发展。二是存在物质发展与精神失落的矛盾，物质产品极大丰富、精神世界空虚落寞是现代人的处境，因此建设好人的精神家园是非常重要的。三是存在着精神文化产品在满足主体需要时出现的不公平问题，这样的满足关系解决不好就会出现资源分配不公正的现象，出现发展的不平等。

---

① 江泽民：《江泽民文选》第 1 卷，人民出版社 2006 年版，第 503 页。

2. 思想政治教育促进利益发展的新路径

(1) 促进教育平等

让人们享有受教育权利,是文化利益发展得以实现的反映,也是获得文化利益发展的现实途径。在我国,人们受教育的权利已经得到基本保障,现实的问题是由于地区间经济发展的不平衡、教育资源配置不平等、教育政策和规则不平等因素,改革开放中,我国教育发展极不平衡,人们享受到的教育机会、教育资源就出现了不平等,这是需要经济、政治、体制等共同发展形成合力解决的问题。思想政治教育在人们文化利益发展上的教育平等就是积极促进和主张教育资源的平等分配,教育机会的公平享受,更为直接的就是平等对待每一个受教育者。

(2) 发展精神利益

马克思主义经典作家非常重视人的精神利益的发展,把精神利益的实现看作人全面发展的一个方面。到今天,精神利益的满足已经成为社会生活必不可少的部分,人的精神利益也呈多样化的发展趋势。"包括情感、尊重、名誉、求知、社会交往、对各种精神文化成果的享有、实现自身价值及理想、信念及信仰的获得与坚持等内容,甚至现实的各种社会性的精神生活条件、各种精神价值等也都属于精神利益的范畴。"[①]

思想政治教育作为精神实践的活动,其最终目标就是提升人的精神利益,实现人的全面发展。随着社会的不断进步,丰富人的精神生活,满足人的精神需要,提高人的精神生活质量,不断满足人们的精神利益,已逐渐成为实现人的全面发展的主要途径。针对人民群众政治、思想、道德等方面的教育,满足人民日益增长的精神文化需求,在内容上和形式上积极创新,不断增强中国特色社会主义文化的吸引力和感召力,引导广大人民群众从思想上、精神上正确武装自己,丰富精神世界。习近平明确指出,实现中华民族伟大复兴,必须坚定中国特色社会主义道路自信、理论自信、制度自信、文

---

① 郭萍:《人的全面发展视域中的精神利益》,山东师范大学2012年硕士学位论文。

化自信。文化自信，是更基础、更广泛、更深厚的自信，是更基本、更深沉、更持久的力量。坚定文化自信，是事关国家兴衰、事关文化安全、事关民族精神独立性的大问题。思想政治教育要挖掘中国特色社会主义文化自信中所蕴含的和平共处、合作共赢、文明交流互鉴共存和构建人类命运共同体等基本理念，为当今人类的和平与发展提供让世界心悦诚服的共同价值，增强了公民的民族自豪感。

（3）促进自由个性的实现

市场经济体制肯定个人利益，呼唤人的独立精神和独创精神的培养，为最大限度地发挥人的自主性，施展人的能力，为有个性的个人创造更高的社会生产力提供了舞台。马克思将人的发展分为三个阶段：人的依赖关系、人对物的依赖关系、在个人全面发展和彼此联合基础上的自由个性阶段。人对物的依赖关系阶段导致人与人、人与物的关系异化和对立，而自由个性是"由于他们的需要即他们的本性，以及他们求得满足的方式，把他们联系起来（两性关系、交换、分工），他们必然要发生相互关系"[①]的阶段，这个阶段就是共产主义所描述的"在那里，每个人的自由发展是一切人自由发展的条件"[②]。现时代思想政治教育就必须顺应市场经济呼唤主体性个性特征培养的要求，着力于主体性个性特征的培养，这是当代中国促进人的现代化和人的主体地位提升的重要内容。思想政治教育在个性培养的过程中，要引导个体正确处理个人利益需要的多样性与社会整体利益关系；正确处理个体谋利活动与社会生活的规范性的关系；正确处理索取与奉献的关系，增强个体主动地接受教育和自觉地进行自我教育、分辨是非、自主选择和自我教育的能力。

（四）利益管理的社会文明要求

1. 利益管理是社会文明领域的利益要求

狭义的社会文明是指中国特色社会主义建设的总体布局中与经济文明、

---

① 《马克思恩格斯文集》第2卷，人民出版社2009年版，第53页。
② 《马克思恩格斯文集》第2卷，人民出版社2009年版，第53页。

政治文明、精神文明和生态文明并列的公众性、公用性、公益性和非营利性的社会事业建设，主要包括民生的改善、教育的优先发展、就业路径的扩大、覆盖城乡居民的社会保障体系、基本医疗卫生制度的基本建立、全民健康水平的提高、社会管理的完善等方面的建设，它直接关系着民生的保障和改善。党的十七大概括的"学有所教、劳有所得、病有所医、老有所养、住有所居"是人民群众在社会文明领域的社会利益的主要内容。为了实现社会文明领域的社会利益，加强利益管理势在必行。

(1) 利益管理的含义

"社会管理是指执政党和政府与其他社会主体，运用法律、法规、政策、道德、价值等社会规范体系，直接地或间接地对社会不同领域和各个环节进行服务、协调、组织、监控的过程和活动。"[①] 从利益的维度来看，任何一种形式的社会管理都离不开利益的管理。利益管理一方面其管理的对象是人，必须做到充分尊重和保障社会成员的个体权益，尊重、了解群众的利益诉求。尤其是改革开放以来，人们的权利意识和个体发展诉求日益强烈的背景下，这一特点更加突出。唯有如此，才能在社会发展和个体发展之间找到结合点，才能找到推动社会全面进步和个人全面发展的内生动力。另一方面，利益管理实际上还是对不同利益主体间利益关系的管理，所解决的主要是人民内部矛盾，必须遵循社会主义社会群众工作的基本原则和方法。

(2) 利益管理在社会文明领域的具体体现

第一，促进利益和谐。

和谐社会就是对社会各利益主体之间利益关系的协调，没有利益关系的协调，社会和谐就无从谈起，利益和谐可谓是社会和谐的基础。在现实生活中，利益关系表现出一个多层面、多主体、多维度的复杂网络，由于不同的利益诉求都得到了现实的鼓励，经济发展的高速度要求利益管理的能力要提高，否则利益主体之间关系的分化、差别的显著化，就会使利益矛盾出现，

---

① 郑杭生等：《提高社会管理科学化水平的社会学解读》，载《思想战线》，2011年第4期。

利益关系紧张。为此，在完善市场经济的同时，在对利益主体尊重其对自身利益追求的现实背景下，更加有效地加强利益管理，从而在不同利益主体间寻找利益关系的平衡点，满足利益主体多样的又不同的利益诉求；在不同的利益主体之间，探索协调的渠道和途径，实现不同利益关系可以达成共识的合法合理体制。通过利益管理，促进利益和谐是社会主义和谐社会的基础。

第二，维护公共利益。

利益管理的目标是实现利益和谐，但利益和谐的实质是利益主体间的利益关系的和谐，而利益关系和谐的关键是公共利益的保障。利益管理对于维护公共利益发挥的作用可以借用顾塞尔（Goodsell）所概括的凝聚功能、合法化功能、授权功能和代表功能。"就凝聚功能而言，通过利益管理所强调的公共利益可以融合歧见，形成同盟；就合法化功能而言，利益管理所强调的公共利益，即向每一个利益个体确保利益管理所达成的利益平衡是值得支持的，公共利益的诉求是具有最大的合法性；就授权功能而言，通过利益管理，可以强调公权力解决因私利而侵犯公共利益的现象，从而解决个体无力解决而又渴望解决的公共社会问题；就代表功能而言，利益管理的力量会关注弱势群体的利益，为实现利益和谐、利益分配的公平正义会提醒、帮助公共管理者在制定公共政策时不可忽视弱势群体的力量。"[①]

2. 思想政治教育促进利益管理的具体路径

（1）通过柔性管理，协调利益关系

利益关系复杂化是改革开放中的一个现实问题，由此而导致的利益矛盾冲突的公开化成为进一步深化改革面临的深层次约束。认真研究和正确协调新时期我国社会利益关系是一个紧迫的现实课题。在建立完善利益协调机制时，人们很容易认识到经济、法律、行政等利益协调手段，相比较而言，思想政治教育的软协调、软性社会管理能力很容易被忽视。思想政治教育既要宣扬坚持改革的大方向，既可以发挥思想政治教育的意识形态主导作用、引

---

① 张成福、李丹婷：《公共利益与公共治理》，载《中国人民大学学报》，2012年第2期。

领作用和管理功能的优势，用社会主义核心价值观教育、引导社会成员，实现群众对社会主流意识形态、对社会管理的目标、政策、制度等认同，从而巧妙地平衡利益链条上各个环节的利益得失，将不同利益诉求进行调节整合，使具有不同价值取向、目标期待和利益需要的个体或群体按照既定的社会规则达成妥协并最终结合在一起，使他们在多元的利益诉求和价值取向中找到为各方接受和认同的利益需要和价值目标，形成和谐共荣的利益关系和人际关系，促进利益关系和谐发展，使得改革取得更好的效果。同时思想政治教育还可以通过思想沟通、心理疏导等优势，运用多种途径，发挥利益管理无形规范的作用，以柔性管理弥补制度化管理刚性过度的不足，提高复杂环境中社会管理的柔韧性与应变性。在全社会营造一种积极、健康、向上精神风尚，形成和谐的人际关系。

（2）拓宽工作领域，关注民生保障

在公共生活领域如住房、教育、医疗、就业和社会保障等，涉及广大民众的生存问题，是最大的民生问题。思想政治教育要扩大其研究视野和领域，把关注民生保障作为一个重要的研究领域，发现老百姓最现实的疾苦并对其关注和研究，这样的思想政治教育才会掷地有声。

在民生保障的主体中，思想政治教育要对社会弱势群体给予特别关注，如流动人口、农民工、下岗工人等，思想政治教育要将实际而又具体的民生保障问题与解决思想、心理问题结合起来，让他们感受到党和政府的关怀、社会各界的关心，增强他们对党和政府的认同感、对社会的认同感，促进社会融合。民政部门、社会福利机构以及其他社会管理部门要加强对弱势群体思想政治教育的人文关怀和心理疏导工作，特别要做好因受挫而失意群体的心理干预工作，帮助和教育他们重振生活信心，避免走向违法犯罪的极端。

（五）利益可持续发展的生态文明要求

生态文明体现为保障人民在良好生态中生产生活，实现经济社会永续发展。"建设生态文明，是关系人民福祉、关乎民族未来的长远大计。面对资源约束趋紧、环境污染严重、生态系统退化的严峻形势,必须树立尊重自然、顺应自然、保护自然的生态文明理念,把生态文明建设放在突出地位,融入经济建设、政治建设、文化建设、社会建设各方面和全过程,努力建设美丽中国,实现中华民族永续发展。"① 可见,从利益的维度来看,生态文明领域的利益要求是处理好人与自然的关系,树立尊重自然、顺应自然、保护自然的生态文明理念,就是实现利益的可持续发展。

1. 利益可持续发展是生态文明领域的利益要求

（1）利益可持续发展的含义

利益可持续发展的内涵有两个最基本的方面,即:利益发展与利益持续性,利益发展是前提,是基础,利益持续性是关键,没有利益的发展,也就没有必要去讨论利益是否可持续了;没有利益的持续性,利益发展就行将终止,利益发展就没有了出路。利益发展应理解为两方面:第一,它至少应含有人类社会物质财富的增长,因此,经济利益的增长是发展的基础。第二,利益发展以所有人的利益增进为标准,以追求社会全面进步为最终目标。利益持续性也应理解为两方面:第一,从生态的视角来看,自然资源的数量和环境的承载能力是有限的,这种自然资源所提供的客观条件的稀缺性,构成经济社会发展、利益发展的限制条件。第二,在利益发展过程中,当代人不仅要考虑自身的利益,满足当代人的利益,还应该重视后代的人的利益,有可持续的眼光和胸怀,为子孙后代着想,既要兼顾当代人的利益,也要为子孙后代的发展留下稀缺有限的资源,为他们的生存发展留有余地。

（2）利益可持续在生态文明领域的具体体现

第一,在经济发展与保护环境关系上,习近平指出了经济发展与环境保护的辩证关系,认为"保护生态环境就是保护生产力,改善生态环境就是发展生产力"。实践证明,脱离环境保护搞经济发展是"竭泽而渔",离开经济发展抓环境保护是"缘木求鱼"。经济发展决定人们的生活水平,生态环境

---

① 胡锦涛:《坚定不移沿着中国特色社会主义道路前进 为全面建成小康社会而奋斗——在中国共产党第十八次全国代表大会上的报告》,人民出版社2012年版。

决定人们的生存条件。坚持以环境保护优化经济发展，利用好改善环境质量、增进民生福祉的倒逼机制，实行从严从紧的环境政策，把生态环境保护要求传导到经济转型升级上来，要遵循代价小、效益好、排放低、可持续的基本要求，继续探索环境保护新路，促进经济转型升级。决不以牺牲环境为代价去换取一时的经济增长。

第二，在节约资源与保护环境的关系上，坚持节约优先，保护优先，自然恢复为主。地球提供给人类的资源总是有限的，在这有限的资源中要实现人类社会的永续发展，就要树立生态节约观念；同时培育节约的生活方式、节约的生产方式、节约的产业结构本身也是对地球环境的保护，减少对自然生态的占用，促进生活适度、生态美好、生产节约高效，不给地球增加额外的负担；在生态系统保护和修复中，把利用自然力修复生态系统放在首位，促进地球生态系统自我修复能力的完善，给自然留下更多修复空间。

第三，在代际利益的关系上，着眼于利益发展的长远眼光，转变经济发展的方式，注意能源的有效利用，更要注意不可再生能源的节约与保护，着力推进绿色发展、循环发展、低碳发展，发展循环经济，处理好当代人的发展与子孙后代发展的利益关系，充分认识代内公平与代际公平的重要性。

2. 思想政治教育促进利益可持续的具体做法

生态文明既是人们对工业化带来的生态破坏的反思，同时更表现为人与自然和谐程度的进步和人们生态文明观念的增强。思想政治教育应肩负起实现人和自然和谐共处的责任，促进利益可持续发展。

(1) 培育生态思维方式，实现和谐共生

生态一词蕴含着从局部考察到整体观照、从系统研究到研究系统、从静态理解到动态分析、从实体思维到关系思维、从人类中心到生态本位的理念转换。思想政治教育促进利益可持续的做法必须帮助人们确立整体性、动态性、关系性、系统性地对待人与自然的生态思维方式，思想政治教育主张的这种思维方式要求用系统、整体、动态、联系、协同共生等生态特性的视角、思维、观念、原则来分析解决问题，体现的是对人与自然的和谐相处，而不是把人和自然任何一方看作自己的"对立面"或"异己的力量"肆意破坏。

和谐共生是"在由人参与的事物中无势均力敌的对抗性矛盾的良好对立统一状态,是事物稳定性和协调性的成熟表现,是人的主观能动性正确作用的结果。它体现在人的身心关系、人与人的关系、人与社会的关系和人与自然的关系的运动过程中,是事物发展的美好阶段"①。为了实现这一理想的状态,思想政治教育要在生态思维方式的指导下,对社会成员进行生态世界观、生态价值观和生态人生观的教育,让社会成员一方面认识到人在自然面前的主体地位;另一方面又要承担起人对自然生态应担负的责任。正如习近平强调的:"要牢固树立生态红线的观念,在生态环境保护问题上,就是要不能越雷池一步,否则就应该受到惩罚。"②

(2) 培育生态利益观,加强生态文明宣传教育

增强全民节约意识、形成全民的环保意识、树立全民人与自然和谐生存的生态意识,营造全民爱护生态环境的良好风气,是当前思想政治教育培育全民生态利益观的职责所在。同时,思想政治教育还要把环保的要求、节约的理念、生态治理的方式贯彻到社会发展的各个领域,在社会发展的生产、消费等各个环节落实生态观念。再就是,思想政治教育要构建起政府、企业(单位)和民众共同参与治理生态文明的大格局,形成全社会互相监督、互相制约、群策群力、群防群控的全社会动员的局面。从而真正体现尊重自然、天人合一的规律,"以对人民群众、对子孙后代高度负责的态度和责任,真正下决心把环境污染治理好、把生态环境建设好,努力走向社会主义生态文明新时代,为人民创造良好生产生活环境"③。把祖国建设成为经济繁荣、环境优美,生态良好的美丽家园,是亿万人民的共同愿望,也是每一个公民

---

① 刘光:《论和谐概念》,载《东岳论丛》,2002年第7期。
② 习近平:《中共中央政治局第六次集体学习时强调:坚持节约资源和保护环境基本国策努力走向社会主义生态文明新时代》,载《人民日报》,2013年5月25日。
③ 习近平:《中共中央政治局第六次集体学习时强调:坚持节约资源和保护环境基本国策努力走向社会主义生态文明新时代》,载《人民日报》,2013年5月25日。

义不容辞的责任。

(3) 培育合理消费观，建构可持续消费方式

利益可持续的精神实质就是要求人们在满足人的基本需要的基础上，提倡过一种物质富足、精神充裕、生态和谐的生活方式。思想政治教育所要建构的可持续消费方式就是主张人类摆脱对物的依赖，抵制金钱、商品拜物教对人的腐蚀，正确协调人与内心、人与自然的关系，确立人与自然和谐共处、协调发展的消费方式。为此它所主张所培育的合理消费观是要求人们做到：是提倡节俭的、主张能够满足生存需要基础上的适度消费观；是具有环保意识的、能够尊重生态价值的绿色消费观；是为子孙后代着想的、能够注重代内公平与代际公平的可持续发展的消费观；是不被外物役使的，注重提升完善自己的具有精神追求的消费观。

结语

本书立足于全面深化改革背景下，构建和谐社会中民众对利益和谐的时代诉求，以人的利益问题为切入点，以人的利益与思想政治教育内在的互动关联为主线，在对思想政治教育的本源、发生和发展问题进行时代化解读的基础上，分析了思想政治教育产生和发展的驱动力，从思想政治教育学科自身发现并挖掘了思想政治教育的利益价值和利益功能。在利益多元化的现实条件下，为助益于个人的利益和谐生存、不同利益主体际的利益和谐生存，思想政治教育能够发挥并足可以担当其应有的功能和责任，为正确构建和谐社会的和谐利益关系助一臂之力。同时，"以人的利益与思想政治教育内在的互动关联"的研究范式，在分析论证了思想政治教育利益基础和利益功能的学理基础上，针对利益多元化的现实背景，勾勒出了适应思想政治教育学科发展的时代化、科学化要求的理论图景的雏形。立足于思想政治教育利益维度，在新时期思想政治教育的内容创新、方法论原则构建和实现途径的更

新方面做了学科理论上的积极努力。

尽管关于这一课题的研究随着博士毕业论文的完成只是做了一个初步的小结，但基于社会现实利益的不断动态发展，新的经济形态和现象的不断涌现，新的利益关系不断构建；基于思想政治教育学科的时代化和科学化诉求的不断与时俱进，基于人的超越利益的不断召唤，对这一问题的研究仍是一个不断敞开、不断动态生成的研究过程。

在学理研究方面，对于人的利益与思想政治教育内在互动关联关系的史论结合的研究，需要进一步深究。尽管本书在博士论文研究的基础上加上最新的"全面深化改革"的时代背景、"共享经济"新经济现象、一带一路"人类命运共同体"理念、"生态文明观"等习近平总书记最新的相关论述，但把中国共产党思想政治教育史中有关不同具体时期的利益观内容和利益问题进行专门、深化、细致研究还有待学界同仁继续努力，以弥补这一研究的盲点。把人的利益与思想政治教育内在互动关联关系放在马克思主义整个体系中的考察，把人的利益与思想政治教育内在互动关联关系放在中国共产党思想政治教育史的考察，需要做一长篇幅的专门研究。这既需要梳理马克思主义发展史中的思想政治教育利益思想，又需要深入研究当时的社会利益背景；这既需要深入研究中国共产党思想政治教育史中的利益思想，又需要把握整个中国社会历程利益的发展变化。需要在深入研读梳理原著中抽离出思想政治教育利益史这一发展脉络，挖掘马克思主义发展史和中国共产党思想政治教育史中其内在的一脉相承又不断开拓创新的人的利益与思想政治教育内在互动关联关系的主线，从而归纳其中的规律，总结其中的经验教训，以启示当下和未来。

在现实研究方面，基于利益多元化背景的实证研究是提升研究该问题信度与效度的有力保障。利益多元化背景下，利益主体、利益关系、利益客体、利益内容、利益观念等的新变化，只有在实证考察的基础上才能了解更可靠的变化了的新的现实情况，思想政治教育的实效性也只有在调查研究的基础上，针对现实情况提出的时代性任务，才能真正对症下药。在本书的研究中，虽援引了许多权威数据和实证分析，但还是欠缺第一手的调研资料和数据，在接下来的研究中，本书要弥补这一不足，将在调研问卷设计的科学性与有效性、调研样本范围的广度和深度、在调查方式的多样化与典型性、调研分析的精准性与时效性方面继续努力，加强定性与定量相结合的研究，以提升本书的现实力和针对性。

参考文献

一、经典文献

[1]《马克思恩格斯全集》第1、2、3、4、23、25、30、32、42、46上、46下、47卷，人民出版社1956、1972、1960、1958、1972、1974、1995、1995、1979、1979、1980、1979年版。

[2]《马克思恩格斯选集》第1、2、3、4卷，人民出版社1995年版。

[3]《马克思恩格斯文集》第1、2、3、4、8、9、10卷，人民出版社2009年版。

[4]《列宁专题文集》，人民出版社2009年版。

[5]《斯大林文集》，人民出版社1985年版。

[6]《毛泽东选集》第1、2、3、4卷，人民出版社1991年版。

[7]《邓小平文选》第1、2、3卷，人民出版社1994、1994、1993年版。

[8]《江泽民文选》第3卷，人民出版社2006年版。

[9]《十五大以来重要文献选编》，人民出版社2003年版。

[10]《十六大以来重要文献选编》，人民出版社2005年版。

[11]《十七大以来重要文献选编》，人民出版社2009年版。

[12]《十八大以来重要文献选编》（上），中央文献出版社2014年版。

[13]《十八大以来重要文献选编》（中），中央文献出版社2016年版。

[14] 胡锦涛：《高举中国特色社会主义伟大旗帜 为夺取全面建设小康

社会新胜利而奋斗——在中国共产党第十七次全国代表大会上的报告》，人民出版社2007年版。

[15] 胡锦涛：《坚定不移沿着中国特色社会主义道路前进，为全面建成小康社会而奋斗——在中国共产党第十八次全国代表大会上的报告》，人民出版社2012年版。

[16]《中共中央关于全面深化改革若干重大问题的决定》，人民出版社2013年版。

[17]《关于培育和践行社会主义核心价值观的意见》，人民出版社2014年版。

[18]《习近平谈治国理政》第1卷，外文出版社2018年版。

[19]《习近平谈治国理政》第2卷，外文出版社2017年版。

[20] 中共中央宣传部：《习近平总书记系列重要讲话读本》，学习出版社人民出版社2014年版。

[21] 中共中央宣传部：《习近平总书记系列重要讲话读本》，学习出版社人民出版社2016年版。

[22] 中共中央办公厅、国务院办公厅：《关于进一步加强和改进新形势下高校宣传思想工作的意见》，中央政府门户网，2015年1月19日。

[23] 习近平：《在哲学社会科学工作座谈会上的讲话》，人民出版社2016年版。

[24]《习近平在全国高校思想政治工作会议上强调：把思想政治工作贯穿教育教学全过程　开创我国高等教育事业发展新局面》，载《人民日报》，2016年12月9日。

[25] 习近平：《关于〈关于新形势下党内政治生活的若干准则〉和〈中国共产党党内监督条例〉的说明》，载《人民日报》，2016年11月3日。

[26] 习近平：《决胜全面建成小康社会　夺取新时代中国特色社会主义伟大胜利——在中国共产党第十九次全国代表大会上的报告》，人民出版社2017年版。

二、学术著作

[27] 苏宏章：《利益论》，辽宁大学出版社 1991 年版。

[28] 赵奎礼：《利益学概论》，辽宁教育出版社 1992 年版。

[29] 邱柏生：《思想教育接受学》，山西人民出版社 1992 年版。

[30] 李权时等主编：《经济人与道德人》，人民出版社 1995 年版。

[31] 凌厚锋、蔡彦士：《论利益格局的变化与调适》，福建教育出版社 1996 年版。

[32] 袁贵仁：《马克思的人学思想》，北京师范大学出版社 1996 年版。

[33] 洪远朋等：《经济利益关系通论》，复旦大学出版社 1999 年版。

[34] 邱伟光、张耀灿主编：《思想政治教育学原理》，高等教育出版社 1999 年版。

[35] 郑永廷：《思想政治教育方法论》，高等教育出版社 1999 年版。

[36] 张耀灿、郑永廷、刘书林、吴潜涛等：《现代思想政治教育学》，人民出版社 2001 年版。

[37] 王伟光：《利益论》，人民出版社 2001 年版。

[38] 张玉堂：《利益论》，武汉大学出版社 2001 年版。

[39] 沈壮海：《思想政治教育有效性研究》，武汉大学出版社 2001 年版。

[40] 张江河：《论利益与政治》，北京大学出版社 2002 年版。

[41] 谭培文：《马克思主义利益理论》，人民出版社 2002 年版。

[42] 杨岚：《张维真：中国当代人文精神的建构》，人民出版社 2002 年版。

[43] 罗国杰主编：《马克思主义思想政治教育理论基础》，高等教育出版社 2002 年版。

[44] 甘绍平：《应用伦理学前沿问题研究》，江西人民出版社 2002 年版。

[45] 贺善侃：《当代中国转型期社会形态研究》，学林出版社 2003 年版。

[46] 孟伟、张岩鸿、王连喜：《转型期思想政治工作问题研究》，人民出版社 2004 年版。

[47] 吴潜涛、刘建军：《新时期思想政治教育史论》，安徽人民出版社 2004 年版。

[48] 陈志尚主编：《人学理论与历史·人学原理卷》，北京出版社 2004 年版。

[49] 赵敦华主编：《人学理论与历史·西方人学观念史卷》，北京出版社 2004 年版。

[50] 李中华主编：《人学理论与历史·中国人学思想史卷》，北京出版社 2004 年版。

[51] 黄蓉生、邓卓明：《青年思想政治教育专论》，中央文献出版社 2005 年版。

[52] 张耀灿主编：《中国共产党思想政治教育史论》，高等教育出版社 2006 年版。

[53] 万光侠等：《思想政治教育的人学基础》，人民出版社 2006 年版。

[54] 李辽宁：《当代中国思想政治教育意识形态功能研究》，武汉大学出版社 2006 年版。

[55] 张耀灿等：《现代思想政治教育学》，人民出版社 2006 年版。

[56] 陈万柏、张耀灿：《思想政治教育学原理》第 2 版，高等教育出版社 2007 年版。

[57] 万美容：《思想政治教育方法发展研究》，中国社会科学出版社 2007 年版。

[58] 李合亮：《思想政治教育探本——关于起源及本质的研究》，人民出版社 2007 年版。

[59] 王学俭：《现代思想政治教育前沿问题研究》，人民出版社 2008

年版。

［60］高岸起：《利益的主体性》，人民出版社2008年版，第25页。

［61］刘晓凯：《利益分化与政治稳定》，人民出版社2008年版。

［62］潘维、廉思主编：《中国社会价值观变迁30年》，中国社会科学出版社2008年版。

［63］徐志远：《现代思想政治教育学范畴研究》，人民出版社2009年版。

［64］杨威：《思想政治教育发生论》，中国社会科学出版社2009年版。

［65］余维武：《冲突域和谐——价值多元背景下的西方德育改革》，江苏教育出版社2009年版。

［66］刘豪兴：《社会学概论》，高等教育出版社2009年版。

［67］项久雨：《思想政治教育价值论》，中国社会科学出版社2010年版。

［68］李维昌、盛美真：《增强高校思想政治教育实效性的多维透视》，云南人民出版社2010年版。

［69］刘湘顺：《马克思利益关系理论在当代中国的发展》，中国社会科学出版社2011年版。

［70］蒋永穆：《社会主义和谐社会的利益协调机制研究》，经济科学出版社2011年版。

［71］杨继绳：《中国当代社会阶层分析》，江西高校出版社2011年版。

［72］胡飒：《新时期思想政治教育基本经验论》，知识产权出版社2012年版。

［73］赖雄麟：《马克思主义思想政治教育理论时代化研究》，人民出版社2012年版。

［74］李俊奎等：《思想政治教育效益论》，中国社会科学出版社2012年版。

［75］王员：《建国初期党的思想政治教育及其基本经验》，社会科学文

献出版社2013年版。

[76] 杨东平：《中国教育发展报告（2013）》，中国社会科学出版社2013年版。

[77] 谢耘耕：《中国社会舆情与危机管理报告（2013）》，中国社会科学出版社2013年版。

[78] 王继全：《马克思主义利益观视域中的思想政治教育》，浙江大学出版社2013年版。

[79] 邹邵清：《当代思想政治教育方法论发展研究》，人民出版社2013年版。

[80] 教育部思想政治教育工作司：《加强和改进大学生思想政治教育重要文献选编（1978—2014）》，知识产权出版社2015年版。

[81] 张哲：《利益多元化格局中的党群关系研究》，天津人民出版社2015年版。

[82] 沈壮海：《思想政治教育的有效性研究》，武汉大学出版社2016年版。

[83] 中国人民大学马克思主义学院、中国人民大学：《马克思主义理论与思想政治教育研究》，中国人民大学出版社2016年版。

[84] 沈壮海、王培刚、王迎迎：《中国大学生思想政治教育发展报告（2016）》，北京师范大学大学出版社2017年版。

[85] 北京大学哲学系编译：《十八世纪法国哲学》，商务印书馆1963年版。

[86] [古希腊] 柏拉图：《理想国》，郭斌和、张竹明译，商务印书馆1957年版。

[87] [美] 杜威：《民主主义与教育》，王承绪译，人民教育出版社1980年版。

[88] [美] 罗尔斯：《正义论》，中国社会科学出版社1988年版。

[89] [美] 塞缪尔·亨廷顿：《变革社会中的政治秩序》，王冠华等译，

三联书店1989年版。

[90] [英] 汤因比：《文明经受着考验》，浙江人民出版社1991年版。

[91] [德] 雅斯贝尔斯：《什么是教育》，邹进译，生活·读书·新知三联书店1991年版。

[92] [美] 道格拉斯·C. 诺斯：《经济史中的结构与变迁》，上海三联书店、上海人民出版社1994年版。

[93] [法] 弗里德里克·巴师夏：《和谐经济论》，中国社会科学出版社1995年版。

[94] [英] 安东尼·吉登斯：《现代性与自我认同》，生活·读书·新知三联出版社1998年版。

[95] [巴西] 保罗·弗莱雷：《被压迫者的教育学》，顾建新等译，华东师范大学出版社2000年版。

[96] [美] 理查德·布隆克：《质疑自由市场经济》，林季红译，江苏人民出版社2000年版。

[97] [美] 罗尔斯：《作为公平的正义——正义新论》，上海三联书店2002年版。

[98] [美] 希尔斯：《国家与社会》，中央编译出版社2002年版。

[99] [美] 亨得里克·房龙：《宽容》，沙漠舟译，中国社会科学出版社2003年版。

[100] [英] 莱恩·多亚尔、伊恩·高夫：《人的需要理论》，商务印书馆2008年版。

[101] Thomas Lickona：*Education for Character：How Our Schools Can Teach Respect and Responsibility*，NewYork：Bantam, 1991.

三、学术论文

[1] 郭湛：《论社会群体及其主体性》，载《理论探讨》，1992年第6期。

[2] 佟明忠：《试论思想政治教育中的利益分析规律》，载《空军政治学院学报》，1994年第2期。

[3] 韩庆祥：《社会主义市场经济与人的塑造》，载《中国社会科学》，1995年第3期。

[4] 贾新高、张增效：《从利益认同到价值认同》，载《西安政治学院学报》，2001年第1期。

[5] 戴锐、龚廷泰：《利益理性的成长与利益主体的形态发展》，载《南京社会科学》，2002年第1期。

[6] 蔡春、扈中平：《从"独白"到"对话"》，载《教育研究》，2002年第2期。

[7] 况猛：《对正确贯彻物质利益原则的几点思考》，载《思想政治工作研究》，2003年第9期。

[8] 刘世明：《树立正确的利益观》，载《天津师范大学学报（社会科学版）》，2004年第1期。

[9] 马奇柯：《论思想政治教育的动力机制》，载《江汉论坛》，2004年第9期。

[10] 王萍：《关于"灌输论"研究综述》，载《探索》，2005年第4期。

[11] 裴士连：《新时期军队思想政治教育激励功能的调适》，载《南京政治学院学报》，2005年第6期。

[12] 张艳涛：《和谐社会的文化意蕴》，载《求实》，2005年第8期。

[13] 褚凤英、张宜美：《现实的人：思想政治教育研究的出发点——兼论思想政治教育研究的人学范式》，载《探索》，2006年第3期。

[14] 张曙光：《马克思主义哲学研究应有的现实性与超越性一种基于人的存在及其历史境遇的思考与批评》，载《中国社会科学》，2006年第4期。

[15] 靳国军、李新梅：《试论物质利益与精神利益的关系》，载《辽宁省社会主义学院学报》，2006年第5期。

[16] 白琳：《和谐社会利益共享的政治经济学思考》，载《求实》，

2007 年第 6 期。

[17] 张宏华：《以正确的利益观引导社会利益追求》，载《山西经济管理干部学院学报》，2007 年第 3 期。

[18] 郝继明：《无缝隙政府理念与和谐社会利益诉求机制的构建》，载《学习与实践》，2007 年第 4 期。

[19] 李维昌、罗雪红：《利益关系和谐与和谐社会构建》，载《昆明师范高等专科学校学报》，2007 年第 1 期。

[20] 洪远朋：《改革开放三十年来我国社会利益关系的十大变化》，载《马克思主义研究》，2008 年第 9 期。

[21] 项久雨：《利益逻辑与思想政治教育价值的生成》，载《思想政治教育》，2008 年第 3 期。

[22] 李维昌：《思想政治教育与利益的关系问题研究综述》，载《求实》，2009 年第 5 期。

[23] 叶政：《利益整合——和谐社会意识形态利益整合功能拓展的着力点》，载《中共天津市委党校学报》，2009 年第 2 期。

[24] 曹茂春、刘超：《我国当前思想政治教育内化存在的问题和对策》，载《福建论坛》，2009 年第 2 期。

[25] 王继全、陆树程：《和谐社会视阈中的思想政治教育利益原则》，载《思想政治教育》，2009 年第 6 期。

[26] 黄世虎、陈荣明：《试论思想政治教育过程中的内化机制》，载《理论月刊》，2010 年第 3 期。

[27] 周育国、石曲：《全球化视野下的马克思主义利益观》，载《辽宁师范大学学报（社会科学版）》，2010 年第 1 期。

[28] 马宏伟：《论利益主体多元化背景下的思想政治工作》，载《牡丹江师范学院学报（哲学社会科学版）》，2010 年第 5 期。

[29] 巩克菊、丁燕：《个人与社会和谐发展的再认识——一种思想政治教育维度的解读》，载《山东青年政治学院学报》，2011 年第 3 期。

[30] 刘艳芳、孙娜：《社会群体及中国社会群体利益矛盾研究述评》，载《河北学刊》，2011年第9期。

[31] 郑杭生等：《提高社会管理科学化水平的社会学解读》，载《思想战线》，2011年第4期。

[32] 李维昌、罗雪红：《论利益多元化背景下思想政治教育的主导性建设》，载《求实》，2011年第8期。

[33] 万光侠：《论思想政治教育的人本研究范式》，载《学校党建与思想教育》，2012年第5期。

[34] 张成福、李丹婷：《公共利益与公共治理》，载《中国人民大学学报》，2012年第2期。

[35] 刘旸：《思想政治教育物质利益原则研究论述与发展构想》，载《学校党建与思想教育》，2012年第2期。

[36] 杨增崇：《近年来思想政治教育生态相关问题研究述评》，载《教学与研究》，2012年第10期。

[37] 易小明：《从人的利益诉求看先进伦理文化建设》，载《河南师范大学学报（哲学社会科学版）》，2013年第2期。

[38] 巩克菊、丁燕：《自我认同与价值共识－个人与社会关系的新阐释》，载《理论视野》，2013年第4期。

[39] 吕艳华：《思想政治教育公众参与探析》，载《求实》，2013年第4期。

[40] 马成昌：《回归主体间性与生活世界——谈思想政治教育研究的范式转换》，载《淮海工学院学报（社会科学版）》，2013年第9期。

[41] 李维昌：《思想政治教育利益理论的学科厘定》，载《求实》2013年第12期。

[42] 习近平：《意识形态工作是党的一项极端重要的工作》，载《党史纵横》，2013年第10期。

[43] 严书翰：《我国意识形态工作的纲领性文献——深入学习和全面把

握习近平总书记"8.19重要讲话"的要点》，载《中共中央党校学报》，2013年第5期。

［44］顾海良：《思想政治教育学科建设的新起点——学习习近平系列重要讲话中阐发的思想政治教育思想》，载《教育与研究》，2014年第9期。

［45］习近平：《习近平论爱国主义——十八大以来重要论述摘编》，载《党建》，2016年第2期。

［46］叶进、张党清：《习近平思想政治教育思想研究述述评》，载《胜利油田党校学报》，2016年第7期。

四、学位论文

［1］刘晓凯：《中国社会阶级阶层结构变迁中的利益分化与政治稳定》，东北师范大学2005年博士学位论文。

［2］雷骥：《现代思想政治教育的人性基础研究》，山东师范大学2007年博士学位论文。

［3］李铁：《当代大学生社会主义义利观探析》，东北师范大学2007年硕士学位论文。

［4］廖志成：《社会转型时期思想政治教育创新动力研究》，福建师范大学2008年博士论文。

［5］王智慧：《人的存在与思想政治教育》，山东师范大学2008年博士学位论文。

［6］李英田：《利益关系变迁与意识形态创新》，中共中央党校2008年博士学位论文。

［7］贾海丽：《经济利益多元化视角下思想政治教育创新研究》，河北师范大学2009年博士学位论文。

［8］沈大光：《非理性因素与思想政治教育》，山东师范大学2009年博士学位论文。

［9］卢晓云：《和谐利益论》，复旦大学2009年博士学位论文。

[10] 贾玉娇：《利益协调与有序社会》，吉林大学 2010 年博士学位论文。

[11] 王金情：《人的需要与思想政治教育效果研究》，上海大学 2010 年博士学位论文。

[12] 孙余余：《人的虚拟生存与思想政治教育创新研究》，山东师范大学 2011 年博士学位论文。

[13] 张思军：《中国特色社会主义利益观》，电子科技大学 2011 年博士学位论文。

[14] 李永宁：《生态利益国家法律补偿机制研究》，长安大学 2011 年博士学位论文。

[15] 郭萍：《论人的全面发展中的精神利益》，山东师范大学 2012 年硕士学位论文。

[16] 严春蓉：《思想政治教育利益导向功能研究》，西南大学 2012 年硕士学位论文。

[17] 卢鹏：《思想政治教育内化研究》，西南大学 2012 年硕士学位论文。

[18] 李然：《思想政治教育价值实现问题研究》，中国矿业大学 2012 年博士学位论文。

[19] 吕艳华：《思想政治教育公众参与研究》，首都师范大学 2013 年博士学位论文。

[20] 戚如强：《思想政治教育社会整合研究》，南京师范大学 2013 年博士学位论文。

五、电子文献

[1] 中国共产党新闻网：http：//cpc.people.com.cn

[2] 国务院发展研究中心信息网：http：//drc.gov.cn

[3] 新华网：http：//www.xinhuanet.com

［4］中国发展门户网：http：//cn.chinagate.cn/

［5］人民网：http：//www.people.com.cn/

［6］国家统计局年度数据库：http：//www.stats.gov.cn/tjsj/ndsj/

后　记

　　本书是在博士论文的基础上修改完善而成，写作期间得到诸位良师益友的指导和帮助，感铭至深。

　　回想起在论文的选题、开题、运思、写作、几经修改过程中，每当被思路阻隔，被焦躁、气馁情绪左右，被身体疾痛牵绊时，我的导师万光侠老师总会用他渊博的学识和智慧为我启迪思路，总会用他积淀生活的阅历和哲理为我指点迷津，没有万老师一次次的悉心指导，没有万老师的一次次鼓励……我的博士论文难以顺利完成，在博士论文修改完善成书之际，万老师又欣然作序给予指导。慈爱的韩慧师母总是在生活上悉心点拨，在学习上肯定和激励，句句贴心、鼓励的话语让我倍感前行的动力，论文成书之际，由衷地向万老师和师母道一声：谢谢！

　　在博士四年的学习生活中，诸多良师都给了我很多的指导和关心。他们犹如生活中的缕缕光芒指引着我不断前行的方向，在论文查找资料、开题、写作、预答辩等各个环节都倾注了老师们的大量心血。他们严谨的治学态度、踏实认真的处事作风、虚怀若谷的人生品格都给我树立了光辉的人生榜样，促使着我不断努力追求，不断完善人生。我要向帮助我的老师们发自肺腑地说一声：谢谢！

　　难忘同窗好友的情谊，正是他们的相伴，不断互相的支撑和交流，才使博士四年的求学生活多姿多彩。与同窗张淑珍博士、王暖春博士、李兰博士、蔡养泉博士结下了深厚友谊，与他们的交流和沟通每每都会给我思想观点的启发、思路的另辟蹊径；中央党校李海青博士、赵玉洁博士的点拨和指导，经常让我茅塞顿开，给予我极大的帮助和鼓励，借此机会，我要向他们诚挚地道一声：谢谢！

年已古稀的父母亲和公公婆婆，以他们博大的情怀给予了我无限的温暖和帮助，料理家务，抚育孩子，承担起所有的琐事，那朴实无华的言语和默默的付出，促使我在学业追求上不能有丝毫懈怠。我的爱人宽容大度，敢于担当，支持我对学业的追求，背后长期的付出化成温暖的动力。懂事的儿子总是在做最好的自己，证明着自己的长大，不给我增添任何负担，以他童稚地对学术的独特理解和独特力量支持我对学业的追求。正是有这样温暖家庭成员的总动员，才温暖着我，激励鼓舞着我，他们的付出更为我换取了时间和精力，得以专心、静心从事研究，我深情地向家人道一声：谢谢！

此外，在论文的搜集材料过程中，很多专家、学者和同行给了我很大的启发，在写作过程中参考了很多学者的研究成果，在此，向他们一并致以深深的谢意。同时，对参加论文答辩和论文评阅的诸位教授表示深深的感谢！

需要特别说明的是，本书有幸入选了中央编译出版社推出的《马克思诞辰200周年纪念文库》项目的资助出版，在此予以衷心感谢，谨向中央编译出版社编辑老师及相关工作人员致以诚挚的敬意！

尽管有各位老师的指导和帮助，但由于本人能力所限，论文仍有不少纰漏和不足之处，恳请各位专家学者批评指正。

巩克菊 于泉城
二〇一八年六月